面向"十三五"理实一体化系列规划教材·汽车类

Qiche Fadongji Gouzao Yu Weixiu

汽车发动机构造与维修

主　编　杨波　王泌宝　张莉

副主编　林倩　白秀秀　鲁言超

参　编　牛志明 卢昭安　孙云鹏

主　审　刘叶鹏

北京理工大学出版社

BEIJING INSTITUTE OF TECHNOLOGY PRESS

内容简介

本书通过典型工作过程的分析，结合实践应用，系统阐述了汽车发动机各部分的构造与故障诊断和排除过程，主要包括发动机总体结构认知、曲柄连杆机构故障的检测与维修、配气机构故障的检测与维修、燃油供给系统故障的检测与维修、冷却系统故障的检测与维修、润滑系统故障的检测与维修、发动机调试与磨合各部分的构造和故障诊断与排除过程。

本书内容新颖全面、图文并茂、通俗易懂、易学好教。

本书可作为职业院校汽车专业的教材，也可作为各类汽车从业人员的业务参考书和培训教材。

图书在版编目（CIP）数据

汽车发动机构造与维修 / 杨波，王泌宝，张莉主编．—北京：北京理工大学出版社，2019.1重印

ISBN 978-7-5682-3738-3

Ⅰ．①汽…　Ⅱ．①杨…　②王…　③张…　Ⅲ．①汽车－发动机－构造②汽车－发动机－车辆修理　Ⅳ．① U472.43

中国版本图书馆 CIP 数据核字 (2017) 第 038855 号

出版发行 / 北京理工大学出版社有限责任公司
社　　址 / 北京市海淀区中关村南大街 5 号
邮　　编 / 100081
电　　话 /（010）68914775（总编室）
（010）82562903（教材售后服务热线）
（010）68948351（其他图书服务热线）
网　　址 / http://www.bitpress.com.cn
经　　销 / 全国各地新华书店
印　　刷 / 北京市雅迪彩色印刷有限公司
开　　本 / 787 毫米 ×1092 毫米　1/16
印　　张 / 15.5
字　　数 / 365 千字
版　　次 / 2019年1月第1版第5次印刷
定　　价 / 46.00 元

责任编辑 / 孟雯雯
文案编辑 / 多海鹏
责任校对 / 周瑞红
责任印制 / 马振武

Preface 前言

“汽车发动机构造与维修”是汽车运用与维修专业的一门实践性很强的必修专业课。本书实用性强，融入了职业院校汽车运用与维修专业一体化改革的成果，结合了当前汽车维修行业的生产实际，且有较强的针对性。本书较好地贯彻了素质教育的思想，力求体现以人为本的现代理念，从汽车维修行业岗位群的知识和技能要求出发，结合学生创新能力的培养、职业道德方面的要求，提出教学目标并组织教学内容。

本书中的工作页呈现源于典型工作任务的学习任务，通过体系化的引导问题，指导学生在完整的行动中进行理论实践一体化的学习，在培养专业能力的同时，帮助学生学习工作过程知识，促进关键能力和综合素质的提高，实现工学一体化教学目标。

本书所整理、编辑的学习项目都是来自于汽车维修企业一线维修案例，学习项目的设置遵循分析与检查、方案制定、方案实施、完工检验、成果展示与交流的形式，引导学生形成工作的逻辑思路，增进学生汽车维修的感性认知。这些学习项目中所使用的工作页将学习与工作紧密结合，以学习的内容是工作，通过工作实现学习为宗旨，促进了学习过程的系统化，使教学内容更贴近企业生产实际。本书的学习突出了工作页对学生实操过程的指导作用，并将工作过程的关键步骤具体标明，以达到只要学生依据工作页便可基本独立完成整个工作过程操作的效果。学生可以从初步制订工作计划，大致确定所需的工、用具及维修资料入手，直到整个工作任务的所有操作与分析诊断环节开展，在本书的工作页中皆有体现，其中相关项目完成后实操场地的整理和清洁，逐步按照质量管理的7S管理理念——整理、整顿、清洁、清扫、素养、安全及节约的标准规范执行。学习工作过程中，学生记录、填写的所有内容都应该是从工作操作中实际获取的数据、相关诊断分析思路及其技术方面的评价，也有综合技能的考核；既有个人的自我总结，也有小组的相互点评；评价方式有写的也有说的，评价形式多样，全面考查学生的综合能力。课后的评价是让学生总结自己在完成本工作任务之后获得了哪些收获、掌握了哪些技能、有哪些体会及经验教训、是否达到了预先制定的工作目标。这样，可以让学生养成事后总结的习惯，有利于锻炼与提高学生的写作水平和展示能力。

《汽车发动机构造与维修》采用以项目教学为主线，采用基于工作过程和工作活动为目标的行动导向典型任务学习方法进行设计，整个学习领域由七个模块组成。

本书由杨波、王泌宝、张莉主编，编写分工如下：模块一由杨波编写；模块二由杨波、鲁言超编写；模块三由王泌宝、牛志明编写；模块四由张莉、卢昭安编写；模块五由张莉、孙云鹏编写；模块六由林倩、白秀秀编写；模块七由林倩、杨波编写。刘叶鹏对本书内容进行了审查。

由于编者能力和水平有限，书中难免有不妥乃至错误之处，敬请广大读者提出宝贵意见，在此深表感谢。

<table>
<tr><th>模块</th><th>项目</th><th>学时</th><th>权重</th></tr>
<tr><td>模块一　汽车发动机总体认知</td><td></td><td>4</td><td>6</td></tr>
<tr><td rowspan="3">模块二　曲柄连杆机构</td><td>项目一　机体组的拆装与检测</td><td>6</td><td>12</td></tr>
<tr><td>项目二　活塞连杆组的拆装与检测</td><td>6</td><td>12</td></tr>
<tr><td>项目三　曲轴飞轮组故障的检测与维修</td><td>6</td><td>12</td></tr>
<tr><td rowspan="3">模块三　配气机构</td><td>项目一　配气机构的拆装与检测</td><td>6</td><td>12</td></tr>
<tr><td>项目二　气门组的检测</td><td rowspan="2">6</td><td rowspan="2">12</td></tr>
<tr><td>项目三　气门传动组的检测</td></tr>
<tr><td rowspan="2">模块四　燃油供给系统故障的检测与维修</td><td>项目一　汽油机燃油供给系统故障的检测与维修</td><td>4</td><td>6</td></tr>
<tr><td>项目二　柴油机燃油供给系统故障的检测与维修</td><td>4</td><td>6</td></tr>
<tr><td>模块五　冷却系统故障的检测与维修</td><td>项目一　冷却系统故障的检测与维修</td><td>4</td><td>6</td></tr>
<tr><td rowspan="3">模块六　润滑系统故障的检测与维修</td><td>项目一　润滑系统的拆装</td><td rowspan="3">4</td><td rowspan="3">6</td></tr>
<tr><td>项目二　润滑系统主要部件的拆检</td></tr>
<tr><td>项目三　润滑系统常见故障及诊断</td></tr>
<tr><td rowspan="2">模块七　发动机调试与磨合</td><td>项目一　发动机整体拆装与检验</td><td>8</td><td>6</td></tr>
<tr><td>项目二　发动机磨合与调试</td><td>6</td><td>4</td></tr>
<tr><td>共计</td><td></td><td>64</td><td>100</td></tr>
</table>

编　者

Contents
目录

模块一　汽车发动机总体认知

本模块主要介绍发动机历史，了解发动机分类，掌握发动机工作原理，认知发动机整体构造及发动机术语和性能指标，让同学们知道发动机是如何产生以及如何进化成现代发动机的。

学习要求

能力目标	知识目标	权重
认识发动机的布置形式	了解发动机历史	10%
认识发动机的构造	了解发动机的分类	10%
	理解发动机工作原理	40%
	掌握发动机术语	20%
	了解发动机性能指标	20%

汽车发动机总体结构如图 1.1 所示。

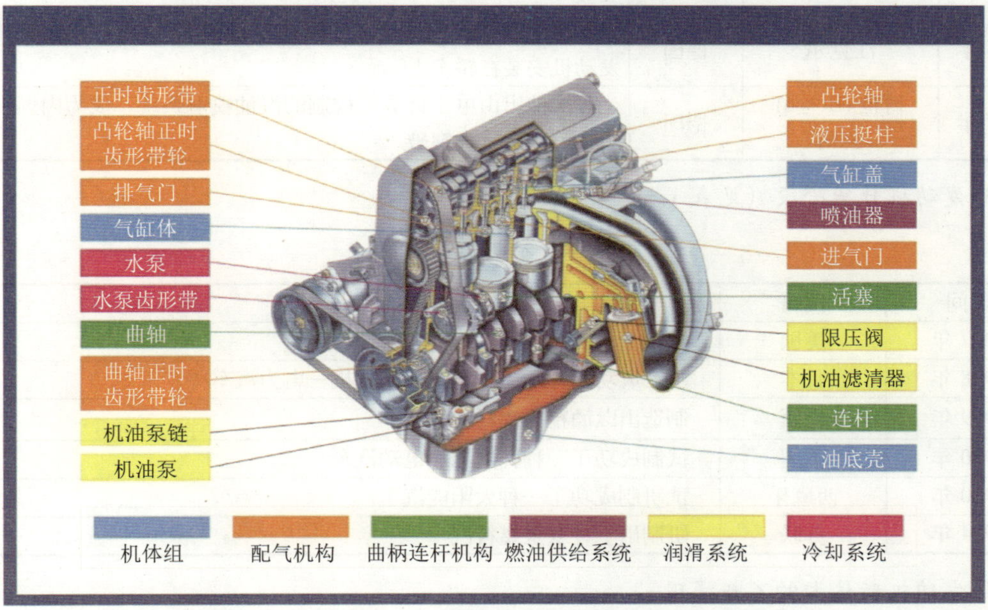

图 1.1　汽车发动机结构

发动机

一、汽车发动机的发展史

1. 发动机探索阶段（见表 1.1）

表 1.1　发动机探索阶段

时间	人物	国籍	事件
18 世纪中叶	瓦特	英国	发明了蒸汽机
1770 年	居纽	法国	制作了世界上第一辆蒸汽机车
1858 年	里诺	法国	发明了煤气发动机
1867 年	奥托	德国	提出了内燃机的四冲程理论，研发出立式活塞式四冲程奥托内燃机

2. 发动机发展阶段（见表 1.2）

表 1.2　发动机发展阶段

时间	人物	国籍	事件
1885 年	戴姆勒	德国	发明世界上第一辆摩托车
1886 年	卡尔 · 本茨	德国	第一辆汽车诞生
1892 年	狄塞尔	德国	研制出压燃式柴油机
1926 年	布希	瑞士	提出了废气涡轮增压理论，成为内燃机发展史上的第三次重大突破
1956 年	汪克尔	德国	发明了转子式发动机，1964 年，德国 NSU 公司首次将转子式发动机安装在轿车上
1967 年	博世 (Bosch) 公司	德国	首次推出由电子计算机控制的汽油喷射系统，成为内燃机发展史上第四次重大突破

3. 发动机升华阶段（见表 1.3）

表 1.3　发动机升华阶段

时间	国籍	事件
1967 年	美国	进行了一次氢气汽车行驶的公开表演
1978 年	日本	研究成功混合动力汽车，即内燃机—电力汽车
1979 年	巴西	制造出以酒精为燃料的汽车
1980 年	美国	试制成功了一种锌氯电池电动汽车
1980 年	西班牙	试研制成功了一种太阳能汽车
1984 年	苏联	研制出一种双重燃料汽车

4. 发动机新技术的不断涌现

在发动机的工作方式和喷油方式确定后，发动机的进化之路并没有终止，在发动机技术的完善上，一代一代的汽车人在做着不懈的努力。现在的发动机运转更加平顺，抖动也没有那么激烈，燃油经济性也更好了，马力更足了，而这些都是依赖于新技术的运用。为了改善进气，就出现了本田的 ECVT、丰田的 VVT-I、现代的 CVVT、通用的 DVVT 等可变气门正时技术；为了获得更好的空燃比，就出现了大众的 TFSI 分层喷射技术、VIS 可变进气道技术、涡轮增压中冷技术等；为了使环境污染最小，在排气管里又增加了氧传感器、三元催化转化器，并应用了废气再循环技术。

目前，由于环境污染的恶劣影响，对汽车尾气排放的要求也越来越高，老式发动机技术淘汰已经成为必然，更多地充分利用能源的技术正在研发当中。同时由于全球能源危机的巨大影响，更加节能的新能源技术必将在发动机技术的发展史上书写重重的一笔。

二、发动机布置形式

发动机是汽车上最重要的部分，而它的布置形式对于汽车的性能具有重大影响。对于轿车来说，发动机的布置位置可以简单地分为前置、中置和后置三种，如图 1.2 所示，目前市面上绝大多数车型都是采用的前置发动机，中置和后置发动机只在极少数的性能跑车上使用。

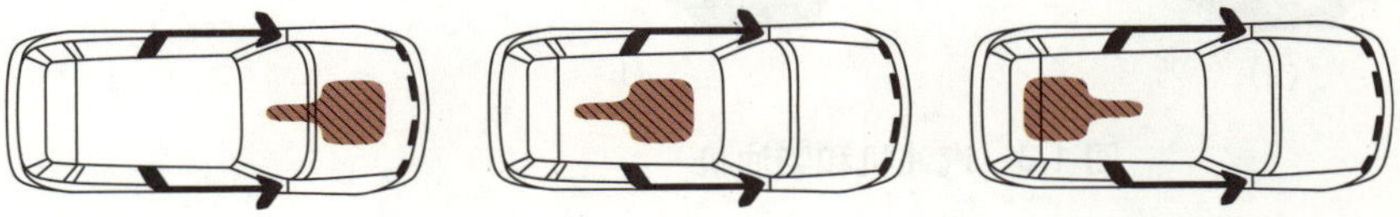

(a)　(b)　(c)

图 1.2　发动机布置形式

(a) 前置；(b) 中置；(c) 后置

中置前置后置

在前置发动机中，根据发动机放置方向的不同，还可以分为纵置和横置两种。大多数紧凑型车和中型车都采用横置发动机，而大多数的大型豪华轿车都采用纵置发动机。

三、汽车发动机分类

内燃机的分类方法很多，按照不同的分类方法可以把内燃机分成不同的类型，下面让我们来看看内燃机是怎样分类的。

发动机的分类

1. 按照所用燃料分类

内燃机按照所使用燃料的不同可以分为汽油机和柴油机，如图 1.3 所示。使用汽油为燃料的内燃机称为汽油机；使用柴油为燃料的内燃机称为柴油机。汽油机与柴油机比较各有特点：汽油机转速高，质量小，噪声小，起动容易，制造成本低；柴油机压缩比大，热效率高，经济性能和排放性能都比汽油机好。

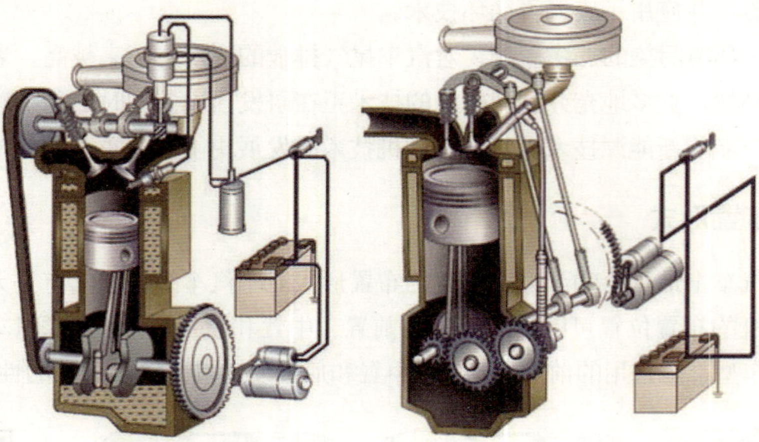

(a)　　(b)

图 1.3　汽油机和柴油机

(a) 汽油机；(b) 柴油机

2. 按照行程分类

内燃机按照完成一个工作循环所需的行程数可分为四行程内燃机和二行程内燃机，如图 1.4 所示。把曲轴转两圈 (720°)，活塞在气缸内上下往复运动四个行程，完成一个工作循环的内燃机称为四行程内燃机；而把曲轴转一圈 (360°)，活塞在气缸内上下往复运动两个行程，完成一个工作循环的内燃机称为二行程内燃机。汽车发动机广泛使用四行程内燃机。

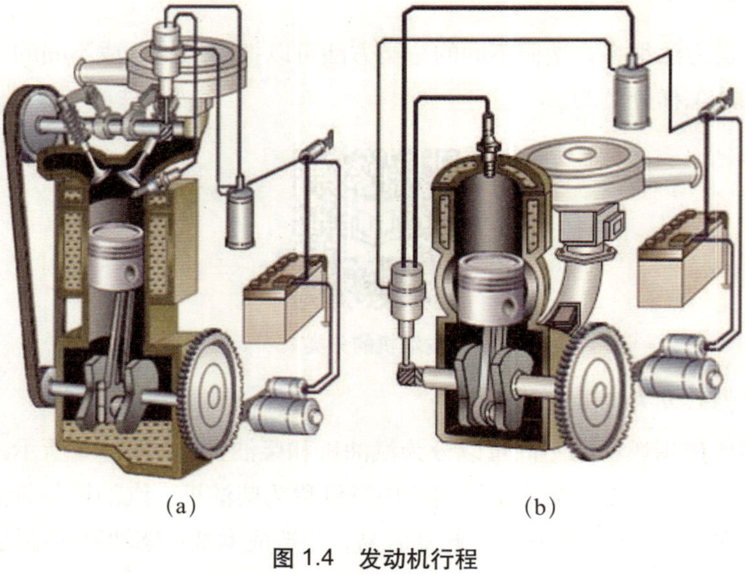

(a)　　(b)

图 1.4　发动机行程

(a) 四行程；(b) 二行程

3. 按照冷却方式分类

内燃机按照冷却方式不同可以分为水冷发动机和风冷发动机，如图 1.5 所示。水冷发动机是利用在气缸体和气缸盖冷却水套中进行循环的冷却液作为冷却介质进行冷却的发动机；而风冷发动机是利用流动于气缸体与气缸盖外表面散热片之间的空气作为冷却介质进行冷却的发动机。水冷发动机冷却均匀，工作可靠，冷却效果好，被广泛应用于现代车用发动机中。

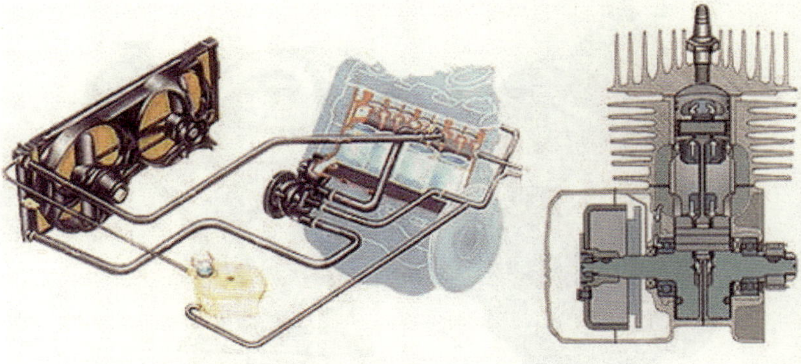

(a)　　　　　　　　(b)

图 1.5　发动机冷却方式

(a) 水冷；(b) 风冷

4. 按照气缸数目分类

内燃机按照气缸数目不同可以分为单缸发动机和多缸发动机，如图 1.6 所示。仅有一个气缸的发动机称为单缸发动机；有两个或两个以上气缸的发动机称为多缸发动机。如双缸、三缸、四缸、五缸、六缸、八缸、十二缸等发动机都是多缸发动机。现代车用发动机多采用四缸、六缸和八缸发动机。

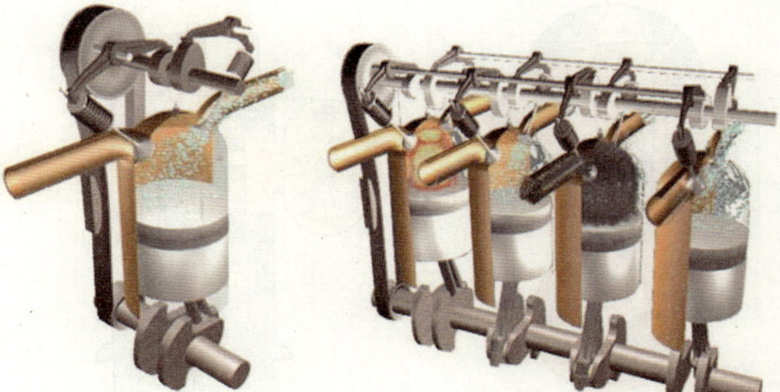

(a)　　　　　　　　(b)

图 1.6　发动机气缸数目

(a) 单缸；(b) 多缸

5. 按照气缸排列方式分类

内燃机按照气缸排列方式不同可以分为单列式和双列式，如图 1.7 所示。单列式发动机的各个气缸排成一列，一般是垂直布置的，但为了降低高度，有时也把气缸布置成倾斜甚至是水平的。双列式发动机把气缸排成两列，两列之间的夹角＜180°(一般为90°)，称为V型发动机；若两列之间的夹角等于180°，则称为对置式发动机。

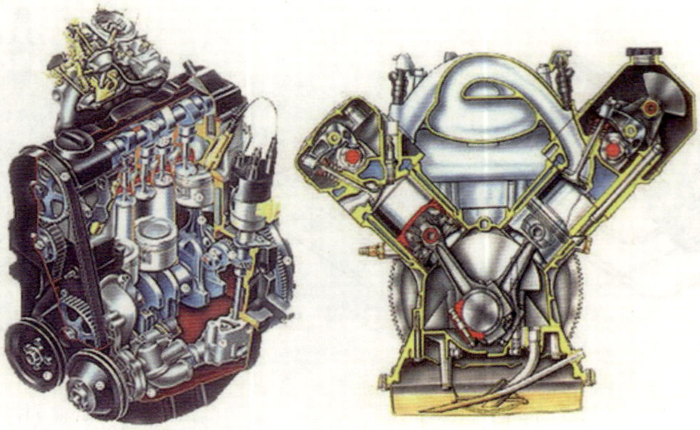

(a)　　(b)

图1.7　发动机气缸排列方式

(a) 单列式；(b) 双列式（V型）

6. 按照进气系统是否采用增压方式分类

内燃机按照进气系统是否采用增压方式可以分为自然吸气（非增压）式发动机和强制进气（增压式）式发动机，如图1.8所示。汽油机常采用自然吸气式；柴油机为了提高功率有采用强制进气式的。

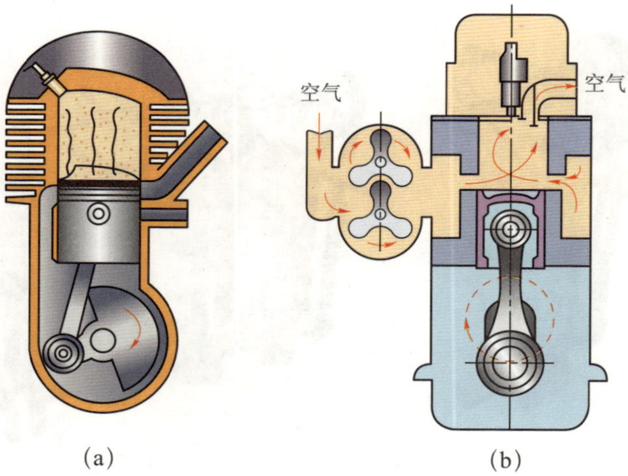

(a)　　(b)

图1.8　发动机进气形式

(a) 自然吸气式；(b) 强制进气式

7. 根据活塞运动方式

内燃机根据活塞运动方式不同可分为往复活塞式和旋转活塞式两种，如图1.9所示。

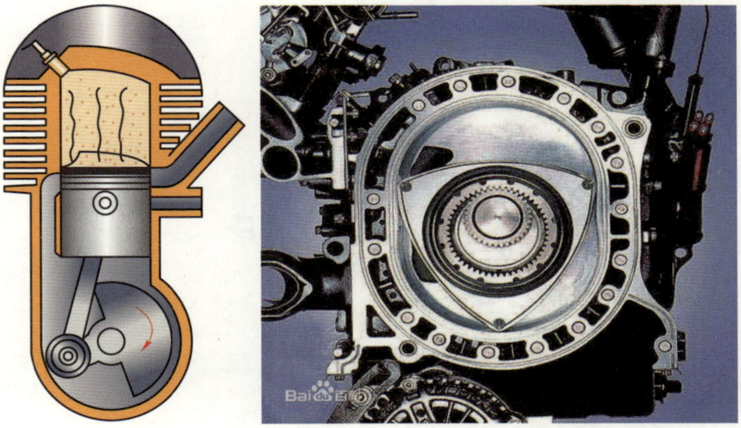

(a)　　　　　　　　(b)

转子发动机

图 1.9　发动机活塞运动方式

(a) 往复活塞式；(b) 旋转活塞式

四、发动机基本结构

发动机是一种由许多机构和系统组成的复杂机器。无论是汽油机还是柴油机，无论是四行程发动机还是二行程发动机，无论是单缸发动机还是多缸发动机，要完成能量转换、实现工作循环、保证长时间连续正常工作，都必须具备以下一些机构和系统。汽油机由两大机构和五大系统组成，即由曲柄连杆机构、配气机构、燃料供给系统、润滑系统、冷却系统、点火系统和起动系统组成；柴油机由两大机构和四大系统组成，即由曲柄连杆机构、配气机构、燃料供给系统、润滑系统、冷却系统和起动系统组成。柴油机是压燃的，不需要点火系统。图 1.10 所示为往复活塞式发动机基本结构。

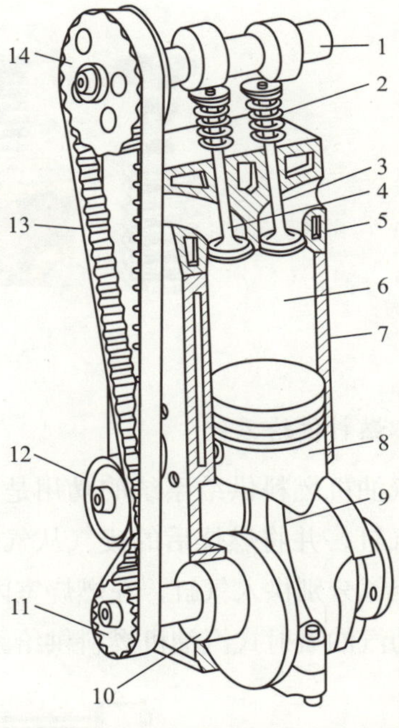

图 1.10　往复活塞式发动机基本结构

1—凸轮轴；2—气门弹簧；3—进气门；4—排气门；5—气缸盖；6—气缸；7—气缸体；8—活塞；9—连杆；10—曲轴；11—曲轴正时带轮；12—张紧轮；13—正时皮带；14—凸轮轴正时带轮

1. 曲柄连杆机构

曲柄连杆机构是发动机实现工作循环、完成能量转换的主要运动零件，由机体组、活塞连杆组和曲轴飞轮组等组成，如图 1.11 所示。在做功行程中，活塞承受燃气压力在气缸内做直线运动，通过连杆转换成曲轴的旋转运动，并从曲轴对外输出动力。而在进气、压缩和排气行程中，飞轮释放能量，又把曲轴的旋转运动转化成活塞的直线运动。

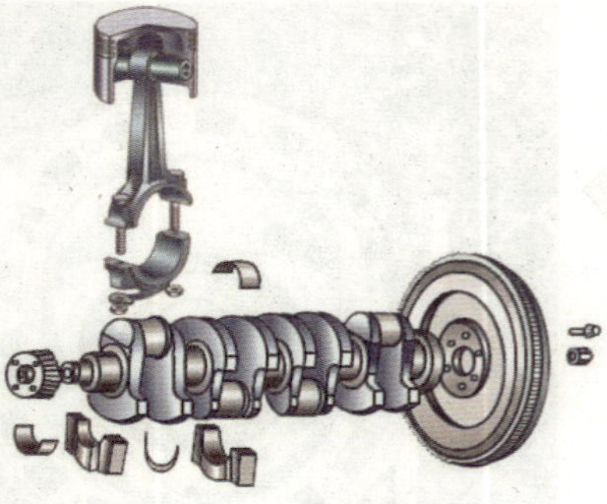

图 1.11　曲柄连杆机构

2. 配气机构

配气机构的功用是根据发动机的工作顺序和工作过程，定时开启与关闭进气门和排气门，使可燃混合气或空气进入气缸，并使废气从气缸内排出，实现换气过程。配气机构大多采用顶置气门式配气机构，一般由气门组、气门传动组组成，如图 1.12 所示。

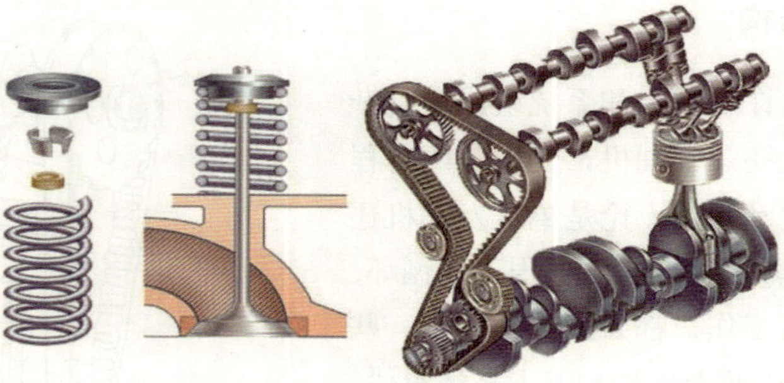

图 1.12　配气机构

3. 燃料供给系统

汽油机燃料供给系统的功用是根据发动机的要求，配制出一定数量和浓度的混合气，供入气缸，并将燃烧后的废气从气缸内排到大气中去；柴油机燃料供给系统的功用是把柴油和空气分别供入气缸，在燃烧室内形成混合气并燃烧，最后将燃烧后的废气排出。图 1.13 所示为汽油喷射式汽油机燃料供给系统。

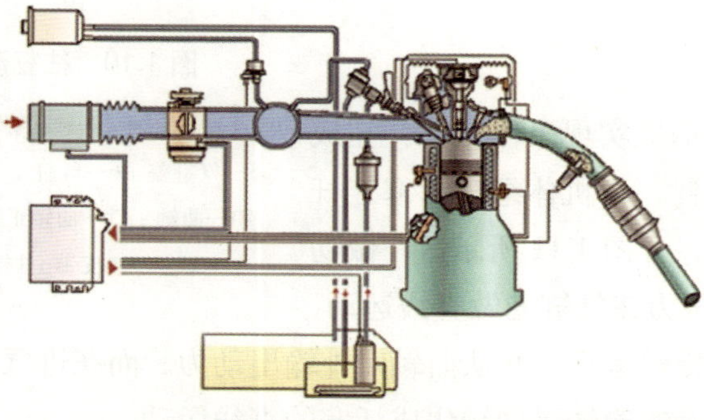

图 1.13　汽油喷射式汽油机燃料供给系统

4. 润滑系统

润滑系统的功用是向做相对运动的零件表面输送定量的清洁润滑油，以实现液体摩擦，减小摩擦阻力，减轻机件的磨损，并对零件表面进行清洗和冷却。润滑系统通常由润滑油道、机油泵、机油滤清器和阀门等组成，如图 1.14 所示。

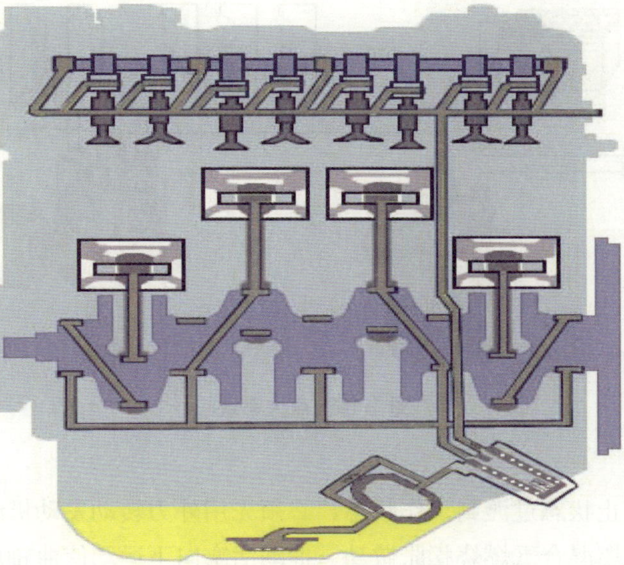

图 1.14 润滑系统

5. 冷却系统

冷却系统的功用是将受热零件吸收的部分热量及时散发出去，保证发动机在最适宜的温度状态下工作。水冷发动机的冷却系统通常由冷却水套、水泵、风扇、水箱和节温器等组成，如图 1.15 所示。

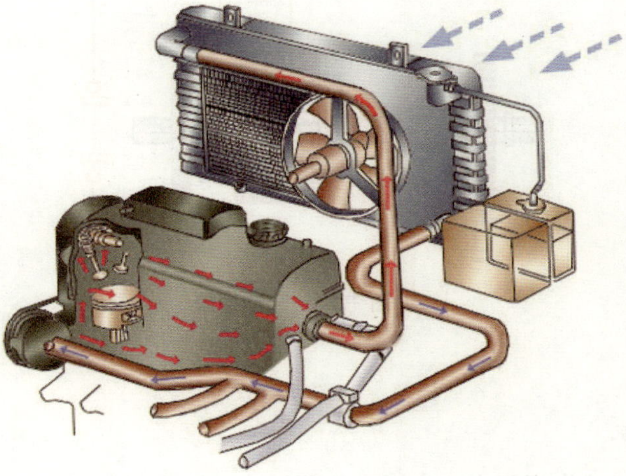

图 1.15 冷却系统

6. 点火系统

在汽油机中，气缸内的可燃混合气是由电火花点燃的，为此在汽油机的气缸盖上装有火花塞，火花塞头部伸入燃烧室内。能够按时在火花塞电极间产生电火花的全部设备称为点火系统，点火系统通常由蓄电池、发电机、分电器、点火线圈和火花塞等组成，如图 1.16 所示。

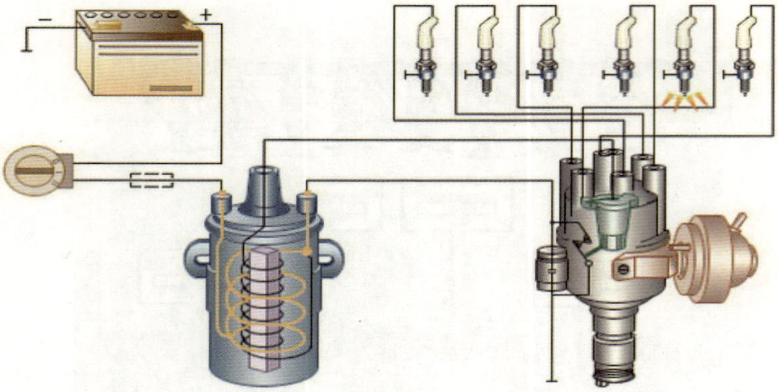

图 1.16 点火系统

7. 起动系统

要使发动机由静止状态过渡到工作状态，必须先用外力转动发动机的曲轴，使活塞做往复运动，气缸内的可燃混合气燃烧膨胀做功，推动活塞向下运动使曲轴旋转，发动机才能自行运转，工作循环才能自动进行。因此，曲轴在外力作用下开始转动到发动机开始自动地怠速运转的全过程，称为发动机的起动过程。完成起动过程所需的装置称为发动机的起动系统，如图 1.17 所示。

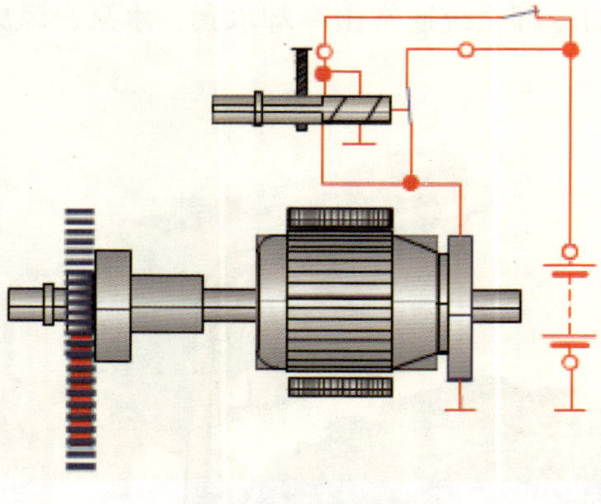

图 1.17 起动系统

五、工作原理

1. 四行程汽油机

四行程汽油机的工作循环由 4 个活塞行程组成，即进气行程、压缩行程、做功行程和排气行程，如图 1.18 所示。

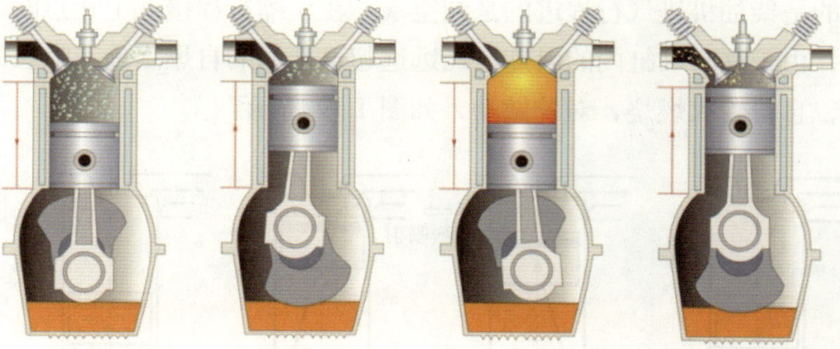

(a) (b) (c) (d)

动机工作原理

图 1.18 四行程汽油机工作示意图

(a) 进气行程；(b) 压缩行程；(c) 做功行程；(d) 排气行程

1）进气行程

进气门开启，排气门关闭，活塞由上止点向下止点移动，活塞上方的气缸容积增大，产生真空度，气缸内压力降到进气压力以下，在真空吸力作用下，通过汽油喷射装置雾化的汽油，与空气混合形成可燃混合气，由进气道和进气门吸入气缸内。进气过程一直延续到活塞过了下止点且进气门关闭为止。然后上行的活塞开始压缩气体。

2）压缩行程

进排气门全部关闭，压缩缸内可燃混合气，混合气温度升高，压力上升。活塞临近上止点前，可燃混合气压力上升到 0.6 ~ 1.2MPa，温度可达 330℃ ~ 430℃。

3）做功行程

在压缩行程接近上止点时，装在气缸盖上方的火花塞发出电火花，点燃所压缩的可燃混合气。可燃混合气燃烧后放出大量的热量，缸内燃气压力和温度迅速上升，最高燃烧压力可达 3 ~ 6MPa，最高燃烧温度可达 2 200℃ ~ 2 500℃。高温高压燃气推动活塞快速向下止点移动，通过曲柄连杆机构对外做功。做功行程开始时，进、排气门均关闭。

4）排气行程

做功行程接近终了时，排气门开启，由于这时缸内压力高于大气压力，故高温废气被迅速排出气缸（高温废气以当地声速通过排气门排出），这一阶段属于自由排气阶段。随着排气过程的进行，逐渐进入强制排气阶段，即活塞越过下止点向上止点移动，强制将缸内废气排出，活塞到达上止点附近时，排气过程结束。排气终了时，气缸内气体压力稍高于大气压力，为 0.105 ~ 0.115MPa，废气温度为 600℃ ~ 900℃。由于燃烧室占有一定容积，因此在排气终了时，不可能将废气彻底排除干净，而将剩余部分废气，称为残余废气。

四行程汽油机经过进气、压缩、做功、排气四个行程完成一个工作循环。在这个过程中，活塞上下往复运动四个行程，相应的曲轴旋转两周。

2. 四行程柴油机

四行程柴油机的工作原理与四行程汽油机相同，也是由进气、压缩、做功、排气四个行程组成的。不同的是柴油机进气行程进的是纯空气，在压缩行程接近上止点时，由喷油器将柴油喷入燃烧室，由于这时气缸内的温度已经远远超过柴油的自燃温度，喷入的柴油经过短暂的着火延迟后，自行着火燃烧，对外做功，如图 1.19 所示。

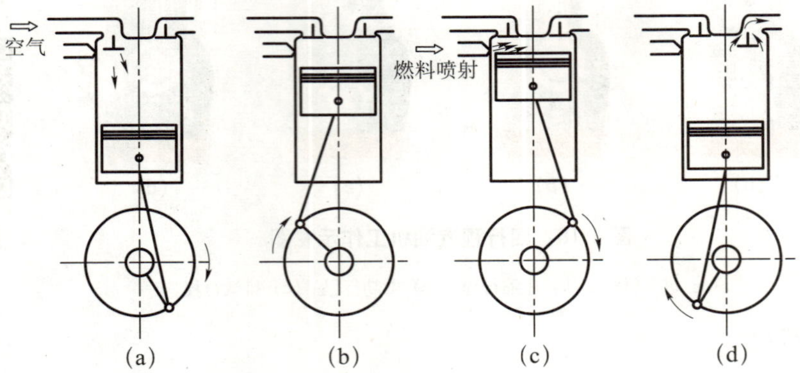

图 1.19 四行程柴油机工作循环示意图

(a) 进气行程；(b) 压缩行程；(c) 做功行程；(d) 排气行程

3. 二行程发动机

发动机气缸体上有三个孔，即进气孔、排气孔和换气孔，这三个孔分别在一定时刻由活塞关闭。其工作循环包含以下两个行程：

1）第一行程

活塞自下止点向上移动，三个气孔同时关闭后，进入气缸的混合气被压缩，在进气孔露出时，可燃混合气进入曲轴箱。

2）第二行程

活塞压缩到上止点附近时，火花塞点燃可燃混合气，燃气膨胀推动活塞下移做功，这时进气孔关闭，密闭在曲轴箱内的可燃混合气被压缩；当活塞接近下止点时排气孔开启，废气冲出；随后换气孔开启，受预压的可燃混合气冲入气缸，驱除废气，进行换气。

六、发动机常用术语

1. 上止点

活塞在气缸里做往复直线运动时，活塞向上运动到最高位置，即活塞顶部距离曲轴旋转中心最远的极限位置，称为上止点，如图 1.20 所示。

2. 下止点

活塞在气缸里做往复直线运动时，活塞向下运动到最低位置，即活塞顶部距离曲轴旋转中心最近的极限位置，称为下止点。

3. 活塞行程

活塞从一个止点到另一个止点移动的距离，即上、下止点之间的距离称为活塞行程，一

般用 S 表示，对应一个活塞行程，即曲轴旋转 180°，如图 1.21 所示。

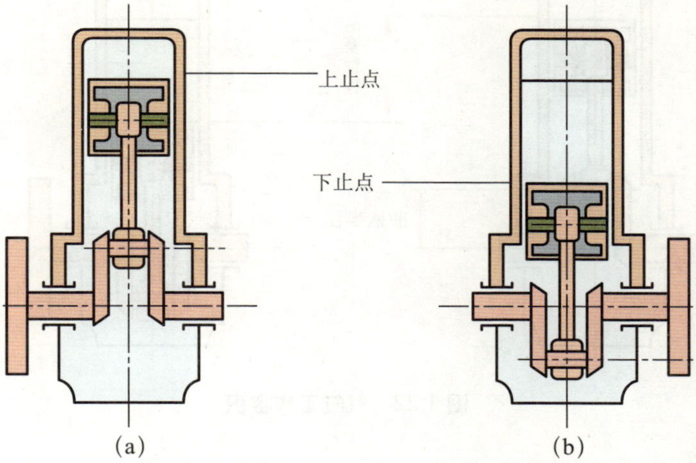

发动机基本术语

图 1.20　上、下止点

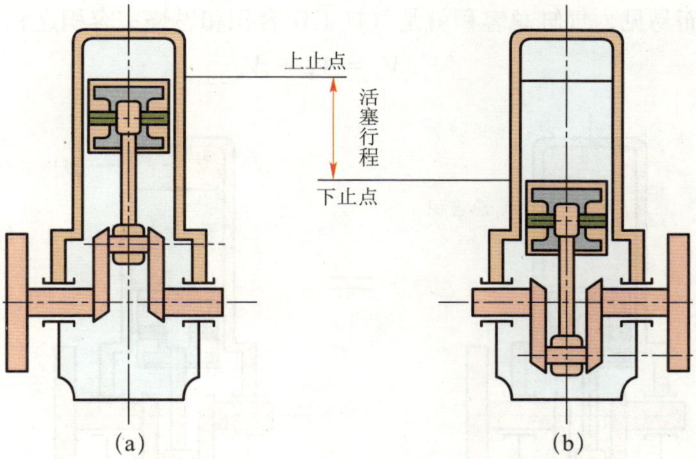

图 1.21　活塞行程

4. 曲柄半径

曲轴旋转中心到曲柄销中心之间的距离称为曲柄半径，一般用 R 表示。通常活塞行程为曲柄半径的两倍，即 $S=2R$。

5. 气缸工作容积

活塞从一个止点运动到另一个止点所扫过的容积，称为气缸工作容积，一般用 V_h 表示，如图 1.22 所示。

$$V_h = \pi\left(\frac{D^2}{2}\right)$$

式中，D——气缸直径，单位 mm。

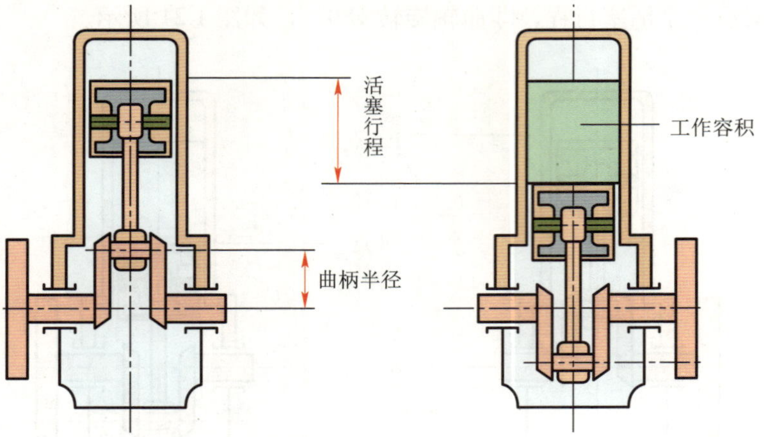

图 1.22　气缸工作容积

6. 气缸总容积

活塞位于下止点时，其顶部与气缸盖之间的容积称为气缸总容积，一般用 V_a 表示，如图 1.23 所示。显而易见，气缸总容积就是气缸工作容积和燃烧室容积之和，即

$$V_a = V_c + V_h$$

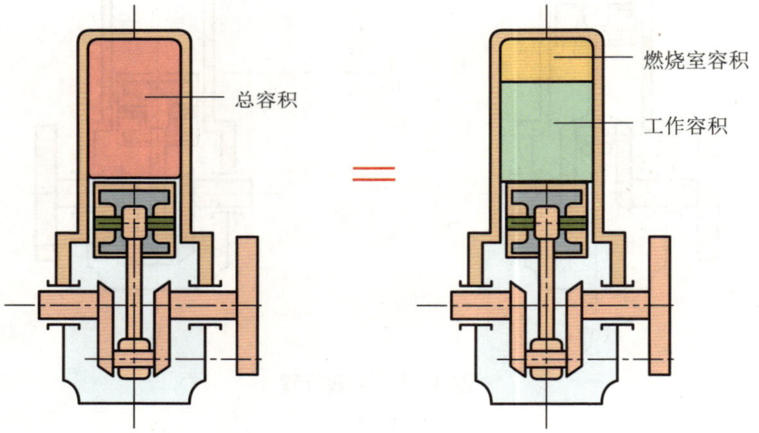

图 1.23　气缸总容积

7. 发动机排量

多缸发动机各气缸工作容积的总和，称为发动机排量，一般用 V_L 表示，如图 1.24 所示。

$$V_L = V_h \times i$$

式中，V_h——气缸工作容积；

i——气缸数目。

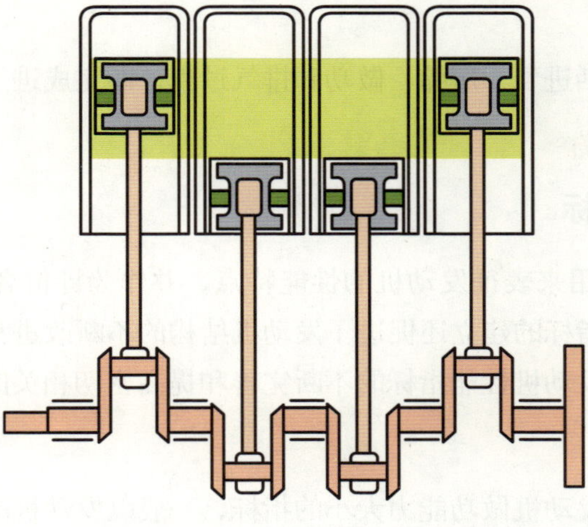

图 1.24 排量

8. 压缩比

压缩比是发动机中一个非常重要的概念，压缩比表示了气体的压缩程度，它是气体压缩前的容积与气体压缩后的容积的比值，即气缸总容积与燃烧室容积之比，一般用 ε 表示，如图 1.25 所示。

$$\varepsilon=\frac{V_a}{V_c}=\frac{V_h+V_c}{V_c}=1+\frac{V_h}{V_c}$$

式中，V_a——气缸总容积；

V_h——气缸工作容积；

V_c——燃烧室容积。

通常汽油机的压缩比为 6 ~ 10；柴油机的压缩比较高，一般为 16 ~ 22。

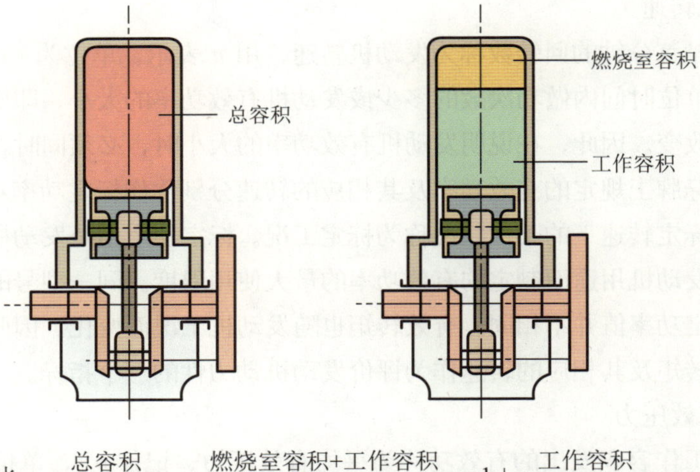

$$压缩比=\frac{总容积}{燃烧室容积}=\frac{燃烧室容积+工作容积}{燃烧室容积}=1+\frac{工作容积}{燃烧室容积}$$

图 1.25 压缩比

9. 工作循环

每一个工作循环包括进气、压缩、做功和排气过程，即完成进气、压缩、做功和排气四个过程叫一个工作循环。

七、发动机的性能指标

发动机的性能指标用来表征发动机的性能特点，并作为评价各类发动机性能优劣的依据。同时，发动机性能指标的建立还促进了发动机结构的不断改进和创新。因此，发动机构造的变革和多样性是与发动机性能指标的不断完善和提高密切相关的。

1. 动力性指标

动力性指标是表征发动机做功能力大小的指标，一般以发动机的有效转矩、有效功率、转速和平均有效压力等作为评价发动机动力性好坏的指标。

1）有效转矩

发动机对外输出的转矩称为有效转矩，记作 T_e，单位为 N·m。有效转矩与曲轴角位移的乘积即为发动机对外输出的有效功。

2）有效功率

发动机在单位时间对外输出的有效功称为有效功率，记作 P_e，单位为 kW，它等于有效转矩与曲轴角速度的乘积。发动机的有效功率可以用台架试验方法测定，也可用测功器测定有效转矩和曲轴角速度，然后用公式计算出发动机的有效功率 P_e。

$$P_e = T_e \frac{2\pi n}{60} \times 10^{-3} = \frac{T_e n}{9\,550} (\text{kW})$$

式中，T_e——有效转矩，N·m；

n——曲轴转速，r/min。

3）发动机转速

发动机曲轴每分钟的回转数称为发动机转速，用 n 表示，单位为 r/min 。发动机转速的高低，关系到单位时间内做功次数的多少或发动机有效功率的大小，即发动机的有效功率随转速的不同而改变。因此，在说明发动机有效功率的大小时，必须同时指明其相应的转速。在发动机产品标牌上规定的有效功率及其相应的转速分别称作标定功率和标定转速。发动机在标定功率和标定转速下的工作状况称为标定工况。标定功率不是发动机所能发出的最大功率，它是根据发动机用途而制定的有效功率的最大使用限度。同一型号的发动机，当其用途不同时，其标定功率值并不相同。有效转矩也随发动机工况而变化。因此，汽车以发动机所能输出的最大转矩及其相应的转速作为评价发动机动力性的一个指标。

4）平均有效压力

单位气缸工作容积发出的有效功称为平均有效压力，记作 p^{me}，单位为 MPa。显然，平均有效压力越大，发动机的做功能力越强。

2. 经济性指标

发动机经济性指标包括有效热效率和有效燃油消耗率等。

1）有效热效率

燃料燃烧所产生的热量转化为有效功的百分数称为有效热效率，记作 η_e。显然，为获得一定数量的有效功所消耗的热量越少，有效热效率越高，发动机的经济性越好。

2）有效燃油消耗率

发动机每输出 1kW 的有效功所消耗的燃油量称为有效燃油消耗率，记作 b_e，单位为 g/（kW·h）。

$$b_e = \frac{B}{P_e} \times 10^3$$

式中，B——发动机单位时间内的耗油量，kg/h；

P_e——发动机的有效功率，kW。

显然，有效燃油消耗率越低，经济性越好。

3. 强化指标

强化指标是指发动机承受热负荷和机械负荷能力的评价指标，一般包括升功率和强化系数等。

1）升功率

发动机在标定工况下，单位发动机排量输出的有效功率称为升功率。升功率大，表明每升气缸工作容积发出的有效功率大，发动机的热负荷和机械负荷都高。

2）强化系数

平均有效压力与活塞平均速度的乘积称为强化系数。活塞平均速度是指发动机在标定转速下工作时，活塞往复运动速度的平均值。

4. 紧凑性指标

紧凑性指标是用来表征发动机总体结构紧凑程度的指标，通常用比容积和比质量衡量。

1）比容积

发动机外廓体积与其标定功率的比值称为比容积。

2）比质量

发动机的干质量与其标定功率的比值称为比质量。干质量是指未加注燃油、机油和冷却液的发动机质量。

比容积和比质量越小，发动机结构越紧凑。

5. 环境指标

环境指标用来评价发动机排气品质和噪声水平。由于它关系到人类的健康及其赖以生存的环境，因此各国政府都制定出了严格的控制法规，以期消减发动机排气和噪声对环境的污染。

6. 可靠性指标

可靠性指标是表征发动机在规定的使用条件下，具有的正常持续工作能力的指标。可靠性有多种评价方法，如首发故障行驶里程、平均故障间隔里程和主要零件的损坏率等。

7. 耐久性指标

耐久性指标是指发动机主要零件磨损到不能继续正常工作的极限时间，通常用发动机的大修里程，即发动机从出厂到第一次大修之间汽车行驶的里程数来衡量。

8. 工艺性指标

工艺性指标是指评价发动机制造工艺性和维修工艺性好坏的指标。发动机结构工艺性好，则便于制造和维修，即可以降低生产成本和维修费用。

9. 内燃机速度特性

汽车发动机的工况在很广泛的范围内变化。当发动机的工况（即功率和转速）发生变化时，其性能（包括动力性、经济性、排放性和噪声等）也随之改变。因此，在评价和选用发动机时，必须考察它在各种工况下的性能，以便全面判断其好坏及其能否满足汽车的要求。发动机性能指标随调整状况及运行工况而变化的关系称为发动机特性，利用特性曲线可以简单而又方便地评价发动机性能。发动机的有效功率 P_e、有效转矩 T_e 和有效燃油消耗率 b_e 随发动机转速 n 的变化关系称为发动机速度特性。

练习题

一、填空题

1. 按冷却方式，发动机分为____________和____________两类。

2. 汽油发动机由____________、____________两大机构和____________、____________、____________、____________、____________五大系统组成。

3. 柴油发动机由____________、____________两大机构和____________、____________、____________、____________四大系统组成。

4. 四行程发动机工作过程包括____________、____________、____________、____________四部分。

5. 按照点火方式发动机分为两类：____________、____________。

6. 发动机按照完成一个工作循环所需的行程数的不同可将其分为____________和____________。

二、选择题

1. 四行程发动机，做功行程中，进、排气门的状态是（　　）。

A. 进、排气门都开　　　　B. 进气门开，排气门关

C. 进气门关，排气门关　　　　D. 进气门关，排气门开

2. 对于四行程发动机来说，发动机每完成一个工作循环，曲轴旋转（　　）。

A.180°　　B.360°　　C.540°　　D.720°

三、判断题

1. 对于四行程发动机来说，压缩行程中，曲轴转过 180°。（　　）

2. 发动机压缩比是指气缸的燃烧室容积与气缸总容积的比值。（　　）

3. 活塞燃烧室容积是指活塞在下止点时，活塞上方的容积。（　　）

4. 汽油机的组成部分有点火系统，而柴油机没有点火系统。（　　）

5. 四行程发动机在进行压缩行程时，进、排气门都是开启的。（　　）

6. 四行程发动机完成一个工作循环，曲轴共转两周。（　　）

四、术语解释题

1. 上止点和下止点

2. 压缩比

3. 活塞行程

4. 气缸工作容积

五、问答题

1. 简述四行程汽油机的工作过程。

2. 四行程汽油机和柴油机有什么异同？

模块二 曲柄连杆机构

概 述

曲柄连杆机构是发动机实现工作循环、完成能量转换的主要运动零件。曲柄连杆机构的主要零件可以分为三组：机体组、活塞连杆组和曲轴飞轮组。

我们知道发动机共有进气、压缩、做功、排气四个行程，在做功行程中，曲柄连杆机构将活塞的往复运动转变成曲轴的旋转运动，对外输出动力，而在其他三个行程中，由于惯性作用又把曲轴的旋转运动转变成活塞的往复直线运动。总的来说，曲柄连杆机构是发动机借以产生并传递动力的机构，通过它把燃料燃烧后发出的热能转变为机械能。

学习要求

能力目标	知识目标	权重
能够认知曲柄连杆机构各部分零件	掌握曲柄连杆机构的作用	20%
能够熟练拆装曲柄连杆机构	掌握曲柄连杆机构的构造	50%
能够按照维修手册进行检测	掌握曲柄连杆机构的检测方法	30%

曲柄连杆机构如图 2.1 所示。

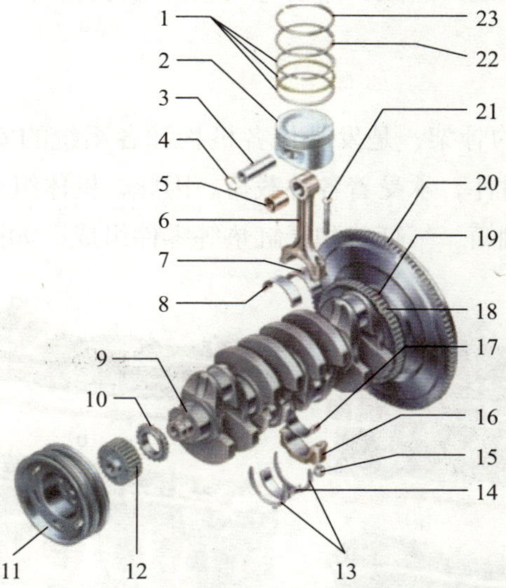

图 2.1 曲柄连杆机构

1—油环；2—活塞；3—活塞销；4—卡环；5—连杆小头轴瓦；6—连杆；7—连杆大头上轴瓦；8—主轴承上轴瓦；9—曲轴；10—曲轴链轮；11—曲轴带轮；12—曲轴正时齿带轮；13—止推片；14—主轴承下轴瓦；15—连杆螺母；16—连杆盖；17—轴瓦；18—连杆大头下轴瓦；19—转速传感器脉冲轮；20—飞轮；21—连杆螺栓；22—第二道气环；23—第一道气环

项目一　机体组的拆装与检测

能力目标	知识目标	权重
能够认知机体组各部分零件	掌握机体组零件的作用及机体组零件的构造	10%
能够熟练拆装机体组各部分零件	掌握拆装步骤	30%
能够正确测量气缸体、气缸盖平面度	掌握测量方法和要求	30%
能够正确测量气缸体的磨损	掌握气缸磨损规律	30%

项目概述

此项目包括四个任务，任务一机体组的拆装，任务二气缸盖、气缸体变形的检修，任务三气缸体磨损的检修，任务四气缸压力检测。重点掌握拆装流程以及检测内容。

任务一　机体组的拆装

一、情境描述

一辆北京现代悦动轿车，发动机水温高、排气管冒白烟并存在冷却液冒泡的现象，怀疑是气缸盖翘曲变形或气缸垫故障所致，需要对气缸盖进行拆检。

二、相关知识

机体组是构成发动机的骨架，是发动机各机构和各系统的安装基础，其内、外安装着发动机的所有主要零件和附件，承受着各种载荷。因此，机体组必须有足够的强度和刚度。机体组主要由气缸体、曲轴箱、气缸盖和气缸垫等零件组成，如图 2.2 所示。

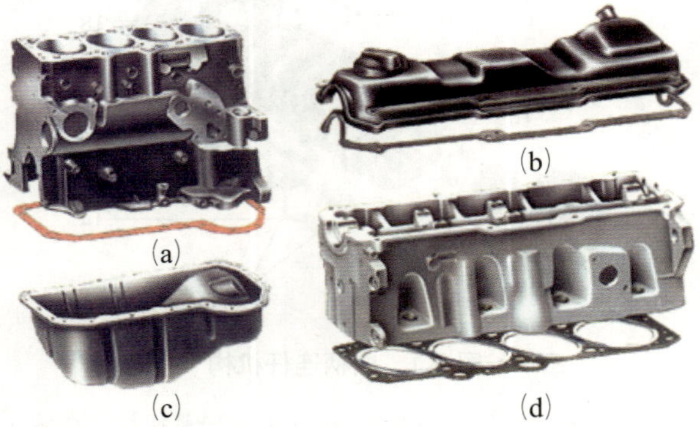

图 2.2　机体组的组成

(a) 气缸体；(b) 气缸盖罩；(c) 油底壳；(d) 气缸垫

1. 气缸体

1) 组成

水冷发动机的气缸体和上曲轴箱常铸成一体，称为气缸体，如图 2.3 所示。

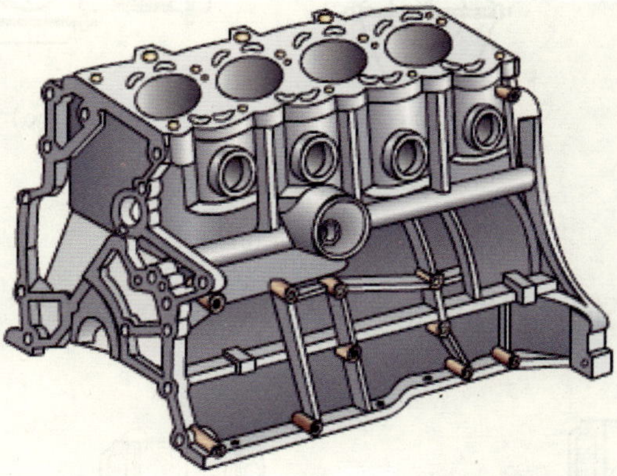

图 2.3　气缸体

发动机气缸体活塞连杆组组装

2) 材料

气缸体一般由灰铸铁铸成，有些小型发动机采用铝合金材料。在气缸体内部铸有冷却水套和润滑油道等。

3) 气缸体分类

(1) 按气缸体与油底壳安装平面位置不同分为平底式、龙门式和隧道式，如图 2.4 所示。

平底式：油底壳安装平面和曲轴旋转中心在同一高度。龙门式：油底壳安装平面低于曲轴的旋转中心。隧道式：气缸体上曲轴的主轴承孔为整体式。

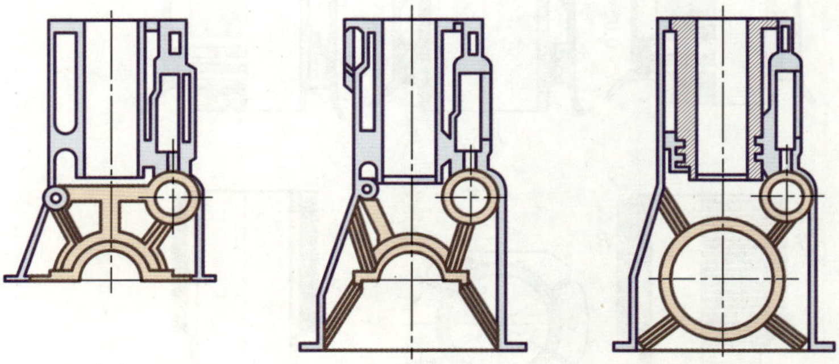

(a)　(b)　(c)

图 2.4　气缸体结构形式

(a) 平底式；(b) 龙门式；(c) 隧道式

(2) 根据气缸的排列方式分为直列式、V 型和水平对置式，如图 2.5 所示。

直列式：结构简单、加工容易，但发动机长度和高度较大，六缸以下多用。V 型：缩短了机体的长度和高度，增加了刚度，减轻了发动机重量；但增大了发动机的宽度，形状复杂，加工困难。水平对置式：高度小，总体布置方便。

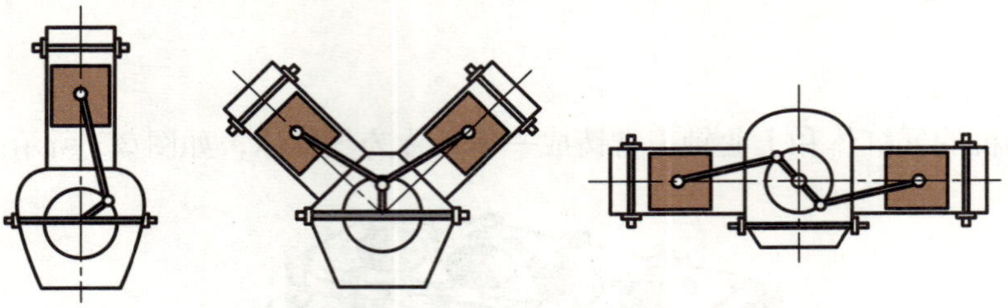

(a)　(b)　(c)

图 2.5　气缸排列方式

(a) 直列式；(b) V 型；(c) 水平对置式

(3) 根据冷却方式不同分为风冷和水冷式，如图 2.6 所示。

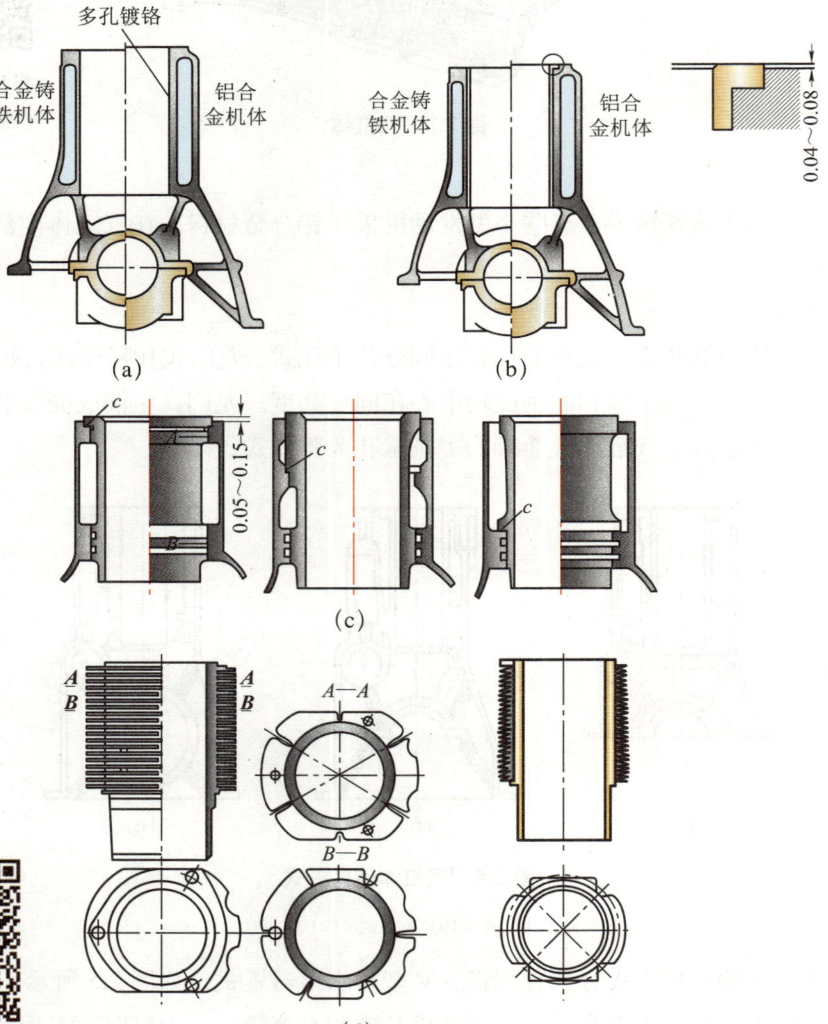

气缸套

图 2.6　不同冷却方式的气缸体

(a) 无气缸套式机体；(b) 干气缸套式机体；(c) 湿式气缸套机体；(d) 风冷发动机的气缸体

2. 气缸盖

1) 功用

密封气缸的上部，与活塞、气缸等共同构成燃烧室，又称气缸头。

(1) 封闭气缸套顶部，与活塞、缸套共同组成密闭的气缸工作空间。

(2) 安装各种附件，如喷油器、进排气阀装置、气缸起动阀、示功阀、安全阀以及气阀摇臂装置等。

(3) 布置进、排气道，冷却水道等。在小型高速机的气缸盖中还布置涡流室或预燃室等。因此气缸盖中孔腔、通道繁多，结构形状比较复杂。

2) 气缸盖的结构

气缸盖是结构复杂的箱形零件，如图 2.7 所示。其上加工有进、排气门座孔，气门导管孔，火花塞安装孔（汽油机）或喷油器安装孔。在气缸盖内还铸有水套、进排气道和燃烧室或燃烧室的一部分。若凸轮轴安装在气缸盖上，则气缸盖上还加工有凸轮轴承孔或凸轮轴承座及其润滑油道。

图 2.7 气缸盖

水冷式发动机的气缸盖有整体式、分块式和单体式三种结构形式。在多缸发动机中，全部气缸共用一个气缸盖，则称该气缸盖为整体式气缸盖；若每两缸一盖或三缸一盖，则称该气缸盖为分块式气缸盖；若每缸一盖，则为单体式气缸盖。风冷发动机均为单体式气缸盖。

3) 材料

一般采用灰铸铁或合金铸铁铸成。铝合金的导热性好，有利于提高压缩比，所以近年来铝合金气缸盖被采用得越来越多。

4) 工作情况

(1) 气缸盖受到高温高压燃气作用，承受很大的螺栓预紧力，导致机械应力大。

(2) 气缸盖结构复杂，温度场严重不均匀，导致热应力大，严重时会导致气缸盖出现裂纹和整体变形。

3. 油底壳（见图 2.8）

1) 功用

储存机油和封闭机体或曲轴箱。

2) 结构

用薄钢板冲压或铝铸造，内装有稳油挡板，底部还装有放油螺塞。

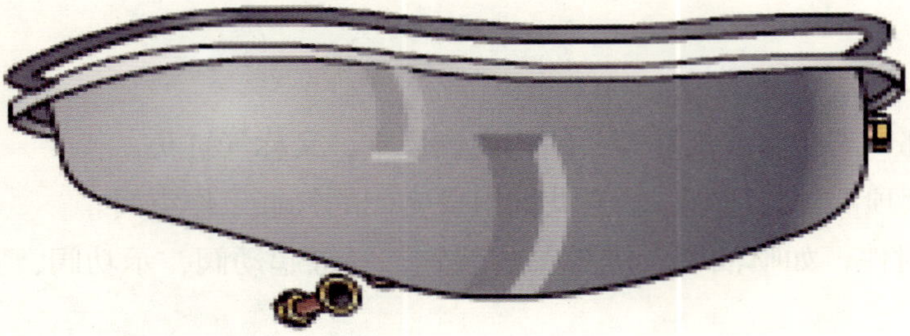

图 2.8　油底壳

4. 气缸垫

气缸垫是机体顶面与气缸盖底面之间的密封件，如图 2.9 所示。

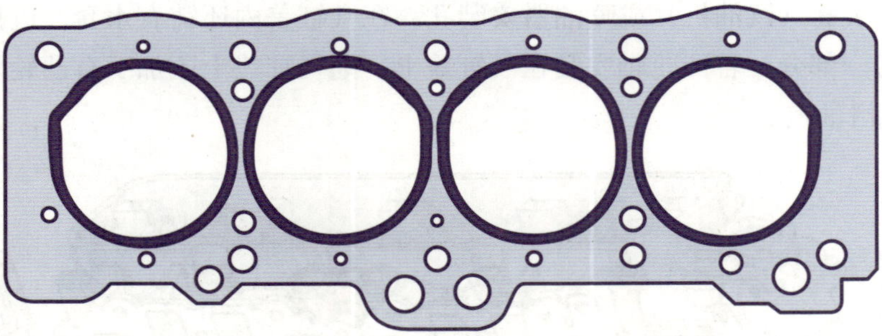

图 2.9　气缸垫

1）功用

保持气缸密封不漏气，保持由机体流向气缸盖的冷却液和机油不泄漏。气缸垫承受拧紧气缸盖螺栓时造成的压力，并受到气缸内燃烧气体高温、高压的作用以及机油和冷却液的腐蚀。

气缸垫应该具有足够的强度，并且耐压、耐热和耐腐蚀。另外，还需要有一定的弹性，以补偿机体顶面与气缸盖底面的表面粗糙度和不平度，以及发动机工作时气缸盖受气体力出现的变形。

2）分类

按所用材料的不同，气缸垫可分为金属—石棉衬垫、金属—复合材料衬垫和全金属衬垫等多种。金属—复合材料衬垫和全金属衬垫均属于无石棉气缸衬垫，因没有石棉夹层，故可消除衬垫中气囊的产生，也减少了工业污染，是当前的主要发展方向。

三、任务实施

机体组的拆装。

1. 任务实施环境

1）做好车辆检查的防护措施（见表 2.1）

表 2.1　车辆检查的防护措施

名称	检查演示	讲解	说明
防护脚垫	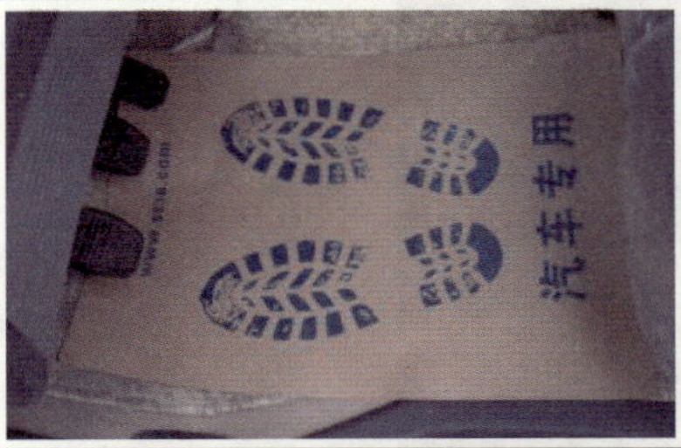	安放防护脚垫	
防护椅套、方向盘套、变速杆套、驻车制动杆防护套	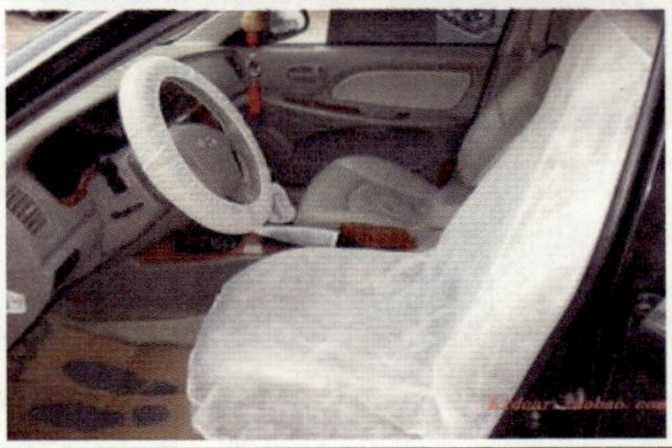	安装防护椅套、方向盘套、变速杆套、驻车制动杆防护套	

2）现场设备、工具等准备（见表 2.2）

表 2.2　现场设备、工具等准备

名称	准备演示	讲解	说明
车辆场地准备	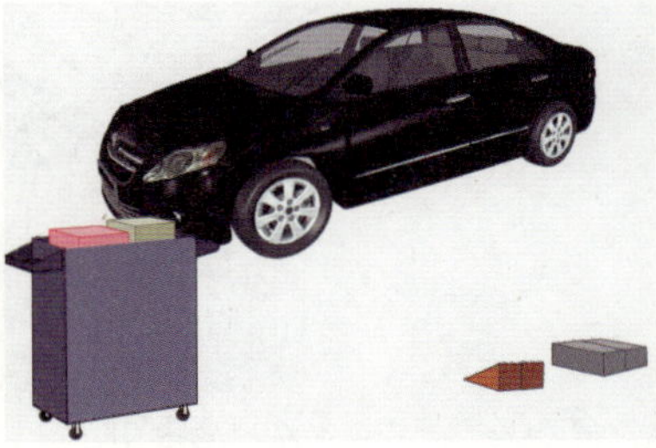	最好与维修场地区别，建立新车交付区，因为维修车间油污、垃圾等难免会影响到新车，而且也会给客户带来负面影响	
举升机	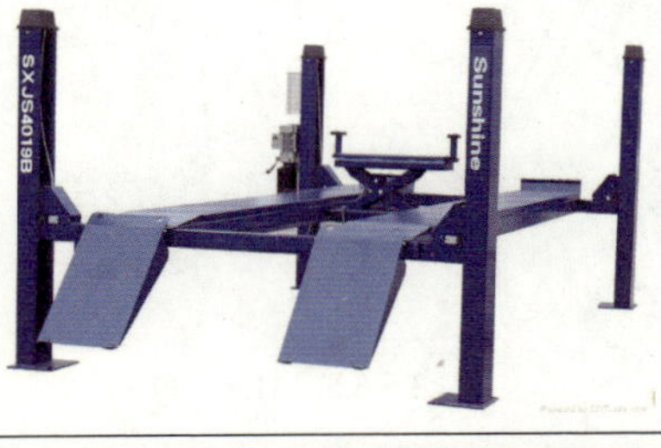	车辆必须有举升机，要检查底盘	
世达工具	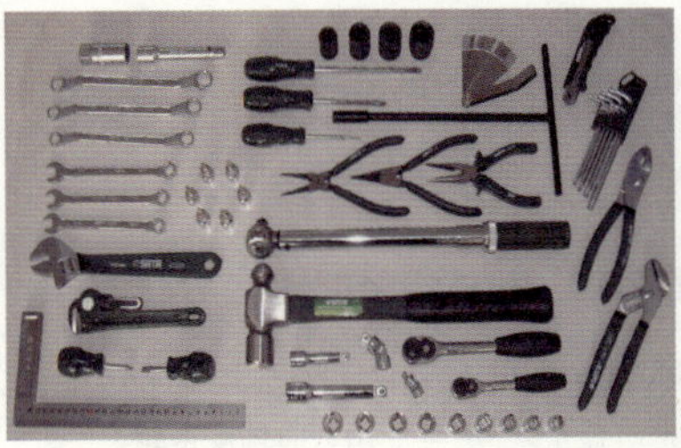	螺栓、线路检测，发现有松动及时安装好	

续表

名称	准备演示	讲解	说明
维修手册（北京现代维修手册）		当出现问题时，及时查阅维修手册	

2. 任务实施流程

机体组装配图，在拆装机体组时提供结构参考，如图 2.10 所示。

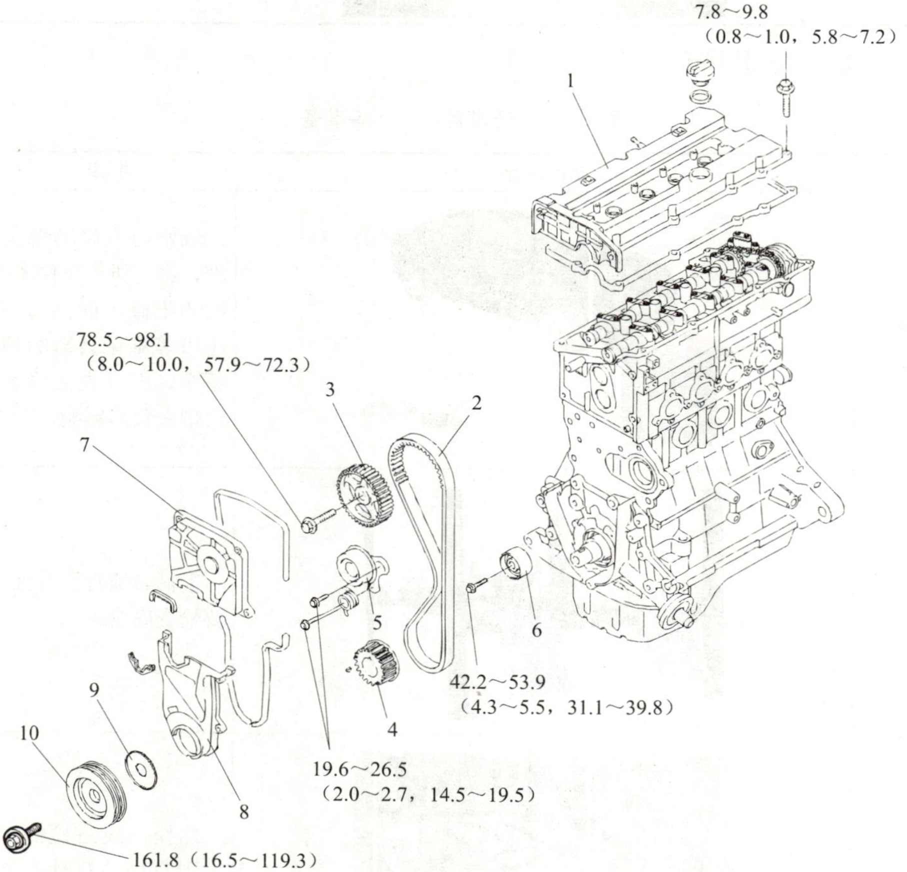

图 2.10　机体组装配图

1—气缸盖罩；2—正时皮带；3—凸轮轴链轮；4—曲轴链轮；5—张紧器；6—惰轮；7—正时皮带上盖；8—正时皮带下盖；9—法兰；10—曲轴皮带轮

3. 任务实施步骤

机体组的拆装

1）气缸盖的拆卸（见表 2.3）

表 2.3 气缸盖的拆卸

项目	拆卸步骤	注意事项	使用工具	图示
气缸盖的拆卸	1. 拆卸发动机中央盖。 2. 拆卸右前轮。 3. 拆卸 2 个螺栓 (B) 和右侧盖 (A)			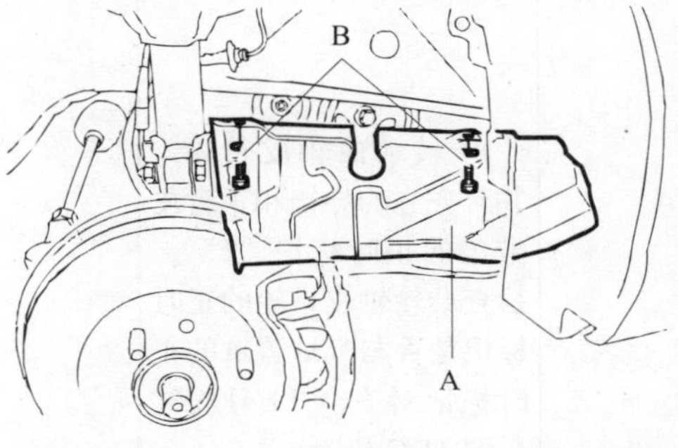
	4. 暂时拧下水泵皮带轮螺栓			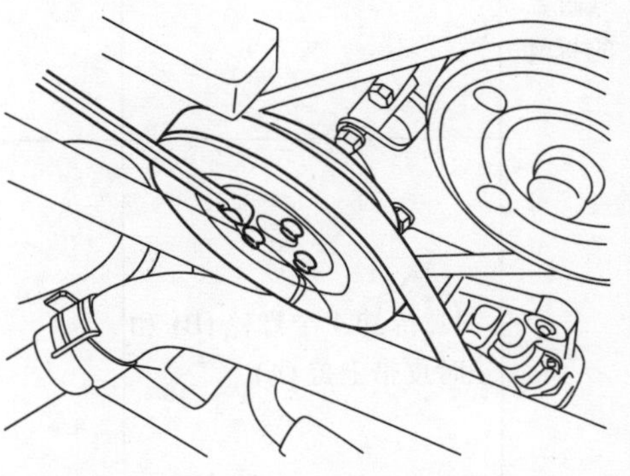
	5. 拆卸交流发电机驱动皮带 (A)。(参考 EE 部分 - 交流发电机)			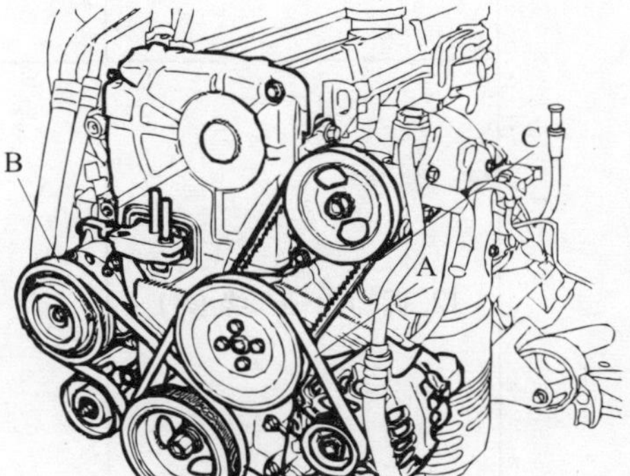

续表

项目	拆卸步骤	注意事项	使用工具	图示
气缸盖的拆卸	6. 拆卸空调压缩机驱动皮带(B)。(参考HA部分-空调压缩机) 7. 拆卸动力转向泵驱动皮带(C)。(参考ST部分-动力转向泵) 8. 拧下4个螺栓并拆卸水泵皮带轮。 9. 拆卸4个螺栓(B)和正时皮带上盖(A)			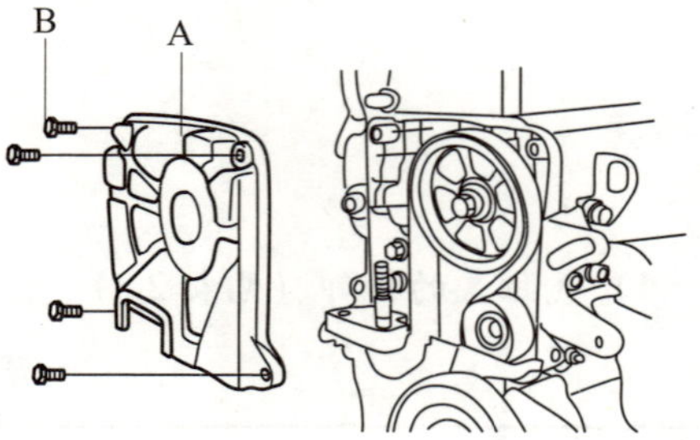
	10. 转动曲轴皮带轮，并对齐它的导槽和正时皮带盖的正时标记“T”。检查凸轮轴皮带轮的正时标记是否与气缸盖罩的正时标记对齐。（1号气缸压缩TDC位置）			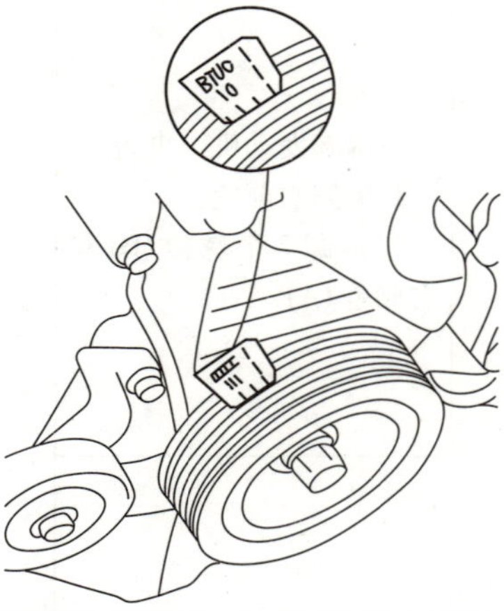
	11. 拆卸4个螺栓(B)和正时皮带上盖(A)			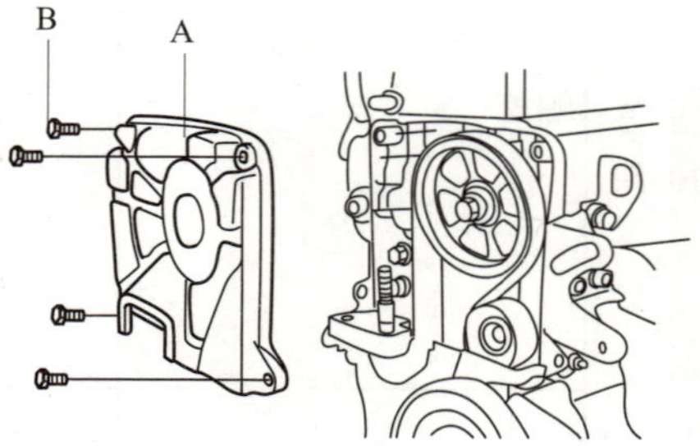
	12. 拆卸曲轴凸缘(A)			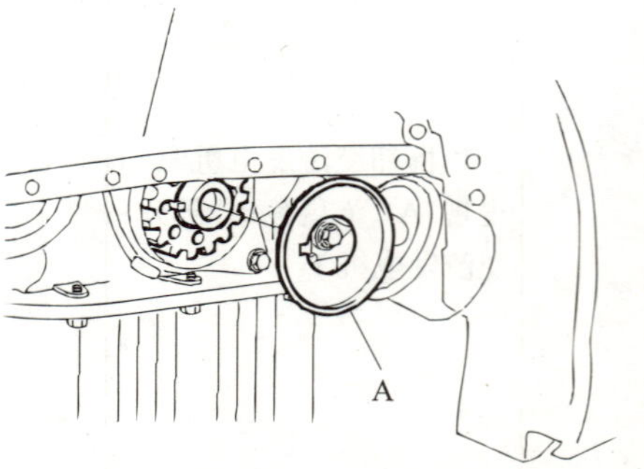

续表

项目	拆卸步骤	注意事项	使用工具	图示
气缸盖的拆卸	13. 拧下 4 个螺栓 (B) 和正时皮带下盖 (A)			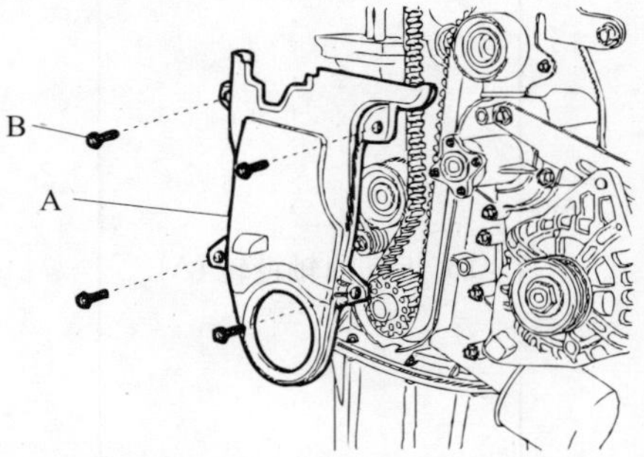
	14. 拆卸正时皮带张紧器 (A) 和正时皮带			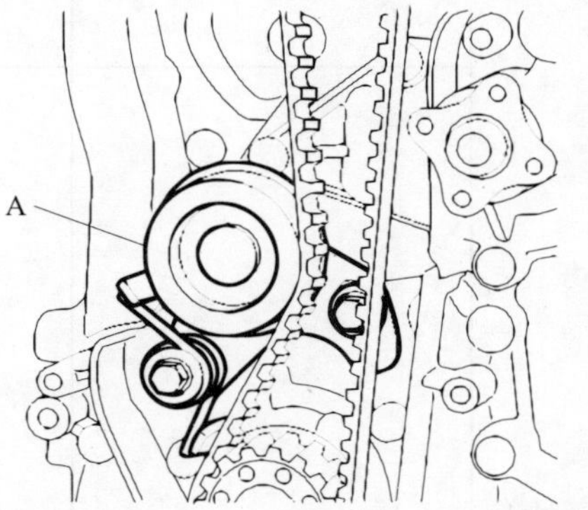 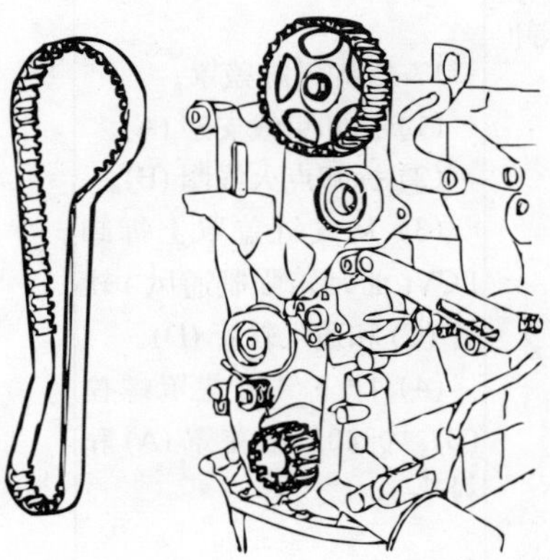
	15. 拧下螺栓 (B) 并拆卸正时皮带惰轮 (A)			

续表

项目	拆卸步骤	注意事项	使用工具	图示
气缸盖的拆卸	16. 拆卸曲轴链轮 (A)			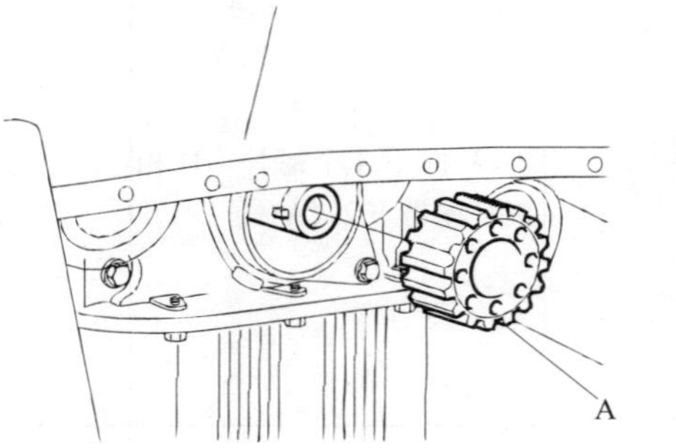
	17. 拆卸气缸盖罩。 (1) 拆卸束线支架 (A)。 (2) 拆卸点火线圈 (B)。 (3) 从气缸盖罩上拆卸PCV(曲轴箱强制通风) 软管 (C) 和通气软管 (D) (4) 拧下气缸盖罩螺栓 (B)，拆卸气缸盖罩 (A) 和衬垫			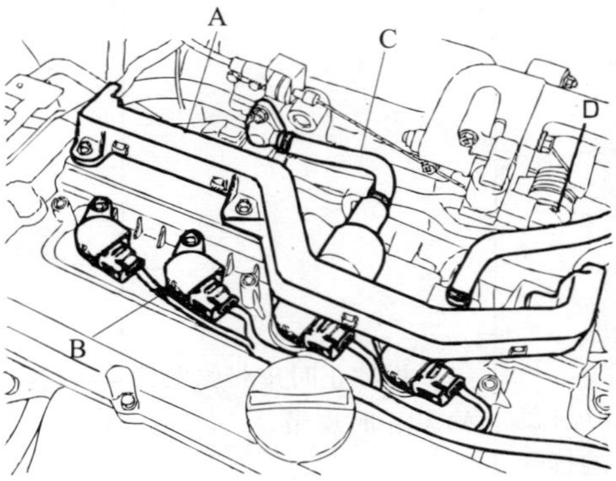 (a) ■ 1.6 CVVT 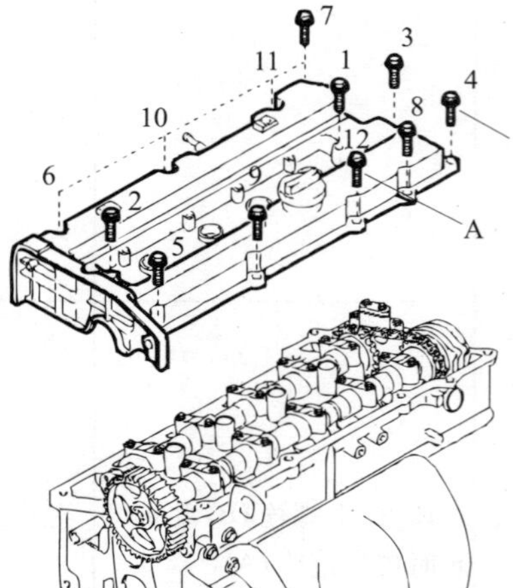 (b)

续表

项目	拆卸步骤	注意事项	使用工具	图示
气缸盖的拆卸	18. 拆卸凸轮轴链轮。 用六角扳手固定凸轮轴部分 (A)，用扳手 (B) 拆卸螺栓（C），并且拆卸凸轮轴链轮			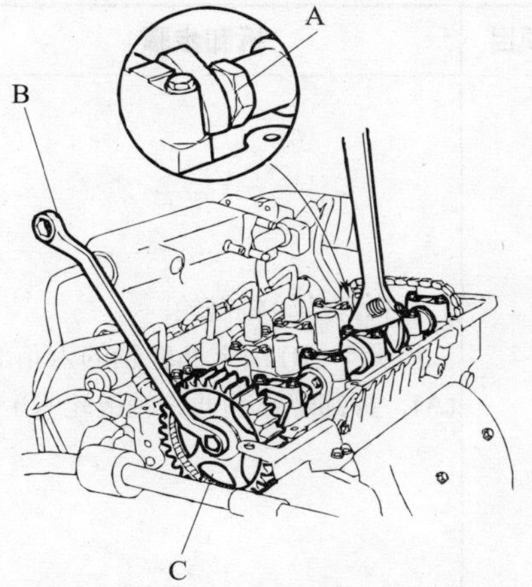

2）正时系统的检查（见表 2.4）

表 2.4　正时系统的检查

项目	检查内容	注意事项	使用工具	图示
检查链轮、张紧器、怠速轮	1. 检查凸轮轴链轮、曲轴链轮、皮带张紧轮和惰轮皮带轮是否存在不正常磨损、裂纹或损坏。按需要更换。 2. 检查张紧皮带轮和惰轮转动是否自由、平滑，并检查其间隙或噪声。按需要更换。 3. 如果轴承的润滑脂泄漏，更换皮带轮			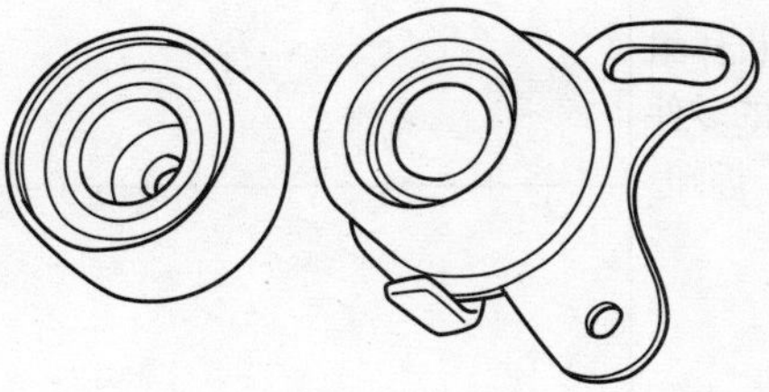
检查正时皮带	1. 检查皮带上的机油或灰尘沉淀情况（如有必要，需更换），使用干布条或纸擦去小沉淀物，不要使用溶剂清洗。 2. 当翻修了发动机或调整了皮带张力时，要仔细检查。如果发现以下任意故障，更换皮带： （1）不要彻底弯曲、扭曲或反方向安装正时皮带； （2）不要让正时皮带接触机油、水和蒸汽			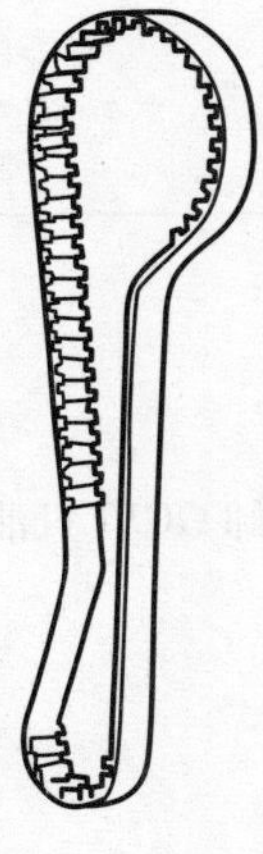

3）机体组零件的拆卸（见表 2.5）

表 2.5　机体组零件的拆卸

项目	拆卸步骤	注意事项	使用工具	图示
机体组的零件拆卸	1. 拆卸凸轮轴链轮。 用扳手 (B) 固定凸轮轴的六角部分 (A)，拆卸螺栓和凸轮轴链轮 (C)			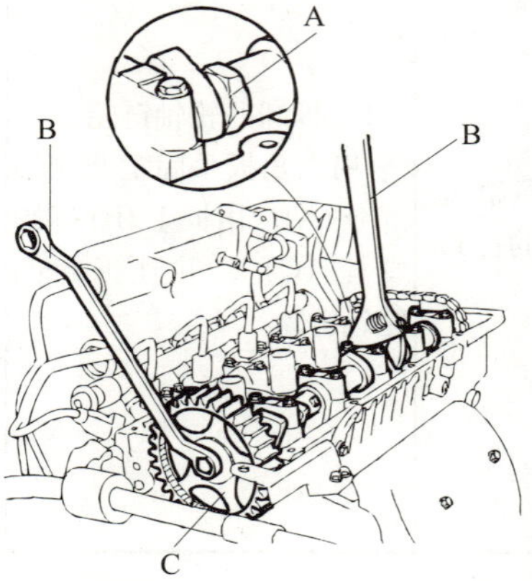
	2. 拆卸凸轮轴轴承盖 (A) 和凸轮轴 (B)			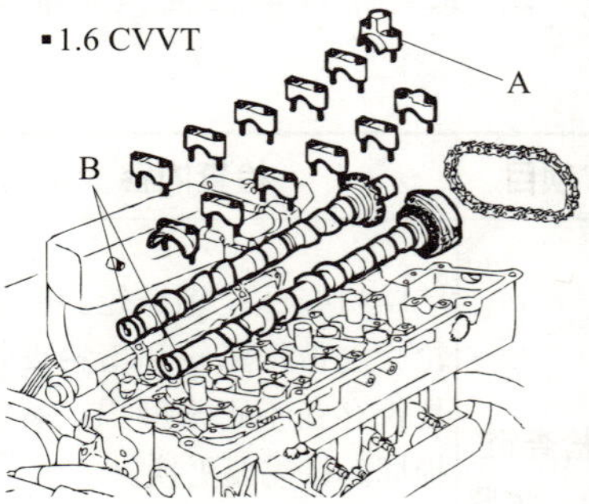
	3. 拆卸 OCV(机油控制阀)(A)(1.6 CVVT)			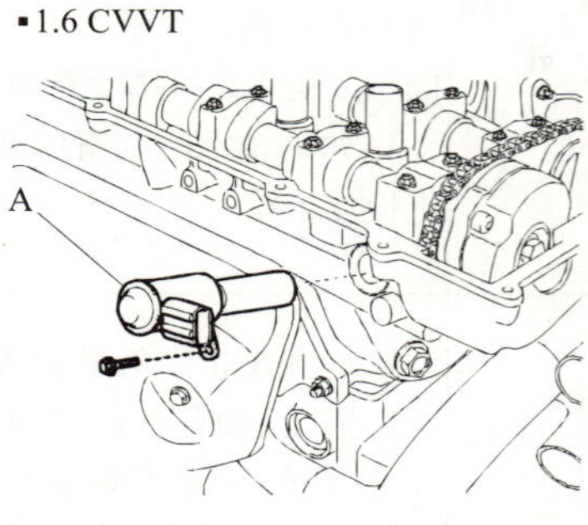
	4. 拆卸 OCV(机油控制阀) 滤清器 (A)			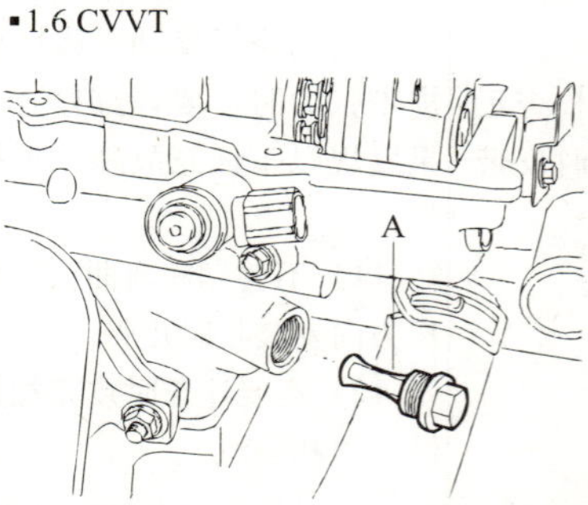

续表

项目	拆卸步骤	注意事项	使用工具	图示
机体组的零件拆卸	5. 拆卸发动机装配支架固定螺栓(A)			
	6. 拧下气缸盖螺栓，并拆卸气缸盖。 使用 8mm 六角扳手，按照右图所显示的顺序，均匀地松动并拆卸各通道内的 10 个气缸盖螺栓 注意： 不正确拆卸螺栓会引起气缸盖翘曲或者扭曲。 不能损坏气缸体和气缸盖接触表面			▪1.6 CVVT 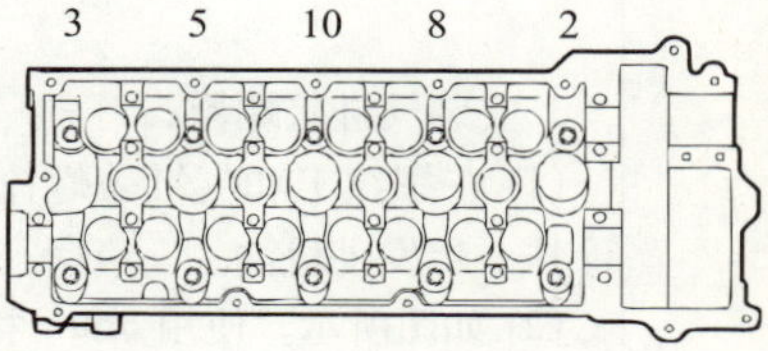
	7. 油底壳的拆卸 拧下油底壳全部紧固螺栓，将维修专用工具的刀片（或螺丝刀）插入油底壳与气缸体之间，切开附着的密封条，取下油底壳			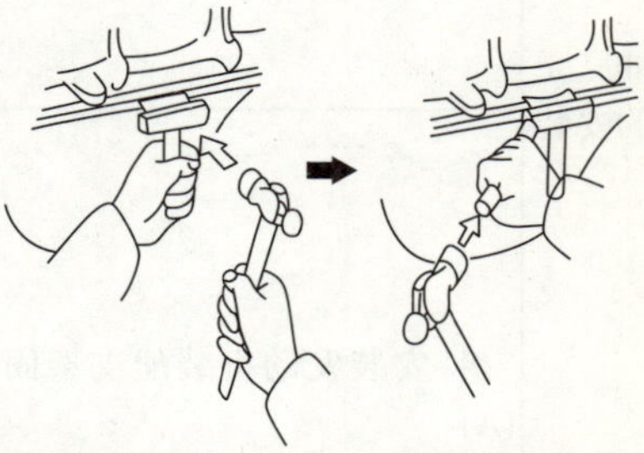

4）机体组的零件的安装（见表 2.6）

表 2.6 机体组零件的安装

项目	安装步骤	注意事项	使用工具	图示
油底壳的安装	1. 安装油底壳。 (1) 使用剃刀刀锋和衬垫刮刀，从衬垫表面去除所有旧的包装材料。 (2) 在接合表面边缘之间居中的胎圈上涂抹液态密封胶、TB 1217H 或等效品。 (3) 使用螺栓安装油底壳 (A)，分几次均匀拧紧螺栓			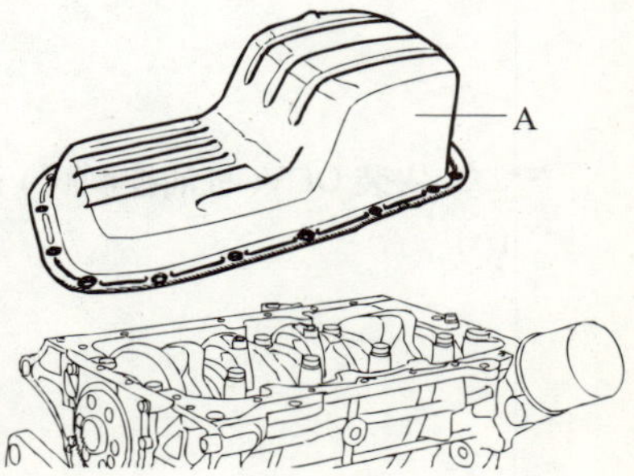

续表

项目	安装步骤	注意事项	使用工具	图示
油底壳的安装	2. 在气缸体上安装气缸盖衬垫（A）	上下		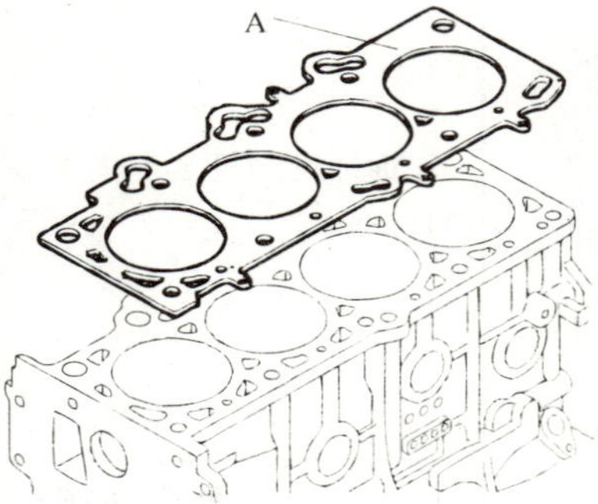
	3. 安装气缸盖螺栓。 (1) 在螺纹上和气缸盖螺栓头下部涂抹一层发动机油。 (2) 如图所示，使用 8mm 和 10mm 六边形扳手，安装并拧紧各通道内的 10 个气缸盖螺栓和垫圈			▪1.6 CVVT 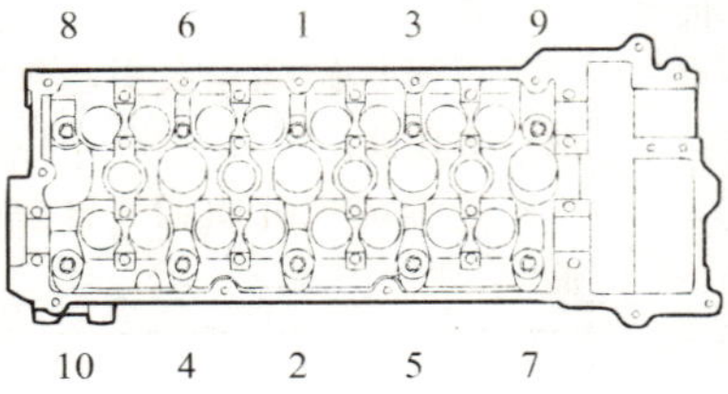
	4. 安装发动机装配支架固定螺栓（A）			
	5. 安装 OCV(机油控制阀) 滤清器（A）			▪1.6 CVVT 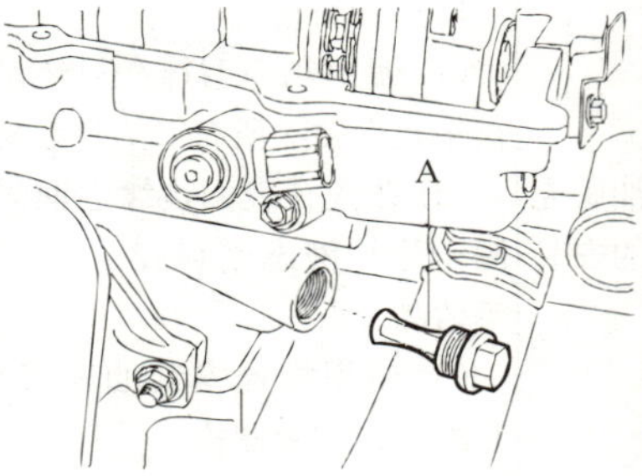

续表

<table>
<tr><th>项目</th><th>安装步骤</th><th>注意事项</th><th>使用工具</th><th>图示</th></tr>
<tr><td rowspan="3">油底壳的安装</td><td>6. 安装 OCV(机油控制阀)(A)，保持机油控制阀干净</td><td></td><td></td><td>▪1.6 CVVT
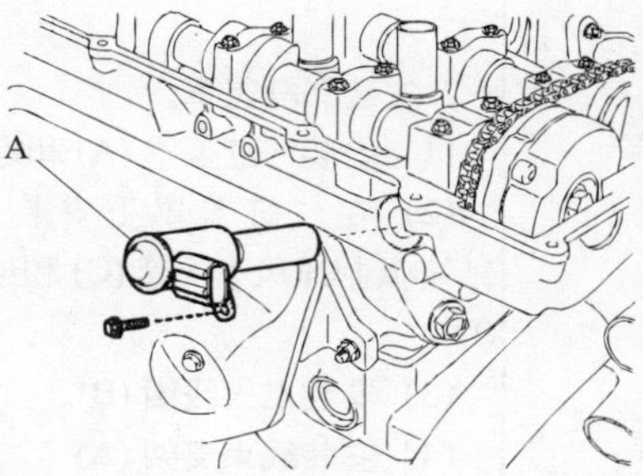
</td></tr>
<tr><td>7. 安装凸轮轴</td><td></td><td></td><td>▪1.6 CVVT
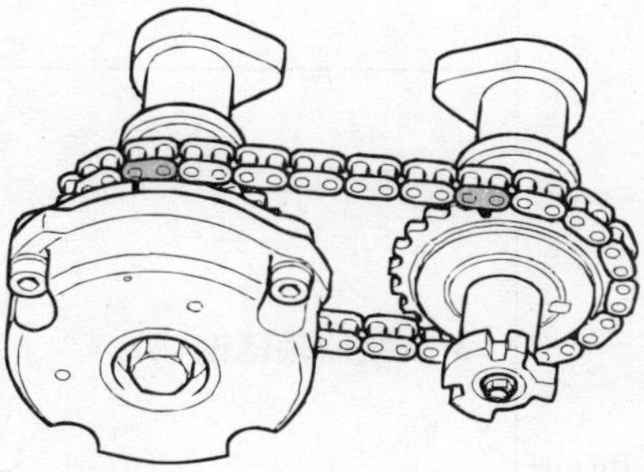</td></tr>
<tr><td>8. 安装正时链条自动张紧器 (A)</td><td></td><td></td><td>▪1.6 CVVT
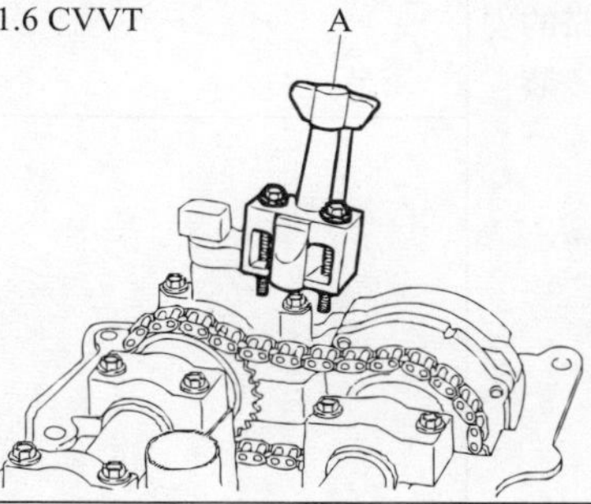
</td></tr>
<tr><td>正时皮带的安装</td><td>1. 安装凸轮轴链轮，按规定扭矩拧紧螺栓。
(1) 暂时安装凸轮轴链轮螺栓 (C)。
(2) 使用六角扳手抓住凸轮轴部分 (A)，使用扳手 (B) 拧紧螺栓 (C)</td><td></td><td></td><td>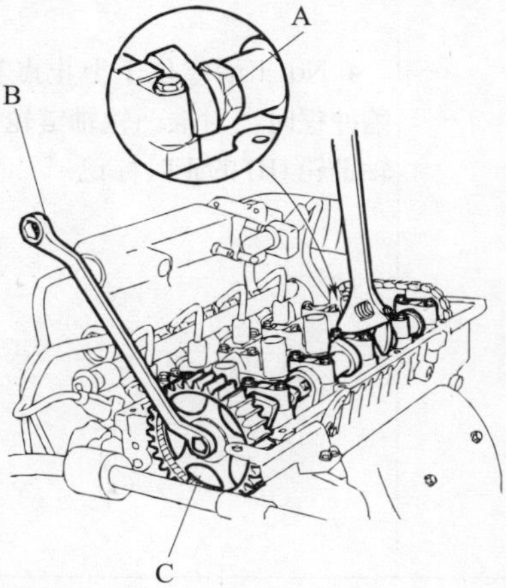
</td></tr>
</table>

续表

项目	安装步骤	注意事项	使用工具	图示
正时皮带的安装	2. 安装气缸盖罩。 （1）安装气缸盖罩 (A) 和螺栓 (B)。 （2）在气缸盖罩上安装 PCV(曲轴箱强制通风) 软管 (C) 和通气软管 (D)。 （3）安装点火线圈 (B)。 （4）安装线束支架 (A)			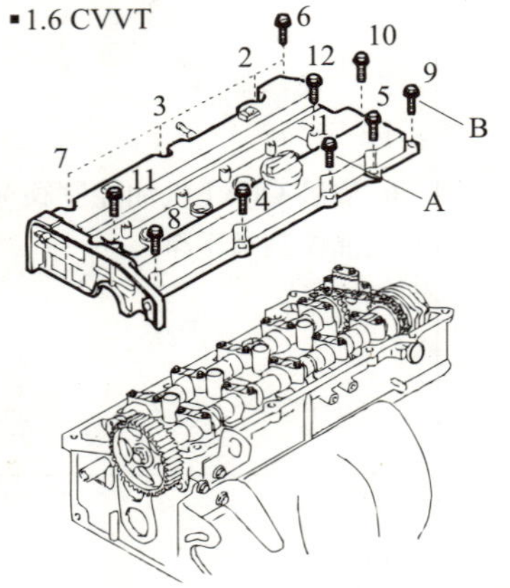
	3. 安装曲轴链轮 (A)			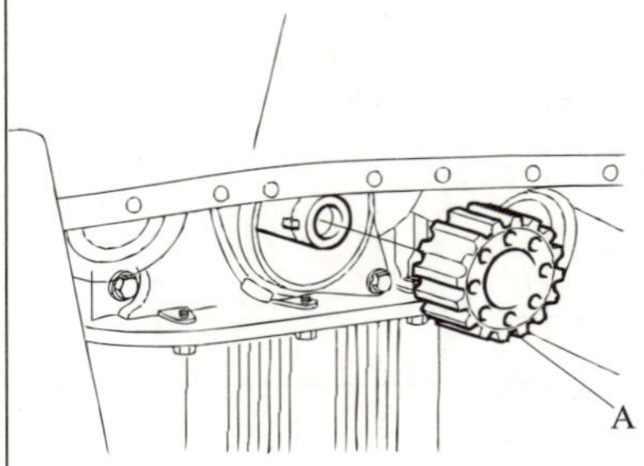
	4. No. 1 活塞位于上止点和它的压缩冲程时，对准凸轮轴链轮 (A) 和曲轴链轮 (B) 的正时标记			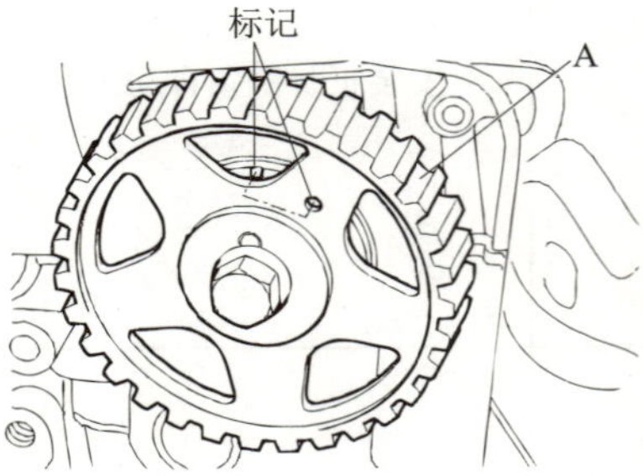 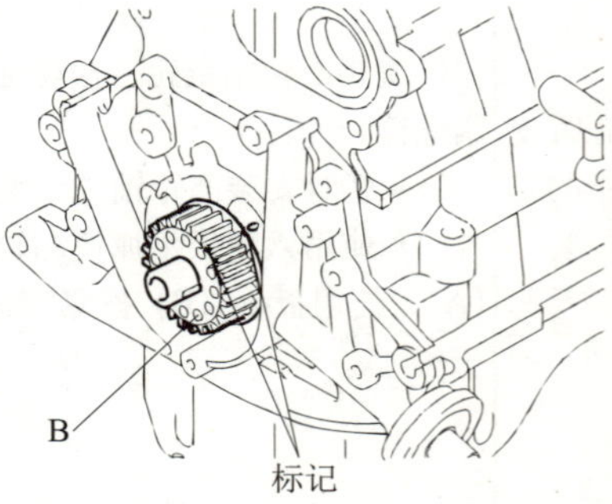

续表

项目	安装步骤	注意事项	使用工具	图示
正时皮带的安装	5. 安装惰轮 (A) 并按规定扭矩拧紧螺栓 (B)			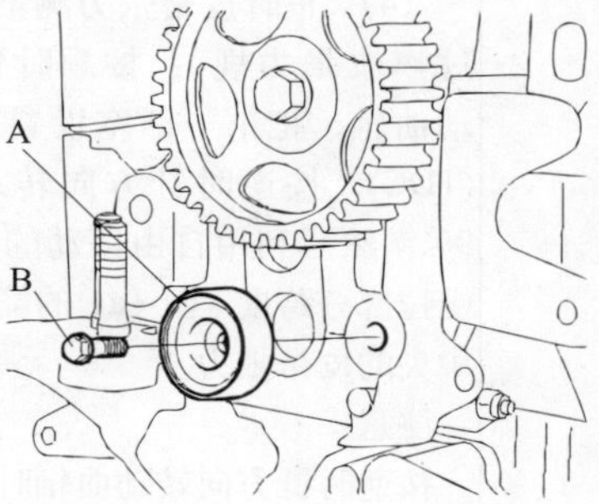
	6. 暂时安装正时皮带张紧器 (A)			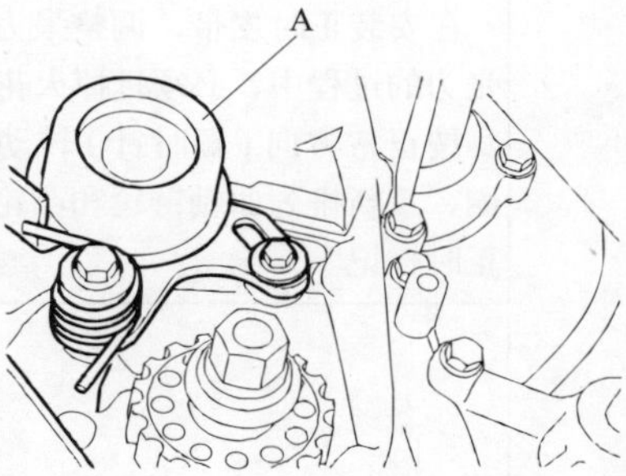
	7. 用扳手 (B) 固定凸轮轴的六角部分 (A)，拧紧凸轮轴链轮 (C) 螺栓：曲轴链轮 (A) →惰轮 (B) →凸轮轴链轮 (C) →正时皮带张紧器 (D)			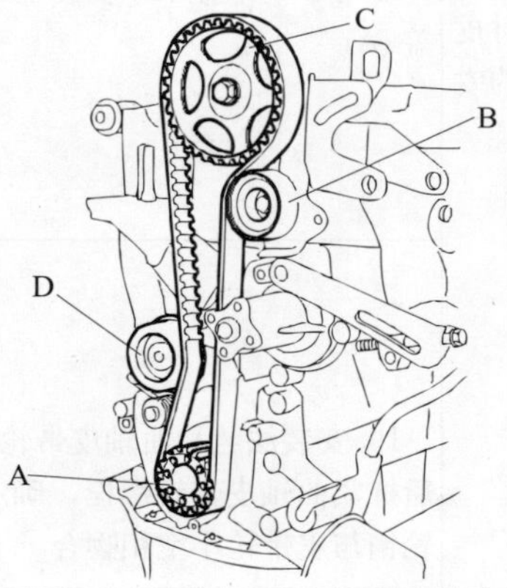
	8. 调整正时皮带张力。 (1) 拧松装配螺栓 (A,B) 后，利用张紧器的弹性调整正时皮带张力。 (2) 检查每个链轮和每个正时皮带轮齿之间是否对齐后，拧紧装配螺栓 (A) 和 (B)。 (3)检查皮带张力。用适当的力 [约 49N (11lb)] 水平推动正时皮带的皮带受拉部分时，正时皮带齿末端与螺栓头中央部分的距离约为张紧器固定螺栓头半径 (通过平面) 的 1/2。			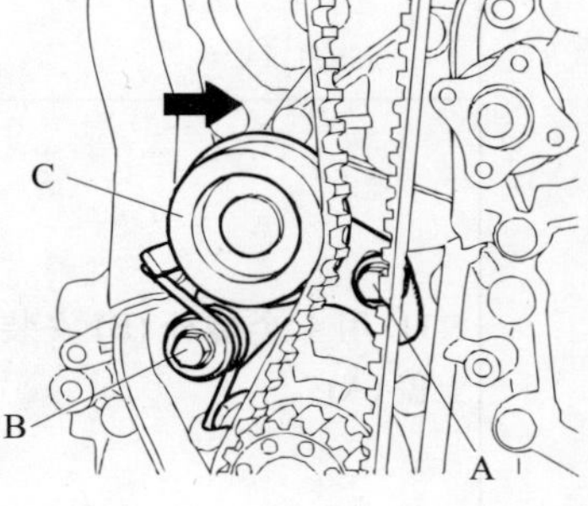(a)

续表

项目	安装步骤	注意事项	使用工具	图示
正时皮带的安装	(4) 正时皮带张力测量程序（通过声波张力规）：按顺时针方向转动曲轴，把第一活塞设置在上止点(TDC)，按逆时针方向转动曲轴至90°，然后利用自由振动的方法测量受拉部分跨度（图 (a) 的箭头方向）中央的皮带张力。 注意： 按逆时针方向转动曲轴时，确定一次转动曲轴。 在安装正时皮带，调整张力和测量张力的过程中，必须拆掉火花塞。 按正常方向（顺时针）转动曲轴两圈，重新排列曲轴链轮和凸轮轴链轮正时标记			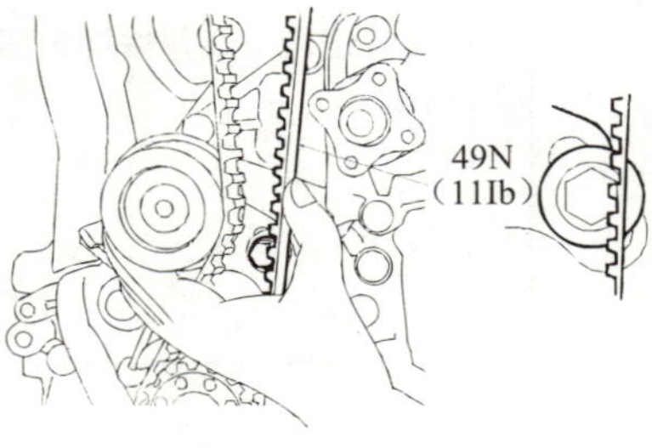 (b)
	9. 用 5 个螺栓 (B) 安装正时皮带下盖 (A)			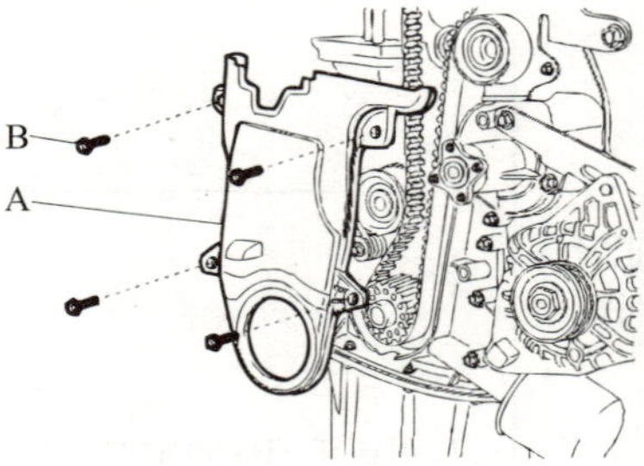
	10. 安装法兰和曲轴皮带轮 (A)，然后拧紧曲轴皮带轮螺栓，确定曲轴链轮销与皮带轮小空相吻合			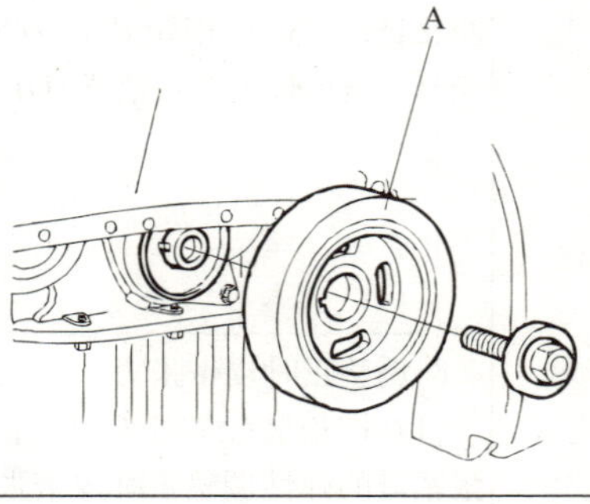
	11. 用 4 个螺栓 (B) 安装正时皮带上盖 (A)			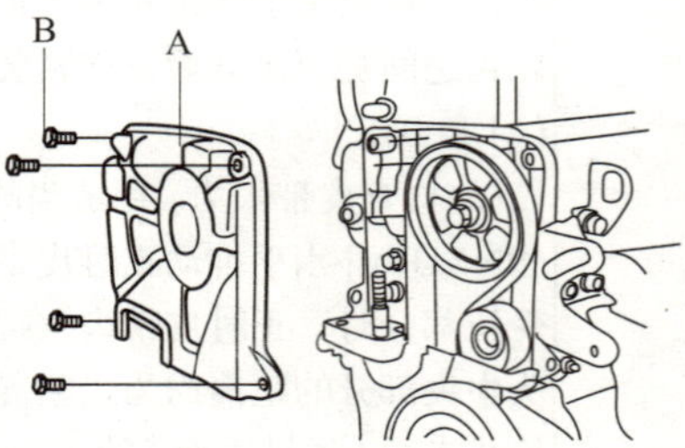

续表

项目	安装步骤	注意事项	使用工具	图示
正时皮带的安装	12. 复装皮带。 （1）安装水泵皮带轮和 4 个螺栓。 （2）安装动力转向泵驱动皮带 (C)。(参考 ST 部分 - 动力转向泵) （3）安装空调压缩机驱动皮带 (B)。(参考 HA 部分 - 空调压缩机) （4）安装交流发电机驱动皮带 (A)。(参考 EE 部分 - 交流发电机)			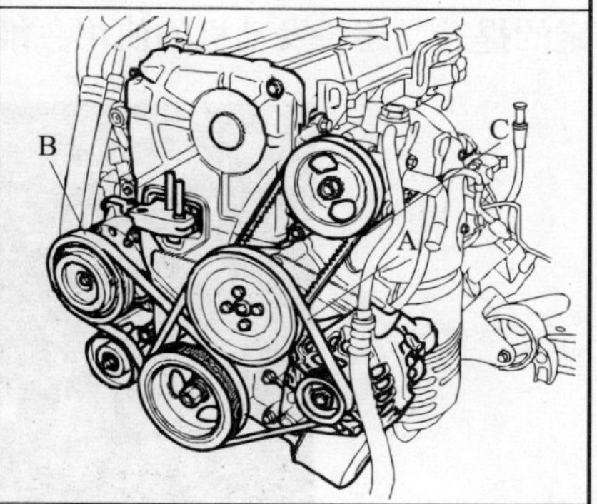
	13. 复装侧盖、轮胎、中心盖。 （1）用2个螺栓(B)安装右侧盖(A)。 （2）安装前轮 RH。 （3）用螺栓安装发动机中心盖			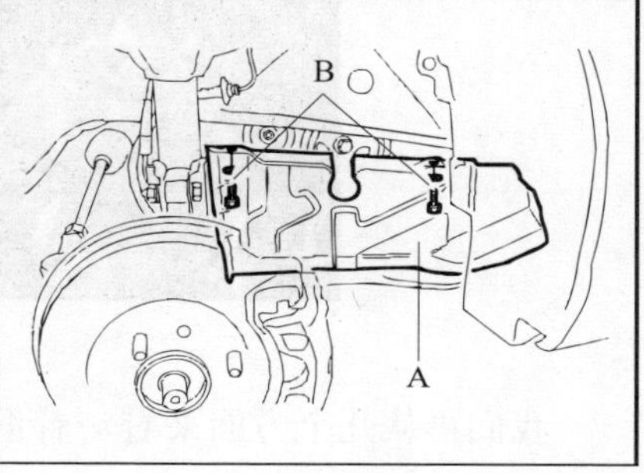

四、拓展知识

正时皮带与链条

正时皮带（Timing Belt）是发动机配气系统的重要组成部分，通过与曲轴的连接并配合一定的传动比来保证进、排气时间的准确。使用皮带而不是齿轮来传动是因为皮带噪声小，自身变化量小而且易于补偿。显而易见，皮带的寿命肯定比金属齿轮短，因此要定期更换皮带。

正时皮带起承上启下的作用，上部连接发动机缸盖的正时轮，下部连接曲轴正时轮，在“正时”的连接作用下，时刻要保持“同步”运转。

正时，就是通过发动机的正时机构，让每个气缸正好做到：活塞向上正好到上止点时，气门正好关闭、火花塞正好点火。

正时皮带属于橡胶部件，随着发动机工作时间的增加，正时皮带和正时皮带的附件，如正时皮带张紧轮、正时皮带张紧器和水泵等都会发生磨损或老化。因此，凡是装有正时皮带的发动机，厂家都会有严格要求：在规定的周期内定期更换正时皮带及附件，更换周期则随着发动机的结构不同而有所不同，一般在车辆行驶到 6 万～ 10 万公里时更换，具体的更换周期应该以车辆的保养手册说明为准。

正时皮带一般是在 8 万公里时考虑更换。就算车上备有正时皮带，一旦其发生断裂，自己也无法更换。因此，当总行驶路程到达 8 万公里时，建议更换。正时皮带在水箱风扇的后面。

随着汽车制造技术水平和工业发展的不断进步，部分发动机的正时皮带已被发动机链条所替代，与传统的皮带驱动相比，链条驱动方式的传动可靠、耐久性好并且可以节省空间。

整个系统由齿轮、链条和张紧装置等部件组成，其中液压张紧器可自动调节张紧力，使链条张力始终如一，并且终身免维护，这就使其与发动机同寿命，不但安全性和可靠性得到了一定的提升，还将发动机的使用、维护成本降低了不少，可谓一举两得，如图 2.11 所示。

图 2.11　发动机正时链条

我们再从几个方面来看一看正时链条与老式皮带相比都具有哪些优缺点：

（1）对于厂家来说，生产正时链条的成本要明显高于正时皮带，并且由于链条都是终身免维护的，因而厂家的后期效益也会随之降低；另外，正时链条相比皮带还会对发动机动力性产生一定影响。

（2）从消费者角度考虑，由于正时皮带使用寿命的限制，用户的后续养车成本会随之增加，而正时链条的寿命与发动机相同，因此无须进行更换，当然也就无须支付相关费用。

（3）两种材质、结构正时系统的优缺点：正时皮带噪声小、传动阻力小、传动惯性也小，能够提高发动机的动力性及加速性能，并且容易更换。但不足之处在于其易老化，故障率高，车主的使用成本相对较高。而正时链条的优点则是使用寿命长、故障率低，且不易因正时传动故障而导致汽车抛锚，但其同样不可避免地存在一些缺点，如链条转动噪声大、传动阻力大、传动惯性大，从一定角度来说增加了油耗，性能也有所降低。虽然两种材质的正时结构都存有一些优势和不足，但就当下发展趋势来说，正时链条将会被运用在更多发动机上，相信随着设计人员对该部分的不断改进，使用者的用车成本也将会越来越低。

五、任务总结

学习本项目要求掌握的知识点：

（1）气缸盖、气缸垫的作用和结构。

（2）气缸体、气缸套的类型和特征。

（3）机体组拆装的操作规范和技术要求。

本次课要求掌握的技能点：

（1）能够准确说出机体组各组成零件的名称和安装位置。

（2）能够使用拆装工具正确拆装机体组。

（3）能够对拆下的气缸体类型做出准确判断。

任务二　气缸盖、气缸体变形的检修

一、情境描述

一辆刚刚大修过的北京现代悦动轿车，发生如下故障：

（1）发动机排白烟。

（2）怠速运转时，打开水箱盖看到水箱冒气泡。

（3）缸压低。

经检查起动系统良好，点火系统良好，燃油供给系统良好，最终确认气缸盖、气缸体、气缸垫安装不到位，或者出现严重变形等情况。

二、相关知识

（一）气缸盖、气缸体裂纹的检修

（1）发动机气缸体、缸盖变形故障原因。气缸体和气缸盖是多孔薄壁铸造零件，在工作中承受高温、高压和交变载荷，以及铸件内部残余内应力的作用，使用一段时间或使用不当，发生裂纹故障。目前内燃机设计不断改进，故气缸盖、气缸体产生裂纹故障多数是由人为因素造成的。

（2）气缸体裂纹的检查一般采用水压试验法。试验时，应用专用的盖板封住气缸体水道口，用水压机将水压入缸体水道中，要求在 0.3 ～ 0.4 MPa 的压力下保持约 5 min 没有任何渗漏现象。

当镶换气缸套（干式）时，应在镶好气缸套后再进行一次水压试验。气缸体在焊接修理后，也应进行水压试验。

气缸体裂纹的修理方法有黏结法和焊接法等几种。在修理中，应根据裂纹的大小、裂纹的部位、损伤的程度以及技术能力、设备条件等情况，灵活而适当地选择。气缸盖出现裂纹一般应予以更换。

（二）气缸体与气缸盖变形的检修

（1）发动机气缸体、气缸盖变形故障原因。

① 缸体在铸造和机械加工时，有残余应力，由于零件的时效处理不足，造成内应力很大，高温时内应力重新分布。

② 曲柄连杆机构往复运动产生的力作用在气缸体上，导致气缸拉压、弯曲和扭转，使气缸体平面翘曲变形。

③ 在拧紧气缸盖螺栓时，不按规定顺序拧紧，扭力过大或不均匀，或在高温下拆卸气缸盖。

④ 发动机长期在高转速、大负荷条件下工作，润滑不足、烧瓦抱轴等导致气缸体变形、轴承座孔中心线发生变化。

（2）气缸体与气缸盖平面发生变形，可测量其平面度误差。测量时用等于或略大于被测平面全长的刀形样板尺或直尺，沿气缸体或气缸盖平面的纵向、横向和对角线方向进行测量，然后用厚薄规测量其与平面间的间隙，最大间隙即为该平面的平面度误差。

气缸体与气缸盖接合平面的平面度要求如下：铝合金气缸体一般为 0.25mm ，铸铁气缸体一般为 0.10mm 。缸盖一般不能超过 0.05mm，否则应进行修理或更换。

对铝合金缸盖的变形多用压力校正法修理，即：将缸盖放置在平台上，用压力机在其凸起部分逐渐加压，同时用喷灯在变形处加热至 300℃ ~ 400℃，待缸盖平面与平台贴合后保持压力直到冷却。

对铸铁气缸盖的变形一般采用磨削或铣削方法进行修理。但切削量不能过大，一般不允许超过 0.5mm ，否则将改变发动机压缩比。

气缸体、气缸盖检测注意事项：

（1）气缸体的上平面、气缸盖的下平面不能直接放在工作台或地面上，下面应垫木方。

（2）清洁气缸体的上平面、气缸盖的下平面时，不能用锤头敲击，以免造成新的变形或损坏。

（3）用压缩空气吹净气缸体上平面和气缸盖下平面上的煤油时要戴好护目镜，气枪不能朝向人吹。

（4）刀刃尺要轻拿轻放，避免与测量表面冲击而产生变形或损坏。

（5）煤油溅到地面上要及时清洁，以避免因地面湿滑而造成人身伤害。

三、任务实施

（一）任务实施环境

1. 现场设备、工量具等准备（见表 2.7）

表 2.7　现场设备、工量具等准备

名称	准备演示	讲解	说明
发动机实训室		干净整洁的发动机实训室	

续表

名称	准备演示	讲解	说明
维修手册（北京现代维修手册）		当出现问题时，及时查阅维修手册	
工量具	油盆，软毛刷，铲刀，汽油，抹布，刀刃尺，塞尺，游标卡尺	实训前、后进行清洁	

2. 技术要求（见表 2.8）

表 2.8　技术要求

序号	检查项目	数据 /mm
1	气缸盖与气缸体进气、排气结合面的平面度误差	0.10
2	50mm × 50mm 范围内平面度误差	0.05
3	气缸盖高度极限值偏差	0.5

（二）任务实施步骤

缸体变形检修

1. 气缸体、气缸盖清洁准备

(1) 用木方垫将气缸体和气缸盖垫起，让气缸体上平面和气缸盖下平面向上。

(2) 用铲刀铲除气缸体上平面和气缸盖下平面上气缸垫残余的黏连物以及气缸盖两侧进气和排气接口平面上的残余黏连物。

(3) 用细砂纸打磨铲刀无法去除的残余黏连物。

(4) 放入清洗盆中，用煤油清洗气缸体上平面、气缸盖下平面及气缸盖两侧的进气和排气接口平面。

(5) 用压缩空气吹净气缸体上平面和气缸盖下平面上的煤油。

2. 测量气缸体上平面

（1）用一只手轻轻将刀刃尺的锐角靠在气缸体上平面，如图 2.12 所示，另一只手用塞尺内 0.05mm 的测量片向刀刃尺和气缸体上平面的缝隙中试插。

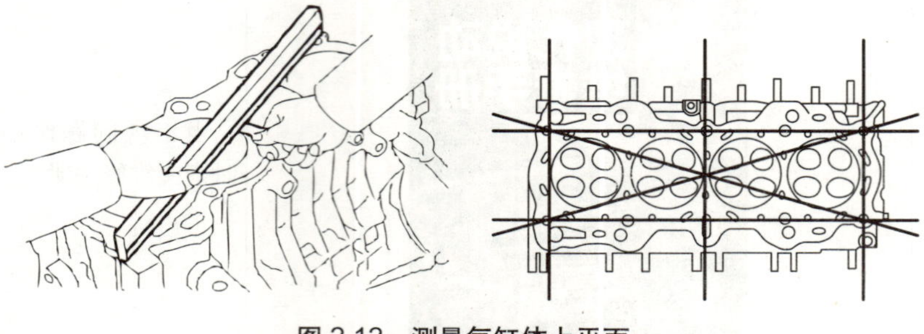

图 2.12 测量气缸体上平面

（2）如果用 0.05mm 的测量片不能或很难插入刀刃尺和气缸体上平面之间的缝隙中，则说明此测量点的变形量没有达到最大值，需更换位置，检测刀刃尺和气缸体上平面之间的其他缝隙。

（3）如果测得如图 2.12 所示位置上刀刃尺和气缸体上平面之间的所有缝隙都没有达到最大限值，则再将刀刃尺对图 2.12 中粗实线所示的其他五个方位重复进行检测。

（4）在测量过程中，如果用 0.05mm 的测量片插入刀刃尺和气缸体上平面之间的缝隙时有一些阻力或阻力很小，则说明此气缸体上平面的变形量达到或超过了最大限值。

3. 测量气缸盖下平面（见图 2.13）

（1）用一只手轻轻将刀刃尺的锐角靠在气缸盖下平面，如图 2.13 所示，另一只手用塞尺内 0.05mm 的测量片向刀刃尺和气缸盖下平面的缝隙中试插。

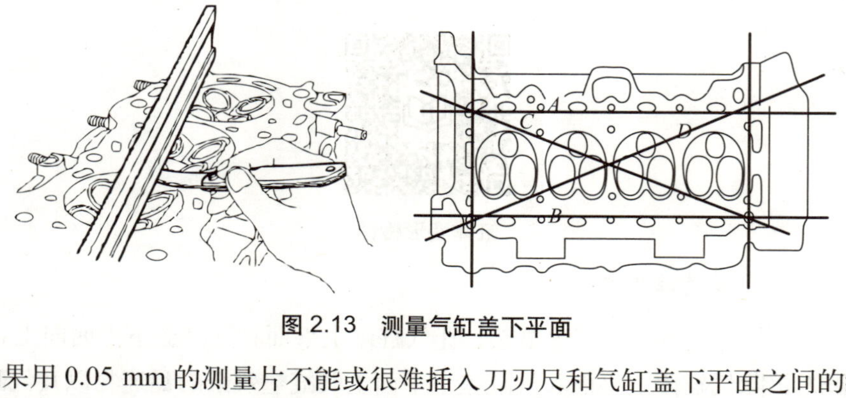

图 2.13 测量气缸盖下平面

（2）如果用 0.05 mm 的测量片不能或很难插入刀刃尺和气缸盖下平面之间的缝隙中，则说明此测量点的变形量没有达到最大限值，需更换位置，检测刀刃尺和气缸盖下平面之间的其他缝隙。

（3）如果测得如图 2.13 所示的位置上刀刃尺和气缸盖下平面之间的所有缝隙都没有达到最大限值，则再将刀刃尺对图 2.13 中粗实线所示的其他五个方位重复进行检测。

（4）在测量过程中，如果用 0.05mm 的测量片插入刀刃尺和气缸盖下平面之间的缝隙时有一些阻力或阻力很小，则说明此气缸盖下平面的变形量达到或超过了最大限值。

4. 气缸盖进气歧管侧平面、排气歧管侧平面的测量

(1) 用一只手轻轻将刀刃尺的锐角靠在气缸盖进气歧管侧平面，如图 2.13 所示，另一只手用塞尺内 0.10mm 的测量片向刀刃尺和气缸盖进气歧管侧平面的缝隙中试插。

(2) 如果用 0.10 mm 的测量片不能或很难插入刀刃尺和气缸盖进气歧管侧平面之间的缝隙中，则说明此测量点的变形量没有达到最大限值，需更换位置，检测刀刃尺和气缸盖进气歧管侧平面之间的其他缝隙。

(3) 如果测得图 2.13 所示的位置上刀刃尺和气缸盖进气歧管侧平面之间的所有缝隙都没有达到最大限值，则再将刀刃尺对图 2.13 中粗实线所示的其他五个方位重复进行检测。

(4) 在测量过程中，如果用 0.10mm 的测量片插入刀刃尺和气缸盖进气歧管侧平面之间的缝隙有一些阻力或阻力很小，则说明此气缸盖进气歧管侧平面的变形量达到或超过了最大限值。

气缸盖排气歧管侧平面可用以上测量进气歧管侧平面的步骤和方法进行测量。

5. 气缸盖高度检测（见图 2.14）

用游标卡尺测量气缸盖底部平面和上平面距离，*a* 应小于或等于标准值的 0.5mm（具体车型查看维修手册），否则需更换气缸盖。

注意：如果小于标准 0.5mm，则燃烧室容积改变，压缩比发生改变。

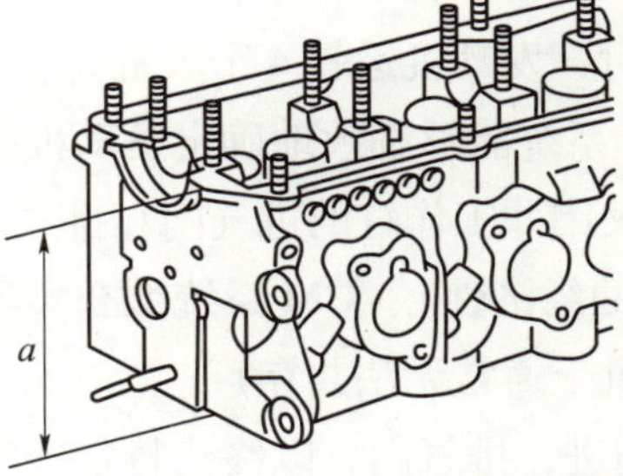

图 2.14 气缸盖高度测量

在表 2.9 中填入测量数据。

表 2.9 测量数据

序号	检测位置	检测数据
1	气缸盖裂纹与损伤	
2	气缸盖与进气歧管结合面的平面度误差	
3	气缸盖与排气歧管结合面的平面度误差	
4	气缸盖下平面度误差	
5	气缸盖高度	
6	气缸体上平面度误差	
处理意见		

四、拓展知识

VCM

VCM 的全称为 Variable Cylinder Management，是本田公司研发的一种可变气缸管理技术，它可通过采用关闭个别气缸的方法，使得 3.5L V6 引擎在 3、4、6 缸之间变化，并使引擎排量也在 1.75 ~ 3.5L 变化，从而大大节省燃油。图 2.15 所示为本田 VCM 发动机。

图 2.15　本田 VCM 发动机

车辆起步、加速或爬坡等任何需要大功率输出的情况下，该发动机都将会把全部气缸投入工作；在中速巡航和低发动机负荷工况下，系统将仅运转一个气缸组，即 3 个气缸；在中等加速、高速巡航和缓坡行驶时，发动机运转 4 个气缸。

借助三种工作模式，VCM 系统能够细致地确定发动机的工作排量，使其随时与行车要求保持一致。由于系统会自动关闭非工作缸的进气门和排气门，所以可避免与进、排气相关的吸排损失，并进一步提高燃油经济性。VCM 系统综合实现了最高的性能和最高的燃油经济性（这两种特性在常规发动机上通常无法共存）。

VCM 通过 VTEC 系统关闭进、排气门，以终止特定气缸的工作，与此同时，由动力传动系统控制模块切断这些气缸的燃油供给。在 3 缸工作模式下，后排气缸组被停止工作。在 4 缸工作模式下，前排气缸组的左侧和中间气缸正常工作，后排气缸组的右侧和中间气缸正常工作。非工作缸的火花塞会继续点火，以尽量降低火花塞的温度损失，防止气缸重新投入工作时因不完全燃烧造成火花塞油污。该系统采用电子控制，并采用专用的一体式滑阀，这些滑阀与缸盖内的摇臂轴支架一样起着双重作用。根据系统电子控制装置发出的指令，滑阀会有选择地将油压导向特定气缸的摇臂。然后，该油压会推动同步活塞，实现摇臂的连接和断开。

VCM 系统对节气门开度、车速、发动机转速、自动变速箱挡位选择及其他因素进行监测，以针对各种工作状态确定适宜的气缸启用方案。此外，该系统还会确定发动机机油压力是否适合 VCM 进行工作模式的切换，以及催化转化器的温度是否仍会保持在适当范围内。

为了使气缸启用或停用时的过渡能够平稳进行，系统会调整点火正时、线控节气门的开度，并相应地启用或解除变矩器锁定。最终，3 缸、4 缸和 6 缸工作模式间的过渡，会在驾驶员觉察不到的状态下完成。

五、任务总结

掌握气缸盖、气缸体裂纹及变形的原因，能够正确测量气缸盖、气缸体平面度，会整理数据并提供修复依据。

任务三　气缸体磨损的检修

一、情境描述

一辆北京现代悦动轿车，客户反映，自己的轿车动力不足，加速无力，燃油、机油消耗快，排气管冒蓝烟，需要进行检查修复。经试车检查，发现气缸压缩压力偏低。

二、相关知识

（一）气缸体磨损的原因

1. 正常磨损

主要原因：上部润滑最差；活塞环在上、下止点运行速度接近于 0，油膜不易形成。气缸径向磨损不均的主要原因是：进气的吹射、冲刷作用，使缸壁的润滑油被稀释并形成较多的腐蚀性成分。

2. 异常磨损

（1）腐蚀磨损是材料表面与周围介质发生电化学反应而产生的，发动机气缸在低温、燃油燃烧不充分的条件下将产生严重的腐蚀性磨损。发动机冷却水温较低或低温起动频繁时，易产生较多的酸性物质，酸性物质与气缸直接接触形成脆弱薄层，此薄层在外力作用下剥落，从而形成腐蚀性磨损。

（2）进入气缸的空气中含有大量灰尘而造成严重的磨料磨损。

（3）机油中的杂质、尘粒等引起严重的磨料磨损。

（4）新的或大修后未经磨合的气缸直接投入作业时，气缸和活塞表面凹凸不平，运动时相互嵌入产生磨料磨损，并在气缸表面产生平行于气缸的轴线拉痕，俗称“拉缸”。

（5）黏着磨损。气缸与活塞环在润滑不良的情况下相对滑动，两者之间极微小部分金属表面的直接摩擦产生局部高温，使之熔融黏着、脱落，逐步扩大即产生黏着磨损。

（6）断环后的磨损。活塞环通常有 3 ~ 4 道，第一道环较易断裂，该环断裂后，第二道环的润滑条件遭到破坏，加剧了气缸的磨损，形成“二台”。

3. 延缓发动机气缸磨损方法

延缓发动机气缸磨损，是延长发动机使用寿命的重要途径。从运输企业设备技术管理角度出发，其工作要点是通过正确使用、合理维护，尽量避免气缸摩擦副的干摩擦、边界摩擦，减少磨料磨损、腐蚀磨损，提高气缸的修理质量。

（二）气缸磨损规律

气缸在使用中的磨损程度（指活塞环运动的区域内）是不均匀的，沿气缸的长度方向（纵断面）看，磨损是上大下小，即失去原来的圆柱形状变成倒梯形；沿圆周方向看，磨损后失去原来的正圆形状变成椭圆形，最大径向磨损区域一般接近进气门的对面。气缸上口活塞环接触不到的地方，几乎没有磨损，于是形成了台阶，即“缸肩”，如图 2.16 所示。

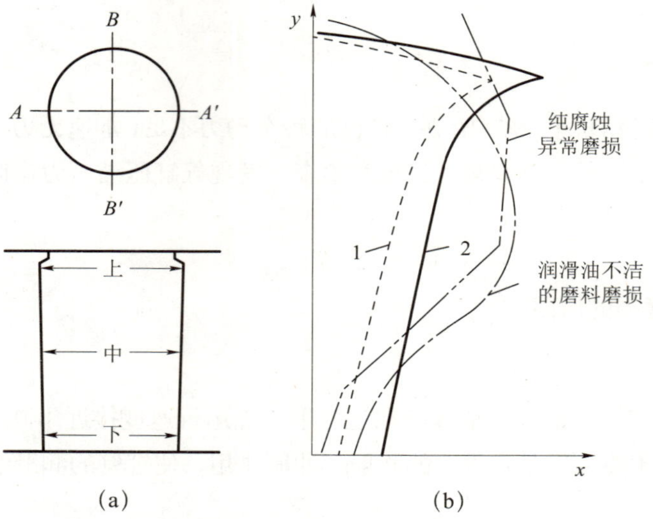

图 2.16　气缸磨损规律

（三）气缸磨损性能指标

气缸磨损程度是发动机判断是否需要大修的重要技术依据之一。圆度误差和圆柱度误差直接体现气缸磨损程度。

圆度误差：同一截面上磨损的不均匀性，用同一横截面上不同方向测得的最大直径与最小直径差值的一半作为圆度误差。

圆柱度误差：沿气缸轴线的轴向截面上磨损的不均匀性，用被测气缸表面任意方向所测得的最大直径与最小直径差值的一半作为圆柱度误差。

三、任务实施

（一）任务实施环境

1. 现场设备、工具等准备（见表 2.10）

表 2.10　现场设备、工具等准备

名称	准备演示	讲解	说明
发动机实训室		干净整洁的发动机实训室	
维修手册（北京现代维修手册）		当出现问题时，及时查阅维修手册	
工量具	油盆，软毛刷，铲刀，汽油，抹布，量缸表，游标卡尺，千分尺	实训前、后进行清洁	

2. 技术要求（见表 2.11）

表 2.11　技术需求

序号	检查项目	数据
1	气缸圆柱度误差	0.175 ～ 0.250mm
2	气缸圆度误差	0.050 ～ 0.063mm

（二）任务实施步骤

（1）清洁气缸体的上平面内壁。

① 用木方垫将气缸体垫起，让气缸体上平面向上。

② 放入清洗盆中，用煤油清洗气缸体上平面和内壁。

③ 用压缩空气吹净气缸体上平面和内壁的煤油。

（2）估测气缸直径大小。

查询维修手册获知气缸标准直径。如果没有相关资料，我们可以使用游标卡尺直接测量气缸的内表面直径。

(3) 将外径千分尺校正后调到被测气缸的标准尺寸。

(4) 根据气缸的标准直径选择合适的接杆，装上后暂不拧紧固定螺母，此时百分表小表针处在 1mm 处。

(5) 将装好的量缸表放入千分尺。稍微旋动接杆，使量缸表小表针转动到约 3mm 处，然后调整指针对准零刻度，扭紧接杆的固定螺母。

(6) 将装好的量缸表放入气缸内（以 1 缸为例），开始测量，沿轴线方向分别测出下、中、上三个截面磨损数值，再沿垂直轴线方向分别测出下、中、上三个截面磨损数值并填入表 2.12 中。

注意：测量上、下位置距顶部和底部 10mm，触头一端倾斜先进，接杆一端后进。测量位置最好由下向上依次测量。

(7) 整理数据，计算出圆度误差和圆柱度误差。

表 2.12 测量数据

测量		一缸	二缸	三缸	四缸
上	垂直轴线方向				
	轴线方向				
中	垂直轴线方向				
	轴线方向				
下	垂直轴线方向				
	轴线方向				
该缸的圆度误差					
该缸的圆柱度误差					

四、知识拓展

延缓发动机气缸磨损的方法

延缓发动机气缸磨损，是延长发动机使用寿命的重要途径。从运输企业设备技术管理角度出发，其工作要点是通过正确使用、合理维护，尽量避免气缸摩擦副的干摩擦、边界摩擦，减少磨料磨损和腐蚀磨损，提高气缸的修理质量。根据经验，可采取以下措施。

1．操作方面的措施

(1) 发动机的起动宜“少、慢、暖”。“少”即起动不宜频繁，“慢”即起动后先低速运转，“暖”即待发动机温度正常后才起步。据分析，1/3 的发动机磨损发生在起动阶段，因为发动机只有起动以后才转入正常润滑，特别是严寒的冬季，机油较稠，半干摩擦的时间较长，应当先冷摇慢转，使发动机各运动部件得到一定的润滑后再起动，必要时可以加热水预热加温。

自从实行冬季热水暖车起动办法以来，有效地预防了起动“拉缸”现象。

（2）运行中保持发动机正常工作温度。温度过低对气缸有腐蚀磨损，温度过高则润滑油变稀、润滑不良，易产生黏着磨损。保持发动机适当温度的方法：除正确使用水箱百叶窗外，还需检查节温器工作是否正常。有的驾驶员随意拆除车辆节温器，最终导致气缸腐蚀性磨损严重。

（3）行驶时，应当低挡起步、合理装载、中速行驶、平顺操作。发动机长时间超负荷工作，易导致润滑不良，加剧气缸磨损，产生黏着磨损，严重地会出现“拉缸”现象。采取上述操作法，不仅行车安全，而且有效地延缓了发动机磨损。技术熟练、责任心强的驾驶员往往能做到20 万～ 30 万公里无大修。

（4）发动机不宜长时间、小油门空转。因燃油在燃烧不充分的条件下会产生大量的酸性物质，将造成气缸腐蚀磨损严重。

2. 日常维护方面的措施

（1）定期清洗和更换空气滤芯。空气中的灰尘是造成气缸磨料磨损的主要原因，不按规定对空气滤芯进行定期清洗和更换将大大缩短发动机的使用寿命。特别应注意空气滤芯安装后气道的密封。

（2）确保发动机润滑良好。驾驶员除坚持定期检查机油，做好补给、更换工作外，还必须正确选用机油。机油的质量等级应符合技术要求，黏度要适宜，太稀则润滑不易保证，易产生黏着磨损；太稠则流动不畅，易产生干摩擦。在冬夏换季时，要及时更换机油。

五、任务总结

掌握气缸磨损的规律，能够准确测量气缸磨损程度，计算圆度误差和圆柱度误差。

任务四 气缸压力检测

一、情境描述

一辆北京现代悦动轿车，客户反映，自己的轿车动力不足，加速无力，燃油、机油消耗快，排气管冒蓝烟，需要进行检查修复。

二、相关知识

（一）气缸压力故障原因

(1) 活塞环的侧隙、开口端隙过大，或气体开口的迷宫路线变短，或活塞环的第一密封面被磨损后，其密封性变差。

(2) 活塞与气缸磨损过大，使配合间隙增大，活塞在气缸内运动摇摆，影响活塞环与气缸的良好贴合密封。

(3) 因活塞环结胶、积炭而卡在活塞环槽内使环的自身弹性不能发挥，失去了气环与气缸壁的第一密封面。

(4) 气缸拉伤。当气缸拉伤后，使活塞环与气缸的密封被破坏，造成气缸压力低；装用了不匹配的活塞，如有的发动机选用的活塞顶部凹坑深度不一，用错后将影响气缸压力。

(5) 气缸垫冲坏、气门座圈松动、气门弹簧折断或弹力不足、气门与气门导管因积炭或间隙过小使气门上下运动受阻等，导致气门密封不严。

(6) 正时齿轮安装错误、齿轮键槽不正确、正时齿轮损坏或磨损过甚、凸轮轴正时齿轮上的轮廓与轮松动等，导致配气相位不正确。

(7) 使用了不匹配的气缸盖，如有的气缸盖燃烧室容积可能不同，若装错会影响气缸压力；进、排气门间隙调整不当，或与气门座密封不严，或测试气缸压力时操作不当。

（二）气缸压力检测方法（见图 2.17）

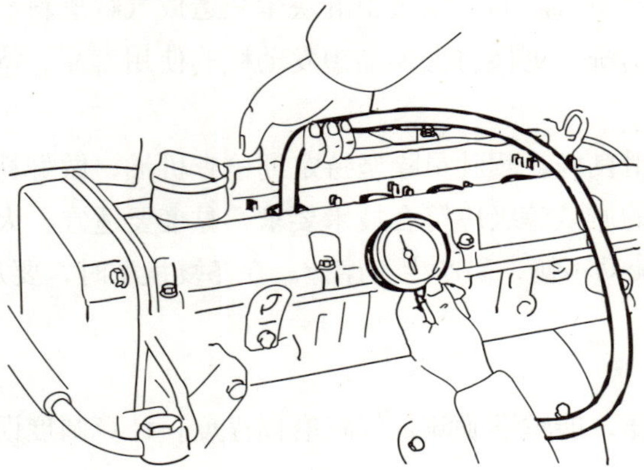

图 2.17　气缸压力测量

通过检测气缸压力，可以诊断气缸、活塞组的密封情况，活塞环、气门、缸垫等密封是否良好，以及气门间隙调整是否适当等。

为确保发动机具有一定的动力性和经济性，汽油机气缸压力应不低于原厂规定标准值的 10%; 柴油机不得低于原厂规定标准值的 20%。同时，为保证发动机平稳工作，各缸压力差，汽油机不得超过 10%，柴油机不得超过 8%。测得的气缸压力，如超过原厂规定标准值的 10%，多是因燃烧室内积炭过多，缸垫过薄或缸体、 缸盖磨削过甚，活塞配缸间隙过大等造成的。

三、任务实施

（一）任务实施环境

1. 现场设备、工量具等准备（见表 2.13）

表 2.13　现场设备、工量具等准备

名称	准备演示	讲解	说明
发动机实训室		干净整洁的发动机实训室	
维修手册（北京现代维修手册）		当出现问题时，及时查阅维修手册	
工量具	常用工具及专用工具，抹布，气缸压力表	实训前、后进行清洁	

2. 技术要求（见表 2.14）

表 2.14　技术要求

序号	检查项目	数据
1	气缸压力	800~1 450kPa

注意：各缸压差不大于 300kPa，具体参考维修手册。

（二）任务实施步骤

(1) 气缸压力测量准备。

① 蓄电池电力充足。

② 用规定的力矩拧紧气缸盖螺栓。

③ 彻底清洗空气滤清器或更换新的空气滤清器。

④ 发动机达到正常的工作温度（水温 80℃ ~ 90℃，油温 70℃ ~ 90℃）。

⑤ 用起动机带动发动机运转（卸除全部火花塞），转速为 200 ~ 300r/min，或按原厂规定。

(2) 先用压缩空气吹净火花塞周围的脏物。

(3) 拆下全部火花塞。对于汽油机还应把点火系统次级高压线拔下并可靠搭铁，以防止电击或着火。

(4) 把专用气缸压力表的锥形橡皮头插在被测量气缸的火花塞孔内，扶正压紧。

(5) 将节气门（有阻风门的还包括阻风门）置于全开位置，用起动机带动曲轴转动 3 ～ 5s（不少于 4 个压缩行程），待压力表表针指示并保持最大压力读数后停止转动。

(6) 取下压力表，记下读数。按下单向阀使压力表指针回零。按此法依次测量各缸，每缸测量次数不少于 2 次，每缸测量结果取算术平均值，与标准值相比较，分析结果，判断气缸工作状况。

测量数据填入表 2.15 中。

表 2.15　测量数据

气缸压力测量	一缸	二缸	三缸	四缸
1				
2				

四、拓展知识

汽车发动机气缸压缩压力波形的分析方法

一辆长安之星在行驶途中突然熄火，再也不能起动。经检查：有高压火，喷油器有油喷出，用 Pico 示波器连接 WPS500X 压力传感器测气缸压力，如图 2.18 所示。

从图 2.18 可以看出：气缸的压缩压力能达到 10bar①。单看最高压力值的话，对于这部车来说气缸压缩压力是很好的。这时，如果你要使用机械压力表或数字式的压力表测量，看到有 10bar 的压缩压力，你可能会认为发动机机械方面没有什么问题。但我要告诉你的是，我在压缩波形图中发现了问题所在。

我再来给大家看一张正常的气缸压缩压力波形图，如图 2.19 所示。

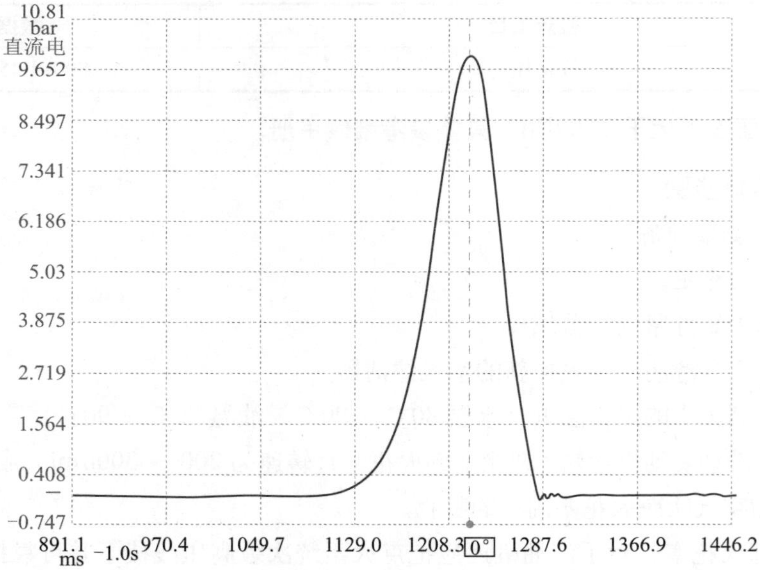

图 2.18　测量气缸压力波形图

① 1bar=0.1MPa。

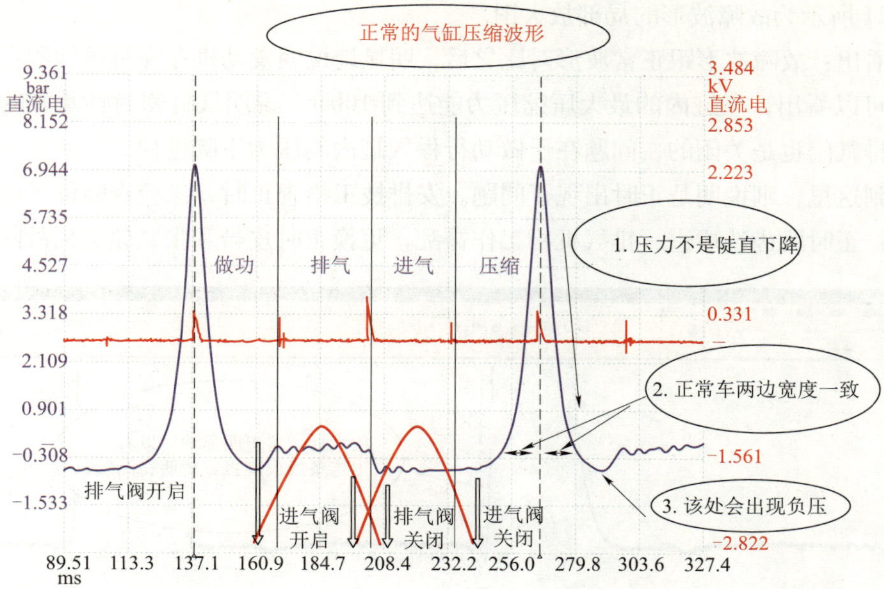

图 2.19　气缸压缩压力波形

从图 2.19 可以看出：

注释 1：活塞到达上止点后，做功行程开始，此时的压力不是陡直地下降，而是随活塞向下移动、偏移，斜斜地下降。

注释 2：压缩行程的波形弧度和做功行程的波形弧度是相同的（即两边宽度一致、对称）。

注释 3：活塞在做功行程下降到一定程度会出现负压。这实际上是由于此时气缸内没有真正的做功而形成的（此时的气缸内没有燃烧，我们可以把它看作是一个抽气机，所以当活塞下降到一定程度会出现负压）。

我们再来看我所测得的故障波形，如图 2.20 所示。

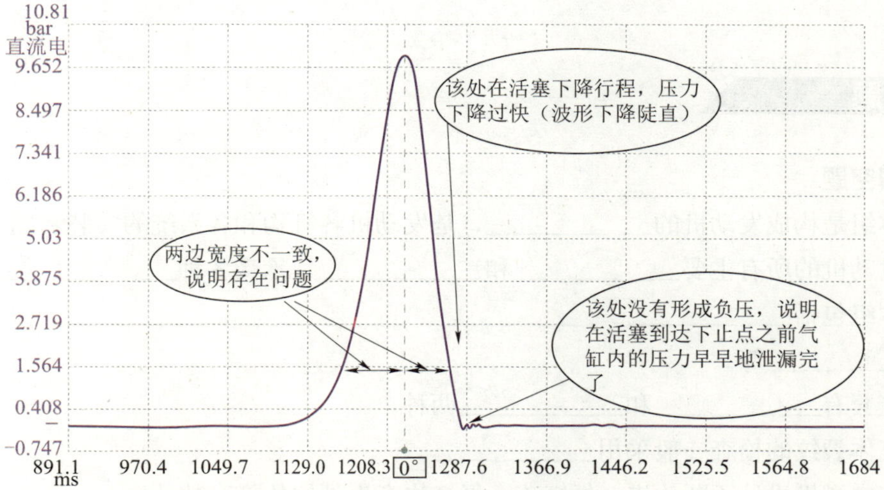

图 2.20　故障波形分析

图 2.21 所示为故障波形的局部放大图。

可以看出：故障波形跟正常波形对比之后，明显地说明发动机存在机械问题；从故障波形上我们可以看出，气缸内的最大压缩压力能达到 10bar，说明气缸密封性是好的，在压缩行程进、排气门也是关闭的，问题在于做功行程气缸内的压力下降过快。

检查到这里，则说明是正时出现了问题。安排技工检查正时，经检查验证了上述判断。故障原因：正时跳齿造成进、排气机构工作错乱，更换正时皮带和张紧轮之后故障排除。

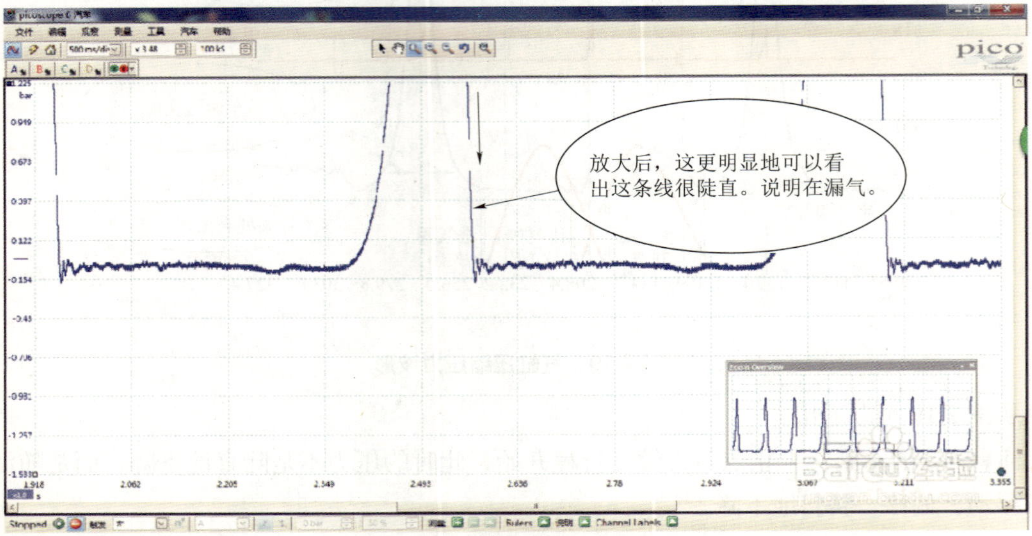

图 2.21　故障波形的局部放大图

五、任务总结

要求掌握气缸压力的检测方法，了解气缸压力检测的注意事项；能够进行气缸压力的检测，能够参照维修手册做出维修判断。

练习题

一、填空题

1. 机体组是构成发动机的____________，是发动机各机构和各系统的安装基础，其内、外安装着发动机的所有主要____________和____________，承受各种____________。

2. 机体组包括____________、____________、____________、____________、____________、____________等。

3. 气缸套有____________和____________两种。

4. 气缸体裂纹的检查一般采用____________。

5. 目前内燃机设计不断改进，气缸盖、气缸体产生裂纹故障多数是由____________造成的。

6. ____________是发动机判断是否需要大修的重要技术依据之一。

7. 气缸上口活塞环接触不到的地方，几乎没有磨损，于是形成了台阶，叫作“____________”。

二、选择题

1. 下列说法正确的是（　　）。

A. 干式气缸套外壁直接与冷却水接触

B. 干式气缸套壁厚比湿式气缸套薄

C. 干式气缸套安装后比湿式气缸套强度和刚度好

D. 干式气缸套比湿式气缸套散热好

2. 学生 a 说安装有湿式气缸套的发动机叫水冷发动机，学生 b 说安装有干式气缸套的发动机叫风冷发动机。他们的说法应该是（　　）。

A. 只有学生 a 正确　　B. 只有学生 b 正确

C. 学生 a 和 b 都正确　　D. 学生 a 和 b 都不正确

3. 将气缸盖用螺栓固定在气缸体上，拧紧螺栓时，应采取下列方法（　　）。

A. 由中央对称地向四周分几次拧紧

B. 由中央对称地向四周分一次拧紧

C. 由四周向中央分几次拧紧

D. 由四周向中央分一次拧紧

4. 对于铝合金气缸盖，为了保证它的密封性能，在装配时，必须在（　　）下拧紧。

A. 热状态　　B. 冷状态　　C.A、B 均可　　D.A、B 均不可

三、简答题

1. 气缸盖的作用是什么？安装时有什么要求？

2. 简述机体组的拆装步骤和注意事项。

3. 简述气缸体与气缸盖变形的原因。

4. 简述气缸体与气缸盖检修的注意事项。

5. 简述气缸磨损的规律。

项目二　活塞连杆组的拆装与检测

能力目标	知识目标	权重
能够认知活塞连杆组各部分零件	掌握活塞连杆组零件的作用和零件构造	10%
能够熟练拆装活塞连杆组各部分零件	掌握拆装步骤	30%
能够检测活塞及“三隙”	掌握测量方法和要求	30%
能够检测连杆	掌握连杆弯曲原因	30%

项目概述

此项目包括三个任务，任务一活塞连杆组的拆装，任务二活塞及“三隙”的检测，任务三连杆的检测。重点掌握拆装流程以及检测内容。

任务一　活塞连杆组的拆装

一、情境描述

一辆北京现代悦动轿车，车主反映此车动力不足，发动机内部发出撞击异响，随着发动机转速增高而增大，怀疑是活塞连杆出现故障。

二、相关知识

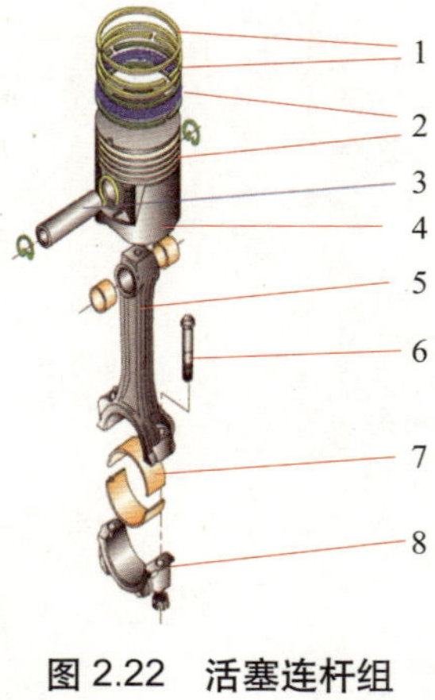

图 2.22　活塞连杆组

1—气环；2—油环；3—活塞销；4—活塞；5—连杆；6—连杆螺栓；7—连杆轴瓦；8—连杆盖

活塞

活塞连杆组将活塞的往复运动变为曲轴的旋转运动，同时将作用于活塞上的力转变为曲轴对外输出转矩，以驱动汽车车轮转动。它是发动机的传动件，把燃烧气体的压力传给曲轴，使曲轴旋转并输出动力。活塞连杆组主要由活塞、活塞环、活塞销、连杆及连杆轴瓦等组成，如图 2.22 所示。

（一）活塞

1. 功用

承受气体压力，并通过活塞销传给连杆，驱使曲轴旋转，活塞顶部还是燃烧室的组成部分。

2. 活塞材料

现代汽车发动机不论是汽油机还是柴油机广泛采用铝合金活塞，只在极少数汽车发动机上采用铸铁或耐热钢活塞。

3. 组成部分

活塞主要由顶部、头部和裙部等三个部分组成，如图 2.23 所示。

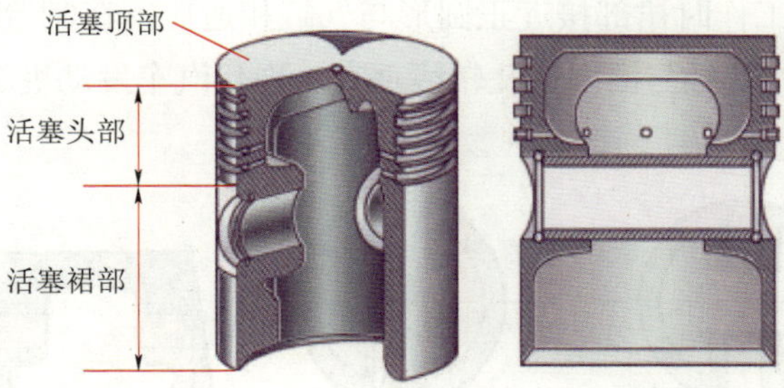

图 2.23　活塞

(1) 活塞顶部：与气缸盖、气缸构成燃烧室，承受气体压力。汽油机活塞顶部的形状与燃烧室形状和压缩比大小有关，分为平顶活塞、凸顶活塞和凹顶活塞，如图 2.24 所示。大多数汽油机采用平顶活塞，其优点是受热面积小、加工简单。若采用凹顶活塞，则可以通过改变活塞顶上凹坑的尺寸来调节发动机的压缩比。

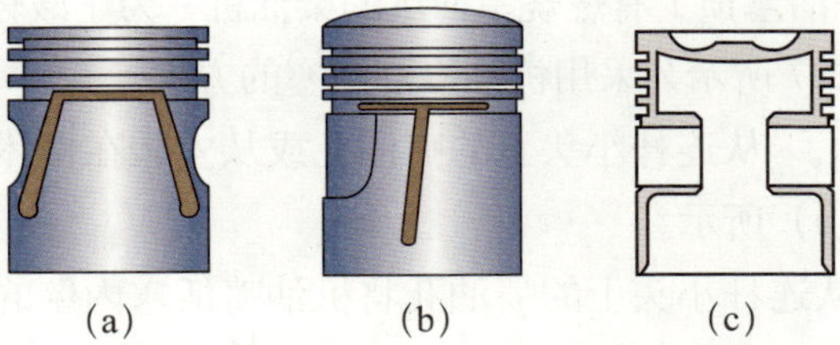

图 2.24　活塞顶部

(a) 平顶活塞；(b) 凸顶活塞；(c) 凹顶活塞

(2) 活塞头部。由活塞顶至油环槽下端面之间的部分称为活塞头部。在活塞头部加工有用来安装气环与油环的气环槽和油环槽，如图 2.25 所示。在油环槽底部还加工有回油孔或横向切槽，油环从气缸壁上刮下来的多余机油经回油孔或横向切槽流回油底壳。

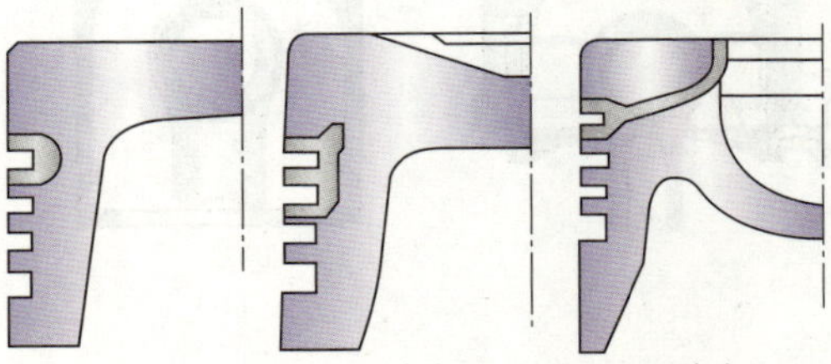

图 2.25　活塞环槽

（3）活塞裙部。活塞头部以下的部分为活塞裙部。裙部的形状应该保证活塞在气缸内得到良好的导向，且气缸与活塞之间在任何工况下都应保持均匀、适宜的间隙。间隙过大，活塞敲缸；间隙过小，活塞可能被气缸卡住。此外，裙部应有足够的实际承压面积，以承受侧向力。活塞裙部承受膨胀侧向力的一面称主推力面，承受压缩侧向力的一面称次推力面。

发动机工作时，活塞在气体力和侧向力的作用下发生机械变形，而活塞受热膨胀时还会发生热变形，如图 2.26 所示。这两种变形的结果都是使活塞裙部在活塞销孔轴线方向的尺寸增大。因此，为使活塞工作时裙部接近正圆形与气缸相适应，在制造时应将活塞裙部的横断面加工成椭圆形，并使其长轴与活塞销孔轴线垂直。现代汽车发动机的活塞裙部均为椭圆裙。

活塞裙部变形

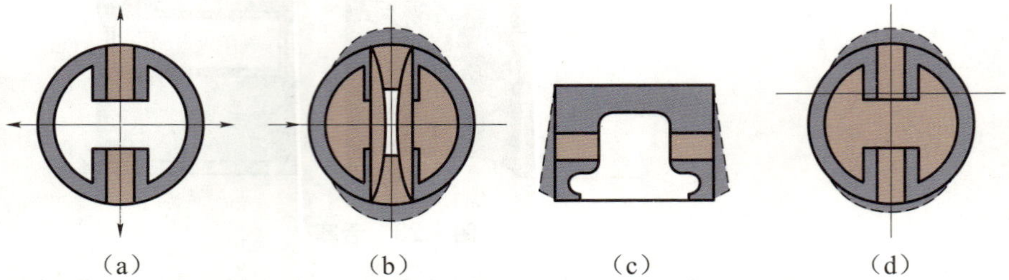

图 2.26　活塞的裙部变形

（a）销座热膨胀；（b）挤压变形；（c）弯曲变形；（d）裙部变形

4．活塞的冷却

高强化发动机尤其是活塞顶上有燃烧室凹坑的柴油机，为了减轻活塞顶部和头部的热负荷而采用油冷活塞。图 2.27 所示为采用机油冷却活塞的方式。

（1）自由喷射冷却法。 从连杆小头上的喷油孔或从安装在机体上的喷油嘴向活塞顶内壁喷射机油，如图 2.27（a）所示。

（2）振荡冷却法。 从连杆小头上的喷油孔将机油喷活塞内壁的环形油槽中，由于活塞的运动使机油在槽中产生振荡而冷却活塞，如图 2.27（b）所示。

（3）强制冷却法。 在活塞头部铸出冷却油道或铸冷却油管，使机油在其中强制流动以冷却活塞。强制冷却法广为增压发动机所采用，如图 2.27（c）所示。

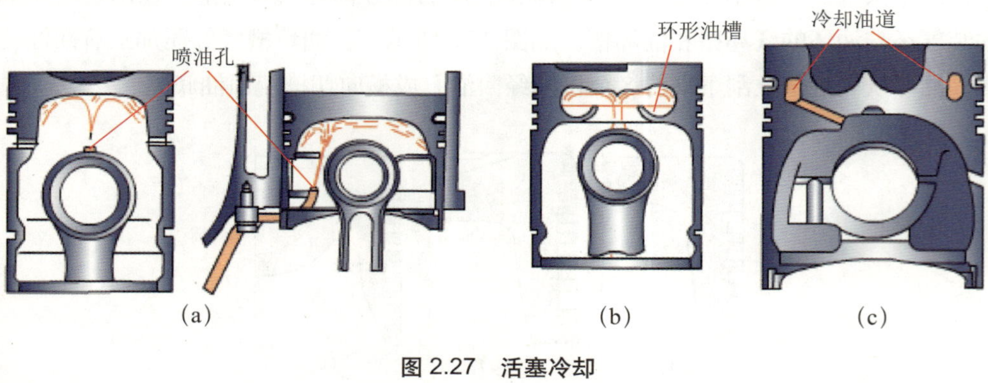

图 2.27　活塞冷却

（a）自由喷射冷却法；（b）振荡冷却法；（c）强制冷却法

（二）活塞环（见图 2.28）

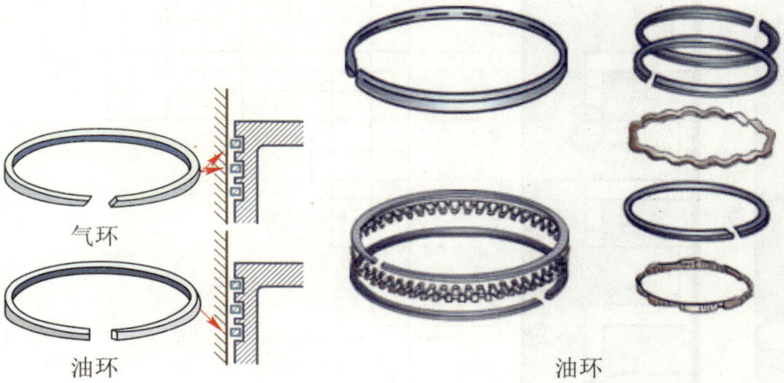

图 2.28 活塞环

气油环

活塞环分气环和油环两种。气环的主要功用是密封和传热，保证活塞与气缸壁间的密封，防止气缸内的可燃混合气和高温燃气漏入曲轴箱，并将活塞顶部接收的热传给气缸壁，避免活塞过热。油环的主要功用是刮除飞溅到气缸壁上的多余机油，并在气缸壁上涂布一层均匀的油膜。活塞环工作时受到气缸中高温、高压燃气的作用，并在润滑不良的条件下在气缸内高速滑动。由于气缸壁面的形状误差，使活塞环在上下滑动的同时还在环槽内产生径向移动，这不仅加重了环与环槽的磨损，而且还使活塞环受到交变弯曲应力的作用而容易折断。

根据活塞环的功用及工作条件，制造活塞环的材料应具有良好的耐磨性、导热性、耐热性、冲击韧性、弹性和足够的机械强度。目前广泛应用的活塞环材料有优质灰铸铁、球墨铸铁、合金铸铁和钢带等。第一道活塞环外圆面通常进行镀铬或喷钼处理。多孔性铬层硬度高，并能储存少量机油，可以改善润滑，以减轻磨损。钼的熔点高，也具有多孔性，因此喷钼同样可以提高活塞环的耐磨性。

1. 气环

（1）气环的密封原理：活塞环在自由状态下不是正圆形，其外廓尺寸比气缸直径大。当活塞环装入气缸后，在其自身的弹力作用下，环的外圆面与气缸壁贴紧形成第一密封面，气缸内的高压气体不可能通过第一密封面泄漏。高压气体可能通过活塞顶岸与气缸壁之间的间隙进入活塞环的侧隙和径向间隙中。进入侧隙中的高压气体使环的下侧面与环槽的下侧面贴紧形成第二密封面，高压气体也不可能通过第二密封面泄漏，进入径向间隙中的高压气体只能使环的外圆面与气缸壁更加贴紧。这时漏气的唯一通道就是活塞环的开口端隙。如果几道活塞环的开口相互错开，那么就形成了迷宫式漏气通道。由于侧隙、径向间隙和端隙都很小，气体在通道内的流动阻力很大，致使气体压力 p 迅速下降，最后漏入曲轴箱内的气体就很少了，一般仅为进气量的 0.2%～1.0%，如图 2.29 所示。

（2）气环开口形状：开口形状对漏气量有一定影响。直开口工艺性好，但密封性差；阶梯形开口密封性好，工艺性差；斜开口的密封性和工艺性介于前两种开口之间，斜角一般为 30° 或 45°。如图 2.30 所示。

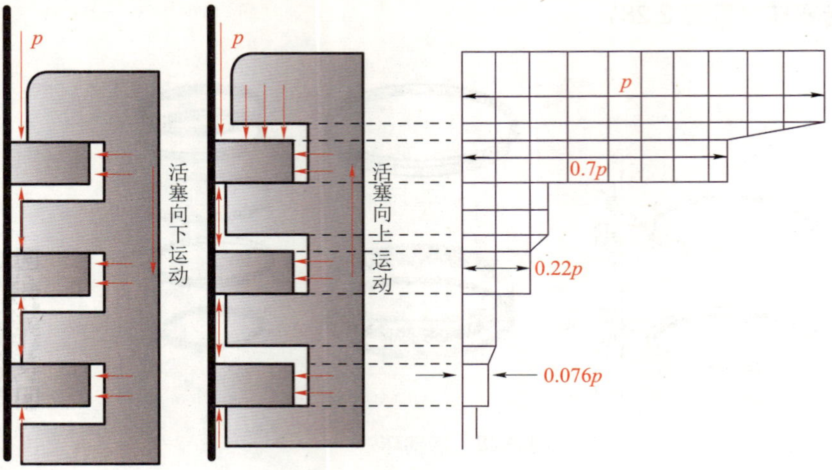

图 2.29　气环的密封原理

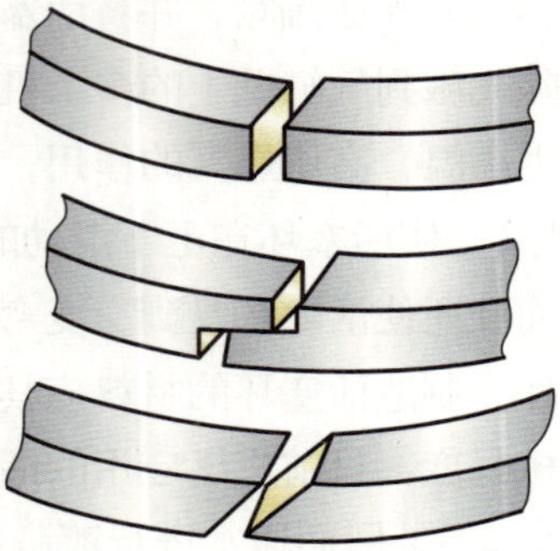

图 2.30　气环的开口形式

（3）气环的断面形状：气环的断面形状多种多样，根据发动机的结构特点和强化程度，选择不同断面形状的气环组合，可以得到最好的密封效果和使用性能。常见的气环断面形状如图 2.31 所示。

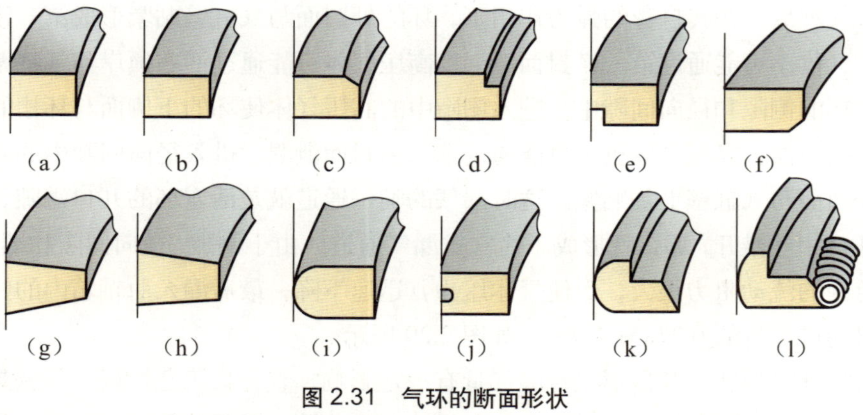

图 2.31　气环的断面形状

(a) 矩形环；(b) 锥面环；(c)，(d) 上侧面内切正扭曲环；(e) 下侧面内切正扭曲环；(f) 上侧面内切反扭曲环；(g) 梯形环；(h) 楔形环；(i) 桶面环；(j) 开槽环；(k)，(l) 顶岸环矩形环断面为矩形，形状简单，加工方便，与气缸壁接触面积大，有利于活塞散热。但磨合性差，而且在与活塞一起做往复运动时，在环槽内上下窜动，把气缸壁上的机油不断地挤入燃烧室中，会产生“泵油作用”，使机油消耗量增加、活塞顶及燃烧室壁面积炭，如图 2.32 所示。

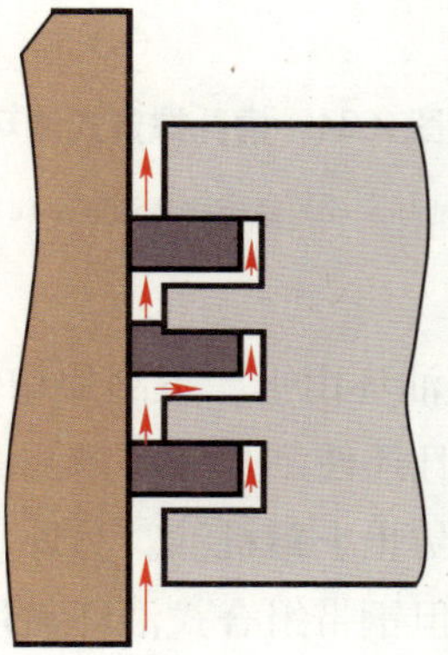

图 2.32　矩形环泵油作用

矩形环的泵油作用

2. 油环

油环有槽孔式、槽孔撑簧式和钢带组合式 3 种类型。

1) 槽孔式油环

因为油环的内圆面基本上没有气体力的作用，所以槽孔式油环的刮油能力主要靠油环自身的弹力，如图 2.33 所示。为了减小环与气缸壁的接触面积，增大接触压力，在环的外圆面上加工出环形集油槽，形成上下两道刮油唇，并在集油槽底加工有回油孔，由上下刮油唇刮下来的机油经回油孔和活塞上的回油孔流回油底壳。这种油环结构简单，加工容易，成本低。

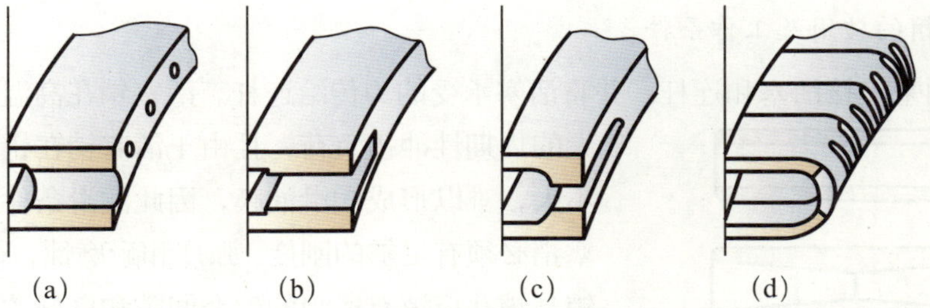

图 2.33　槽孔式油环的端面形状

2) 槽孔撑簧式油环

在槽孔式油环的内圆面加装撑簧即为槽孔撑簧式油环，如图 2.34 所示。一般作为油环撑簧的有螺旋弹簧、板形弹簧和轨形弹簧三种。这种油环由于增大了环与气缸壁的接触压力，而使环的刮油能力和耐久性有所提高。

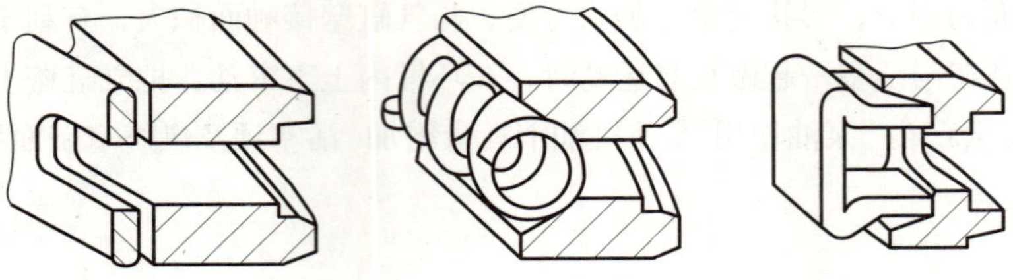

（a）　　（b）　　（c）

图 2.34　槽孔撑簧式油环

（a）板形撑簧油环；（b）螺旋撑簧油环；（c）轨形撑簧油环

3) 钢带组合式油环

其结构形式很多，钢带组合式油环由上、下刮片和轨形撑簧组合而成，如图 2.35 所示。撑簧不仅使刮片与气缸壁贴紧，而且还使刮片与环槽侧面贴紧。这种组合油环的优点是接触压力大，既可增强刮油能力，又能防止上窜机油。另外，上、下刮片能单独动作，因此对气缸失圆和活塞变形的适应能力强。但钢带组合式油环需用优质钢制造，成本高。

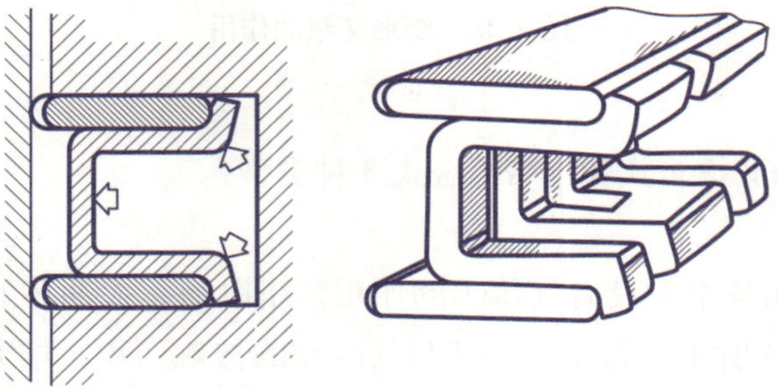

（a）　　（b）

图 2.35　钢带组合式油环

（三）活塞销

1．活塞销的功用及工作条件

活塞销用来连接活塞和连杆，并将活塞承受的力传给连杆。活塞销在高温条件下承受很大的周期性冲击负荷，且由于活塞销在销孔内摆动角度不大，难以形成润滑油膜，因此润滑条件较差。为此活塞销必须有足够的刚度、强度和耐磨性，质量尽可能小，销与销孔应该有适当的配合间隙和良好的表面质量。在一般情况下，活塞销的刚度尤为重要，如果活塞销发生弯曲变形，可能使活塞销座损坏，如图 2.36 所示。

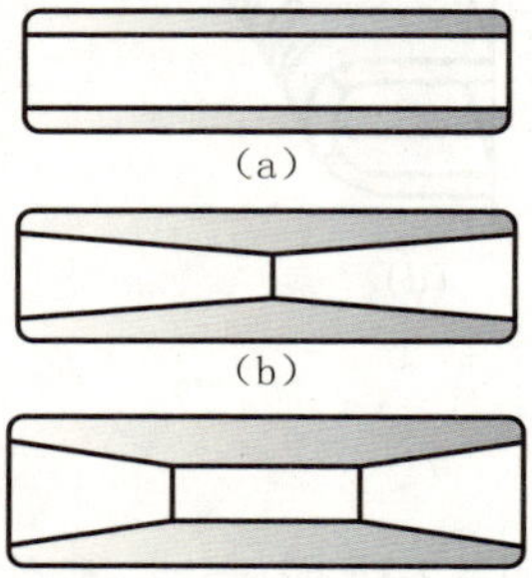

（a）

（b）

（c）

图 2.36　活塞销结构

（a）圆柱形内孔；（b）截锥形内孔；（c）组合形内孔

2．活塞销的材料及结构

活塞销的材料一般为低碳钢或低碳合金钢，如 20、20Mn、15Cr、20Cr 或 20MnV 等，外表面渗碳淬硬，再经精磨和抛光等精加工，这样既提高了表面硬度和耐磨性，又保证有较高的强度和冲击韧性。

活塞销的结构形状很简单，基本上是一个厚壁空心圆柱。其内孔形状有圆柱形、两段截锥形和组合形。圆柱形孔加工容易，但活塞销的质量较大；两段截锥形孔的活塞销质量较小，且因为活塞销所受的弯矩在其中部最大，所以接近于等强度梁，但锥孔加工较难。

3. 活塞销的连接方式

活塞销的连接方式包括全浮式连接（常用）和半浮式连接，如图 2.37 所示。

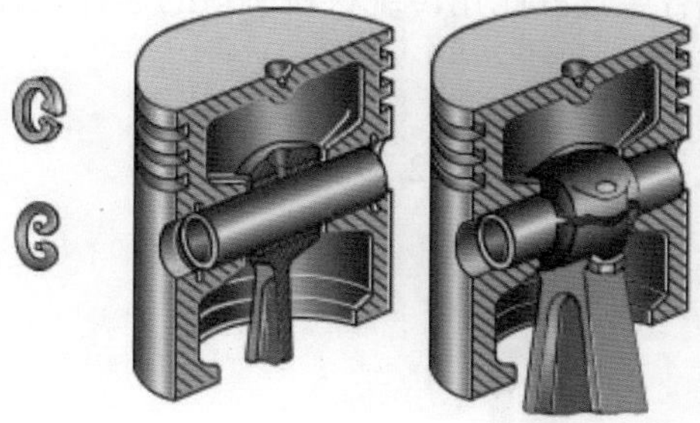

(a)　　　　(b)

图 2.37　活塞销的连接方式

(a) 全浮式；(b) 半浮式

1）全浮式

当发动机工作时，活塞销、连杆小头和活塞销座都有相对运动，活塞销能在连杆衬套和活塞销座中自由摆动，使磨损均匀。为了防止全浮式活塞销轴向窜动刮伤气缸壁，在活塞销两端装有挡圈，进行轴向定位。由于活塞是铝活塞，而活塞销采用钢材料，铝比钢热膨胀量大，故装配时先把铝活塞加热到一定程度，然后再把活塞销装入，这种安装方式应用较广泛。

2）半浮式

活塞中部与连杆小头采用紧固螺栓连接，活塞销只能在销座内做自由摆动，而与连杆小头没有相对运动。活塞销不会做轴向窜动，不需要锁片，小轿车上应用较多。

（四）连杆组

连杆组包括连杆体、连杆盖、连杆螺栓和连杆轴承等零件，如图 2.38 所示。习惯上常常把连杆体、连杆盖和连杆螺栓合起来称作连杆，有时也称连杆体为连杆。

1. 连杆组的功用及工作条件

连杆组的功用是将活塞承受的力传给曲轴，并将活塞的往复运动转变为曲轴的旋转运动。连杆小头与活塞销连接，同活塞一起做往复运动；连杆大头与曲柄销连接，同曲轴一起做旋转运动，因此在发动机工作时连杆做复杂的平面运动。连杆组主要受压缩、拉伸和弯曲等交变负荷，

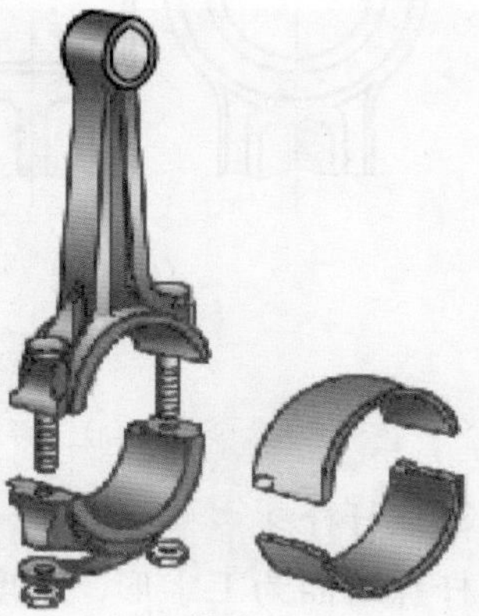

图 2.38　连杆组

最大压缩载荷出现在做功行程上止点附近，最大拉伸载荷出现在进气行程上止点附近。在压缩载荷和连杆组做平面运动产生的横向惯性力的共同作用下，连杆体可能发生弯曲变形。

2．连杆组的材料

连杆体和连杆盖由优质中碳钢或中碳合金钢，如 45、40Cr、42CrMo 或 40MnB 等模锻或辊锻而成。连杆螺栓通常用优质合金钢 40Cr 或 35CrMo 制造，一般均经喷丸处理以提高连杆组零件的强度。纤维增强铝合金连杆以其质量轻、综合性能好而备受关注。在相同强度和刚度的情况下，纤维增强铝合金连杆比用传统材料制造的连杆要轻 30%。

3．连杆的构造

连杆由小头、杆身和大头构成，如图 2.39 所示。

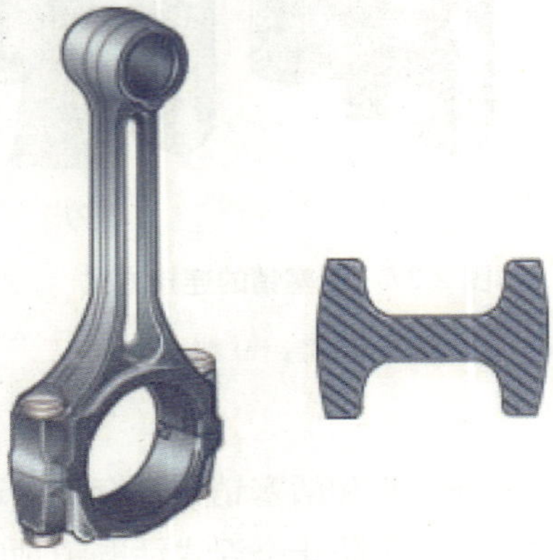

连杆

图 2.39　连杆

1) 连杆小头

小头的结构形状取决于活塞销的尺寸及其与连杆小头的连接方式，如图 2.40 所示。

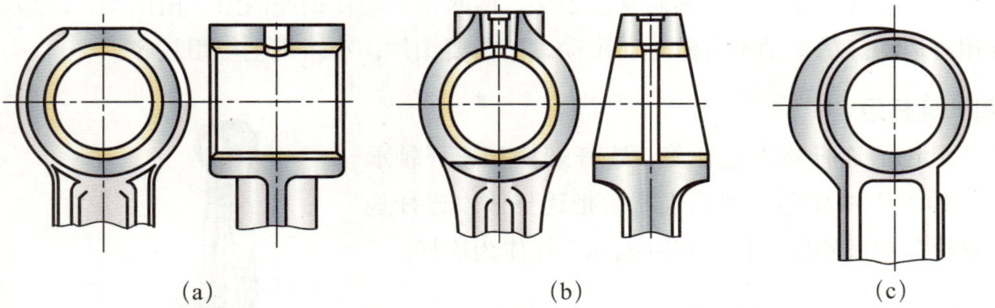

(a)　(b)　(c)

图 2.40　连杆小头连接方式

(a) 全浮式连杆小头；(b) 楔形连杆小头；(c) 半浮式连杆小头

2) 连杆杆身

杆身断面为工字形，刚度大、质量轻，适于模锻，如图 2.41 所示。工字形断面的 *y-y* 轴在连杆运动平面内。有的连杆在杆身内加工有油道，用来润滑小头衬套或冷却活塞。如果是后者，则须在小头顶部加工出喷油孔。

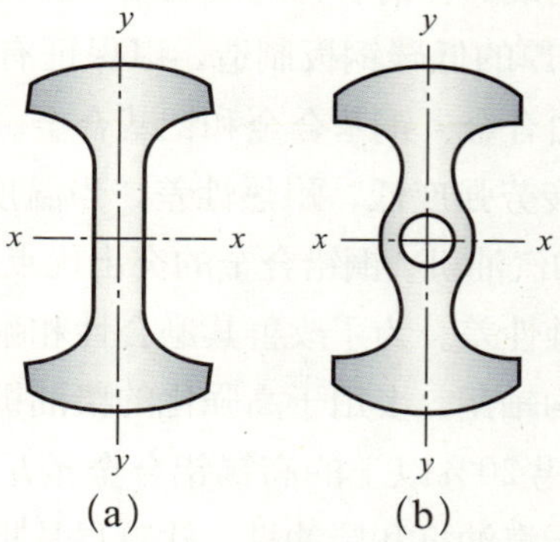

图 2.41　连杆杆身断面

3) 连杆大头

连杆大头除具有足够的刚度外，其外形尺寸小、质量轻，拆卸发动机时能从气缸上端取出。连杆大头是剖分式的，连杆盖用螺栓或螺柱紧固，为使结合面在任何转速下都能紧密结合，连杆螺栓的拧紧力矩必须足够大，如图 2.42 所示。

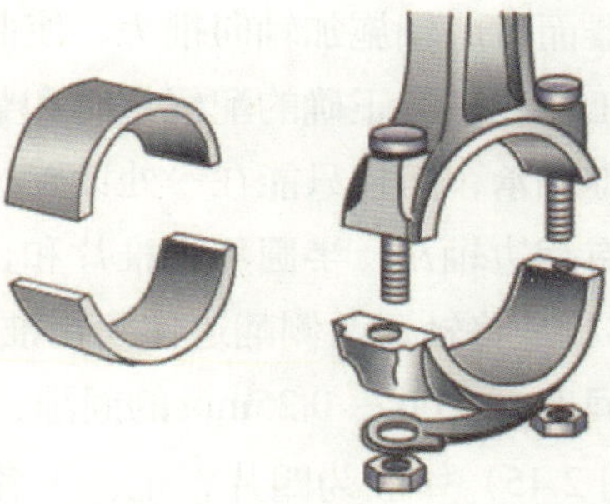

图 2.42　连杆大头

（五）连杆轴承

汽车发动机滑动轴承有连杆衬套、连杆轴承、主轴承和曲轴止推轴承等。

1. 连杆轴承和主轴承

连杆轴承与主轴承均承受交变载荷和高速摩擦，因此轴承材料必须具有足够的抗疲劳强度，而且要摩擦小、耐磨损和耐腐蚀，如图 2.43 所示。

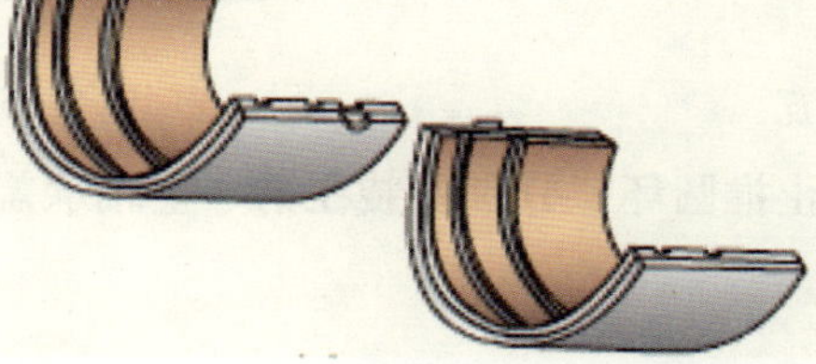

图 2.43　轴承

连杆轴承和主轴承均由上、下两片轴瓦对合而成。每一片轴瓦都是由钢背和减摩合金层或钢背、减摩合金层和软镀层构成的，前者称为二层结构轴瓦，后者称为三层结构轴瓦。钢背是轴瓦的基体，由 1 ～ 3mm 厚的低碳钢板制造，以保证有较高的机械强度。在钢背上浇铸减摩合金层，其材料主要有白合金、铜基合金和铝基合金。白合金也叫巴氏合金，应用较多的锡基白合金减摩性好，但疲劳强度低，耐热性差，当温度超过 100℃时硬度和强度均明显下降，因此常用于负荷不大的汽油机。铜铅合金的突出优点是承载能力大，抗疲劳强度高，耐热性好，但磨合性能和耐腐蚀性差。为了改善其磨合性和耐腐蚀性，通常在铜铅合金表面电镀一层软金属而成为三层结构轴瓦，多用于高强化的柴油机。铝基合金包括铝锑镁合金、低锡铝合金和高锡铝合金。含锡 20%以上的高锡铝合金轴瓦因为有较好的承载能力、抗疲劳强度和减摩性能而被广泛用于汽油机和柴油机。软镀层是指在减摩合金层上电镀一层锡或锡铅合金，其主要作用是改善轴瓦的磨合性能，并作为减摩合金层的保护层。

轴瓦在自由状态时，两个结合面外端的距离比轴承孔的直径大，其差值称为轴瓦的张开量。在装配时，轴瓦的圆周过盈变成径向过盈，对轴承孔产生径向压力，使轴瓦紧密贴合在轴承孔内，以保证其良好的承载和导热能力，提高轴瓦工作的可靠性及延长其使用寿命。

2．曲轴止推轴承

汽车行驶时由于踩踏离合器而对曲轴施加轴向推力，使曲轴发生轴向窜动。过大的轴向窜动将影响活塞连杆组的正常工作及破坏正确的配气定时和柴油机的喷油定时。为了保证曲轴轴向的正确定位，需装设止推轴承，而且只能在一处设置止推轴承，以保证曲轴受热膨胀时能自由伸长。曲轴止推轴承有翻边轴瓦、半圆环止推片和止推轴承环 3 种形式。

（1）翻边轴瓦（见图 2.44）是将轴瓦两侧翻边作为止推面，在止推面上浇铸减摩合金。轴瓦的止推面与曲轴止推面之间留有 0.06 ～ 0.25mm 的间隙，从而限制了曲轴的轴向窜动量。

（2）半圆环止推片（见图 2.45）一般为四片，上、下各两片，分别安装在机体和主轴承盖上的浅槽中，用定位舌或定位销定位，以防止其转动。装配时，需将有减摩合金层的止推面朝向曲轴的止推面，不能装反。

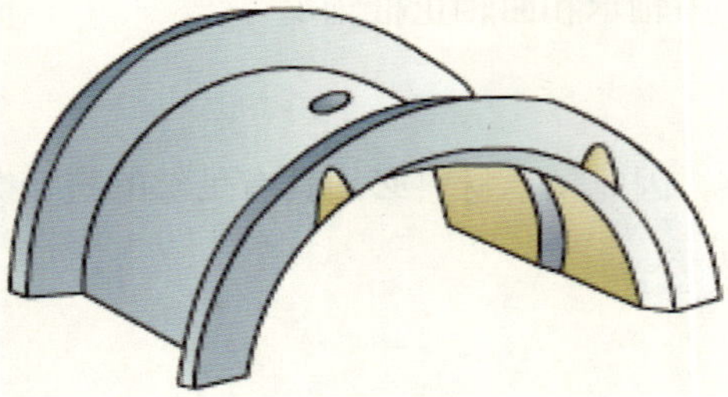

图 2.44　翻边轴瓦

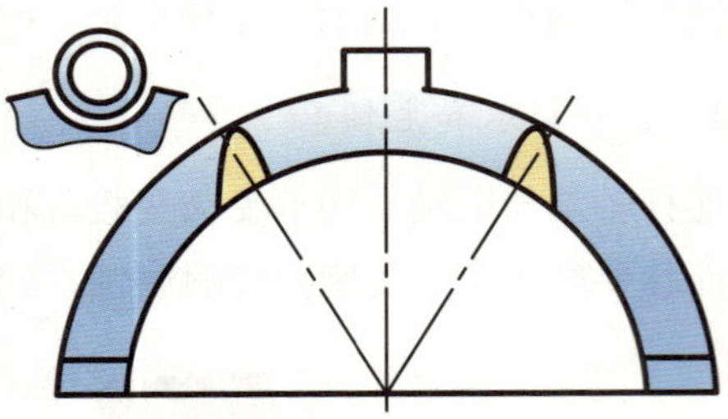

图 2.45　半圆环止推片

（3）止推轴承环为两片止推圆环，分别安装在第一主轴承盖的两侧。

三、任务实施

（一）任务实施环境

现场设备、工量具等准备，见表 2.16。

表 2.16　现场设备、工量具等准备

名称	准备演示	讲解	说明
发动机实训室		干净整洁的发动机实训室	
维修手册（北京现代维修手册）		当出现问题时，及时查阅维修手册	
工量具	常用工具和专业工具，活塞环拆装工具，油封安装工具，油盆，软毛刷，铲刀，汽油，抹布	实训前、后对工量具进行清洁	

（二）任务实施步骤

1. 活塞连杆组的拆卸

（1）M/T: 拆卸飞轮。

（2）A/T: 拆卸驱动盘。

（3）将发动机安装到发动机的机架上以便分离。

（4）拆卸正时皮带 (参考正时系统)。

（5）拆卸气缸盖 (参考气缸盖总成)。

（6）拆卸油量标尺总成 (A) 如图 2.46。

（7）拆卸爆震传感器。

（8）拆卸油压传感器 (A)，如图 2.47 所示。

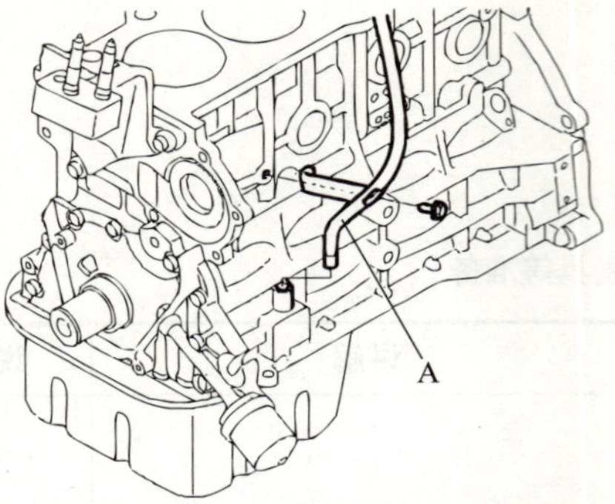

图 2.46 拆卸油量标尺总成

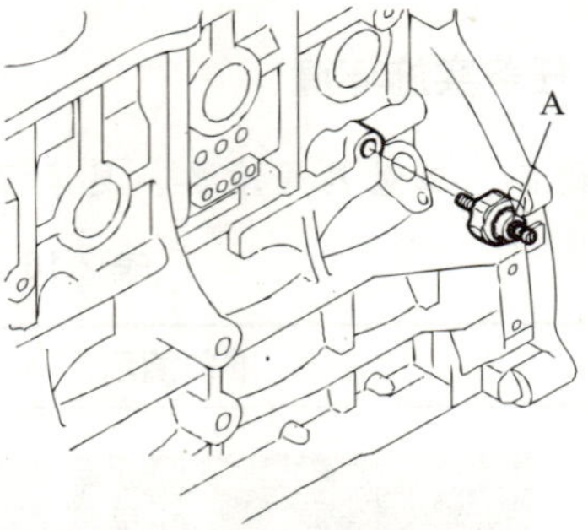

图 2.47 拆卸油压传感器

（9）拆卸水泵。

（10）拆卸油底壳。

（11）拆卸机油滤网，拧下 2 个螺栓 (C)，拆卸集滤器 (A) 和 衬垫 (B)，如图 2.48 所示。

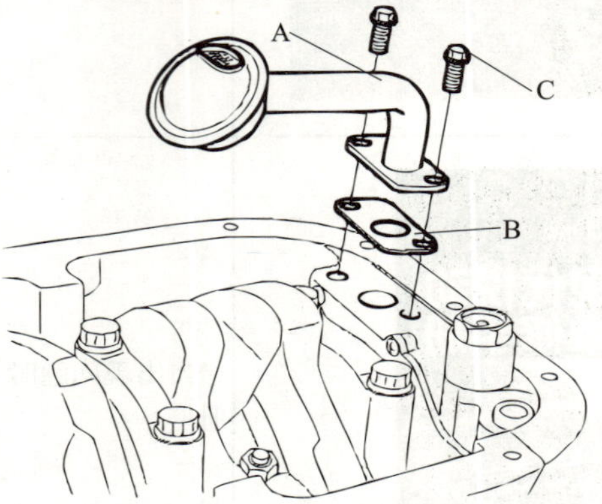

图 2.48 拆卸机油滤网

（12）拆卸连杆盖，检查油膜间隙。

（13）拆卸活塞和连杆总成。使用缸口铰刀，刮除气缸顶部所有的积炭。由气缸底部向气缸顶部推出活塞、连杆总成和上轴承。

（14）拆卸前壳。

（15）拆卸后油封壳，拧下 5 个螺栓 (B)，拆卸后油封壳 (A)，如图 2.49 所示。

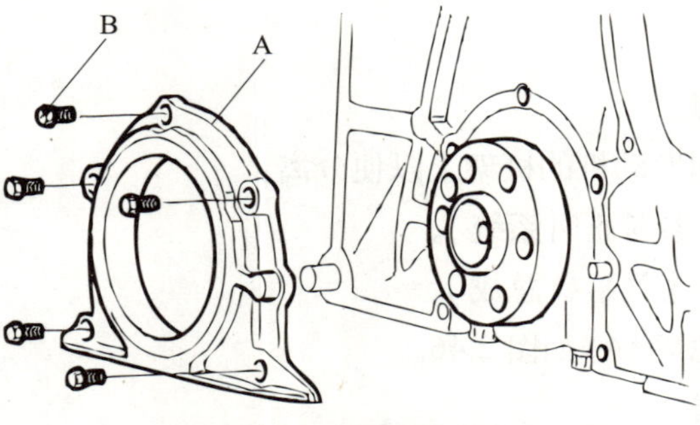

图 2.49 拆卸后油封壳

（16）拆卸曲轴轴承盖并检查润滑间隙。

（17）将曲轴 (A) 从发动机中提出来，注意不要损坏轴颈，如图 2.50 所示。

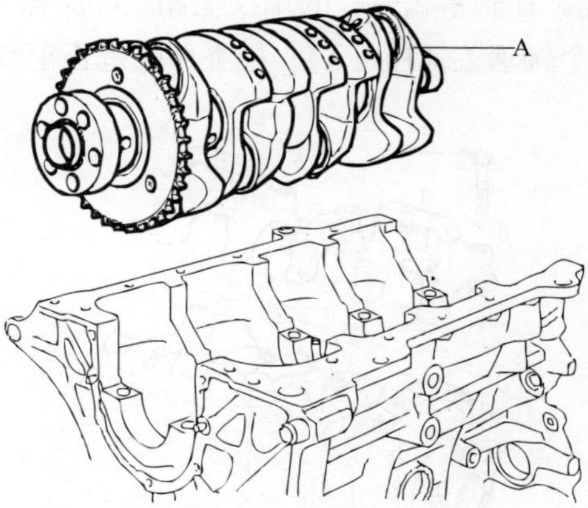

图 2.50 取出曲轴

（18）拆卸活塞环。使用活塞环拆卸钳，拆卸两个压缩环。用手拆卸两侧共轨和油圈。

（19）从活塞分离连杆。

2. 活塞连杆组的安装

（1）安装活塞和连杆。使用液压安装，活塞前标记和连杆前标记必须面向发动机的正时皮带侧。

（2）安装活塞环。用手安装油环扩张器和两个侧轨。在代码标记面向上时，使用活塞环拆装钳安装两个气环。活塞环开口端应按图 2.51 所示安装。

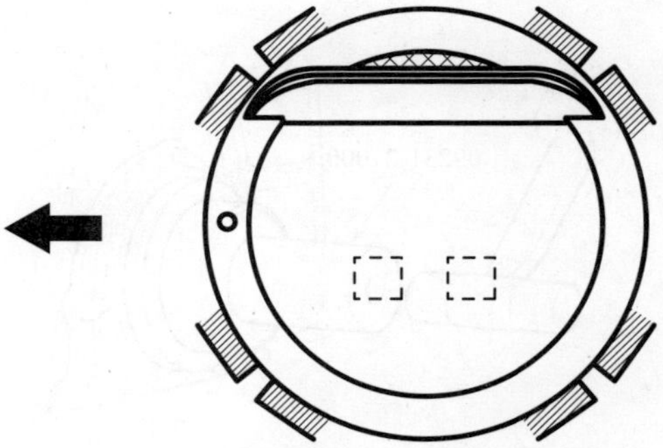

图 2.51 活塞环开口端示意图

（3）安装连杆轴承。对齐轴承凸块与连杆或连杆盖导槽，将轴承 (A) 安装到连杆和连杆盖 (B) 内。

（4）安装主轴承。对齐气缸体凸块导槽和轴承凸块，推入 5 个上轴承（A）；对齐主轴承盖的凸块导槽与轴承凸块，并推入 5 个下轴承。

（5）安装止推轴承。油槽朝外状态，将两个止推轴承 (A) 安装到气缸体的 3 号轴颈位置下。

（6）将曲轴放置在气缸体上。

（7）把主轴承盖置于气缸体上。

（8）安装主轴承盖螺栓。在轴承盖螺栓的螺纹上和底部涂抹一层薄发动机油。按图 2.52 所示安装并均匀地拧紧 10 个轴承盖螺栓（A）。检查曲轴是否平滑转动。

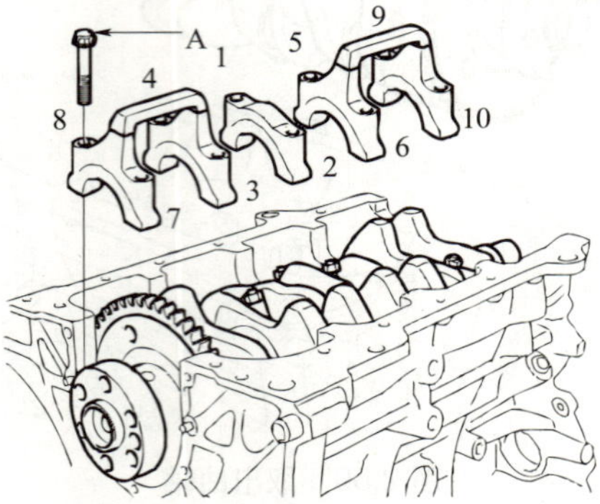

图 2.52　轴承盖螺栓拧紧顺序

（9）安装活塞和连杆总成。拆卸连杆盖，并把橡胶软管插入到连杆螺栓上，应越过螺纹端。安装环压缩器，检查轴承是否固定在适当位置，然后将活塞放在气缸内，用锤子的木制把手进行敲打。卡环压缩器突然释放后停止，推动活塞至适当位置之前检查连杆与轴颈是否对齐。在螺栓的螺纹上涂抹发动机机油，安装连杆盖与轴承并拧紧螺母。

（10）使用 5 个螺栓 (B) 安装新衬垫和后油封壳 (A)。

（11）安装后油封如图 2.53 所示。在新油封唇上涂抹一层发动机油，使用 SST(09231-21000) 和锤子，轻敲油封直到油封表面与后油封护圈边缘齐平。

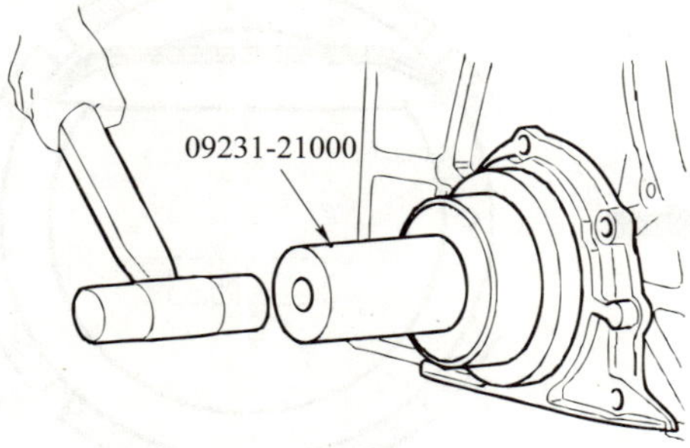

图 2.53　安装油封

（12）安装前壳。

（13）安装油集滤器。使用两个螺栓 (C) 安装新衬垫 (A) 和集滤器 (B) 。

（14）安装油底壳。使用剃刀刀锋和衬垫刮刀，从衬垫表面去除所有旧的包装材料。在接合表面边缘之间居中的胎圈上涂抹液态密封胶。使用 19 个螺栓安装油底壳，分几次均匀拧紧螺栓。

（15）安装水泵。

（16）安装机油压力传感器。涂上黏合剂到 2 ～ 3 个螺纹，安装机油压力传感器 (A)。

（17）安装爆震传感器。

（18）安装油标尺总成。在油标尺上安装新 O 形环，在 O 形环上涂上发动机机油，用螺栓安装油标尺总成 (A)。

（19）安装气缸盖。

（20）安装正时皮带。

（21）拆卸发动机工作台。

（22）A/T: 安装驱动板。

四、拓展知识

1. 拉缸

拉缸是汽车发动机的常见故障之一。所谓“拉缸”是指气缸内壁被拉成很深的沟纹，活塞、活塞环与气缸壁摩擦副丧失密封性，从而导致气缸压缩压力降低，动力性丧失；可燃混合气下窜使曲轴箱压力增大，严重时会引起曲轴箱爆炸；润滑油上窜到气缸内引起烧机油现象；排气管冒烟严重；发动机噪声异常；发动机不能正常工作甚至熄火。

汽车发动机拉缸故障的主要原因是如下：

（1）发动机冷却系因泄漏、缺水，未能及时补充而造成发动机过热；

（2）活塞环断裂，刮伤缸壁；

（3）活塞销卡圈脱落，刮伤缸壁；

（4）活塞环因积炭卡死在环槽内，丧失密封作用；

（5）活塞销外出，刮伤缸壁；

（6）气缸内进入异物；

（7）活塞与缸壁配合间隙过小；

（8）活塞销装配过紧，引起活塞变形；

（9）活塞热变形严重或烧蚀熔化；

（10）发动机长时间高速或超负荷运转等。

2. 爆缸

爆缸是由于发动机温度过高，活塞膨胀而卡在了气缸中，造成发动机报废所致，严重时由于压力过大而活塞又无法活动，则会喷出浓浓火焰，如图 2.54 所示。

引发原因：

（1）发动机的散热效果不良，使得发动机的工作温度超过原先设计所能够承受的最高温度；

（2）发动机机油的品质或是循环不良造成润滑不足；

（3）发动机的进、排气系统以及点火正时的调整不准确；

（4）发动机的工作负荷过高。

图 2.54　发动机爆缸

五、任务总结

要求掌握活塞、连杆的结构特点及作用，活塞、连杆的常见损伤形式；能够进行规范操作活塞连杆组的拆装。

任务二　活塞及“三隙”的检测

一、情境描述

一辆北京现代悦动轿车，车主反映此车动力不足，发动机运行正常，功率也不见下降，却出现机油消耗量急剧增加的现象。

二、相关知识

（一）活塞检测

1. 活塞外观检查

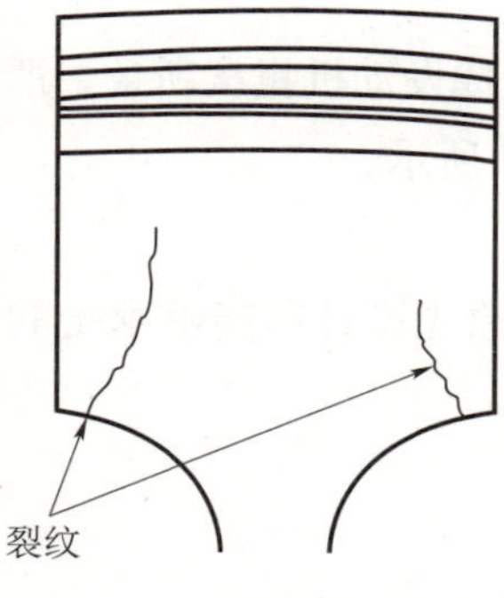

图 2.55　活塞裂纹

活塞的外观检查。首先是清洁准备复用的活塞，然后仔细检查有无裂纹，以及活塞环槽和活塞销孔情况是否正常，如图 2.55 所示。

2. 活塞的测量

对活塞的直径进行测量。推荐沿裙部的特定点使用外径千分尺测量，如图 2.56 所示。要查阅活塞裙部直径规范，具体测量位置与活塞材料、结构和温度有关。通常活塞测量位置为活塞推力面上与活塞销孔垂直的方向，一般在裙部最大尺寸处。

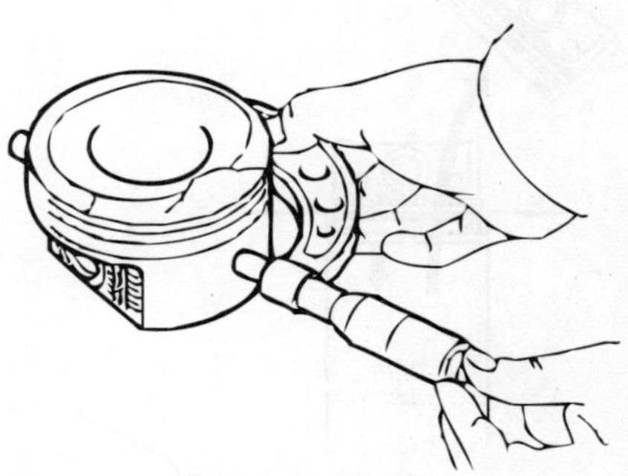

图 2.56　活塞裙部检查

3. 活塞销的测量（见图 2.57）

活塞销的检查项目有活塞外径的测量和活塞销孔的测量。

（1）测量活塞销的外径。

（2）测量每个活塞的销孔直径。

（3）计算活塞销与活塞销孔的间隙，必要时更换活塞或活塞销。

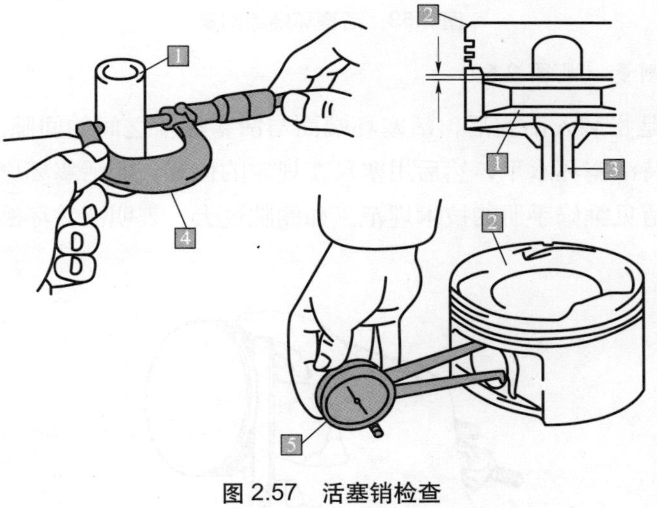

图 2.57　活塞销检查

（二）活塞环“三隙”检测

活塞环“三隙”是指端隙、背隙和侧隙。

1. 活塞环端隙测量（见图 2.58）

端隙是指活塞环置于气缸内，在环的开口处呈现的间隙（又叫“开口间隙”）。用未装环的活塞将放在缸里的活塞环顶正，用塞尺测量活塞环的开口间隙，将所测结果与维修手册中的标准值比较。间隙过大会造成窜气过量或烧机油过多，间隙过小会造成发动机升温后活塞环在缸内卡滞或折断。

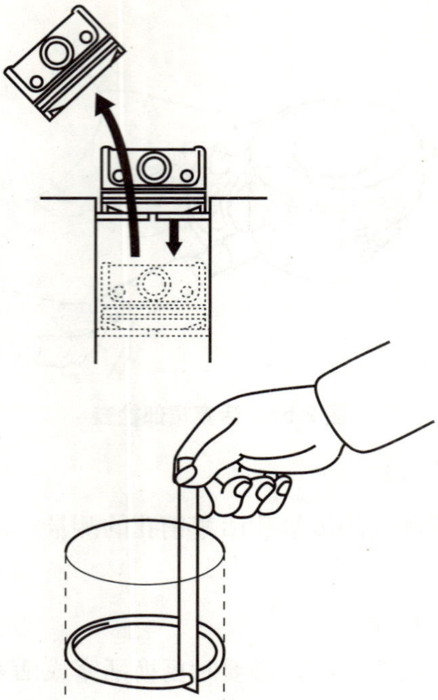

图 2.58　活塞环端隙测量

2. 活塞环侧隙测量（见图 2.59）

活塞环的侧隙是指装入活塞后，活塞环端面与活塞环槽之间的间隙。将一个新活塞环安装在活塞上，保持活塞环水平，然后用塞尺在规定的位置，即活塞环磨损最少的位置进行测量。正确的侧隙值见维修手册的技术规范。如侧隙过大，表明活塞环槽磨损或者环的厚度不对，需更换。

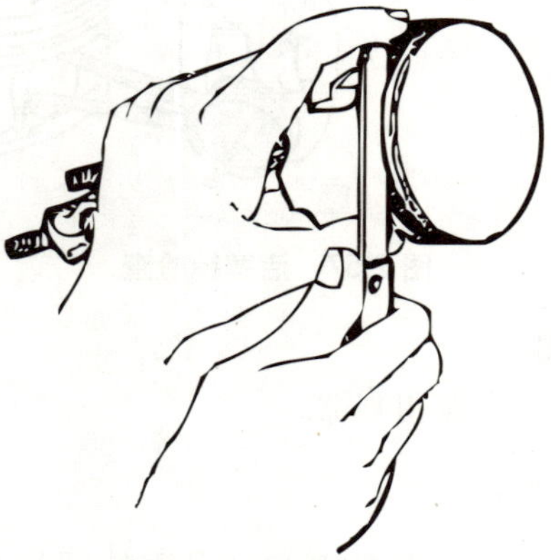

图 2.59　活塞环侧隙

3. 活塞环背隙测量（见图 2.60）

背隙是指活塞与活塞环装入气缸后，在活塞环背部与活塞环槽底之间的间隙。设 A 为气缸直径，B 为活塞直径，C 为活塞环径向宽度，D 为活塞环槽深度，则

$$背隙=\frac{A-B}{2}+D-C$$

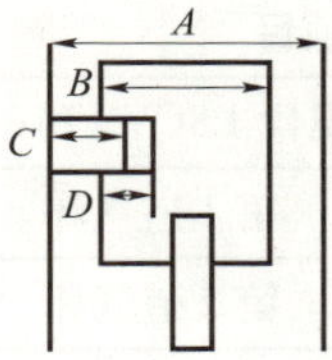

图 2.60　活塞环背隙测量

三、任务实施

（一）任务实施环境

1. 现场设备、工量具等准备（见表 2.17）

表 2.17　现场设备，工量具等准备

名称	准备演示	讲解	说明
发动机实训室		干净整洁的发动机实训室	
维修手册（北京现代维修手册）		当出现问题时，及时查阅维修手册	
工量具	油盆，软毛刷，铲刀，汽油，抹布，千分尺，塞尺，游标卡尺	实训前、后对工量具进行清洁	

2. 技术要求（见表 2.18）

表 2.18 技术要求

序号	检查项目		数据 /mm
1	活塞直径（北京现代 1.8CVVT）		82.00 ~ 82.03
2	侧隙	第 1 道气环	0.04 ~ 0.08
		第 2 道气环	0.03 ~ 0.07
		油环	0.06 ~ 0.15
3	端隙	第 1 道气环	0.23 ~ 0.38
		第 2 道气环	0.45 ~ 0.60
		油环	0.20 ~ 0.60
4	背隙	第 1 道气环	0~0.35
		第 2 道气环	0~0.35
		油环	0~0.35
5	活塞销直径		20.001 ~ 20.006
6	活塞销与活塞孔间隙		0.01 ~ 0.02

（二）任务实施步骤

1. 清洗活塞

（1）使用铲刀，清理活塞顶部的积炭。

（2）使用活塞环槽工具清洁活塞环槽。

（3）使用汽油和软毛刷彻底清洗活塞。

2. 测量活塞的直径

使用千分尺在与活塞销孔轴线垂直的方向上距活塞顶 47mm 处测量（参考北京现代 1.8CVVT）。

活塞间隙：用气缸直径减去活塞直径（注：横向测量气缸直径）。

注意：如果间隙超过最大值，则更换 4 个活塞，并重新镗削 4 个缸。有必要时可更换气缸体。

3. 测量活塞环侧隙

使用塞尺测量活塞环与环槽侧壁的间隙。

注意：如果间隙超过最大值，应更换活塞。

4. 测量活塞环端隙

（1）把活塞环放入气缸。

（2）将活塞推入气缸距底部 10mm。

(3) 使用塞尺测量端隙。

注意：如果端隙超过最大值，则需要更换活塞环。使用新活塞环，端隙超过最大值，需重新镗削 4 个气缸或更换气缸体。

5. 测量活塞环背隙

(1) 测量气缸直径。

(2) 测量活塞直径。

(3) 测量活塞环径向宽度。

(4) 测量活塞环槽深度。

以上数据根据公式计算得出。

6. 测量活塞销及活塞销孔

(1) 用外径千分尺测量活塞销。

(2) 用内径千分尺测量活塞销孔。

记录数据并填入表 2.19 中。

表 2.19　测量数据

mm

序号		1 缸活塞	2 缸活塞	3 缸活塞	4 缸活塞
活塞直径					
侧隙	第 1 道气环				
	第 2 道气环				
	油环				
端隙	第 1 道气环				
	第 2 道气环				
	油环				
背隙	第 1 道气环				
	第 2 道气环				
	油环				
活塞销					
活塞销孔					
修理意见					

四、知识拓展

发动机镗缸

(1) 镗缸是对干式缸套过度磨损比较常见的修理方法。湿式缸套主要以更换活塞—缸套组方式进行修理。

① 镗削量的计算。当气缸的修理级数确定后，即可选配同级活塞，然后根据活塞直径和气缸直径计算镗削量。活塞与气缸配合间隙：0.03mm适用于汽油机，0.15mm适用于柴油机。磨缸余量为0.02 ～ 0.04mm，镗削量可按下式进行计算：

镗削量 = 活塞裙部最大直径 − 气缸最小直径 + 活塞与气缸配合间隙 − 磨缸余量

② 镗缸机。镗缸所用的设备有固定式镗缸机和移动式镗缸机两种，由于移动式镗缸机精度差、工作效率低，故已被固定式镗缸机所替代。

③ 镗缸定位基准的选择。为了保证镗缸质量，在操作上应注意首先做好定位基准的选择。选择镗缸定位基准的目的是：保证气缸镗削后，各缸中心线与曲轴主轴承座孔中心线在一个平面上并相互垂直。固定式镗缸机以缸体底面前后两主轴承座孔和气缸上口作定位基准，其镗缸精度比较高。

（2）镗缸步骤。

根据最大内径的气缸，选择加大尺寸的活塞。

① 测量要使用的活塞外径。

② 根据测量的活塞直径，计算新缸径尺寸。

新缸径尺寸 = 活塞直径 + 0.02 ～ 0.04 mm（活塞和气缸间隙）–0.01 mm（珩磨边缘）

③ 根据计算的尺寸加工每个气缸。

（3）研磨气缸，加工至适当的尺寸。

检查气缸和活塞之间的间隙（0.02 ～ 0.04 mm）。

五、任务总结

掌握活塞检验的内容和方法，能够准确进行活塞直径的测量和活塞环间隙的测量，测量后能够进行维修判断。

任务三　连杆的检测

一、情境描述

一辆北京现代悦动轿车，车主反映此车动力不足，发动机运行正常，功率也不见下降，却出现机油消耗量急剧增加的现象。

二、相关知识

发动机的连杆用来连接活塞与曲柄。连杆多为钢件，其主体部分的截面多为圆形或工字形，两端有孔，孔内装有青铜衬套或滚针轴承，供装入轴销而构成铰接。 连杆是汽车发动机中的重要零件，它连接着活塞和曲轴，作用是将活塞的往复运动转变为曲轴的旋转运动，并把作用在活塞上的力传给曲轴以输出功率。连杆在工作中，除了要承受燃烧室燃气产生的压力外，还要承受纵向和横向的惯性力。因此，连杆在一个复杂的应力状态下工作，它既受交变的拉、压应力，又受弯曲应力。

（一）连杆变形的原因分析

连杆在工作中，由于受力较大，会发生杆身弯曲或扭转（曲），或弯扭并存的变形现象，或造成连杆螺栓、螺母的损伤等。

杆身的变形，往往是由于发动机超负荷和突爆等原因造成的，它不仅降低了本身的强度，还将使活塞组与气缸的配合失常，产生不正常的纵向磨损。

（二）连杆的弯、扭变形定义

连杆弯曲、扭曲、弯扭并存是指连杆大端与小端孔的中心线偏差于原来的平行位置，一般是在连杆校正器上进行检验的。

弯曲——连杆大、小两端孔的中心轴线在同一平面内不平行，有交点。

扭曲——连杆大、小两端孔的中心轴线不在同一平面内平行，在空中交叉。

弯扭并存——弯曲变形和扭曲变形同时存在。

（三）连杆的弯、扭变形检验

连杆的弯、扭变形一般采用连杆校正器进行检验，如图 2.61 所示。连杆校正器包括直线度检验仪、弯曲校正器、扭曲校正器和活塞圆度检验仪四个部分。

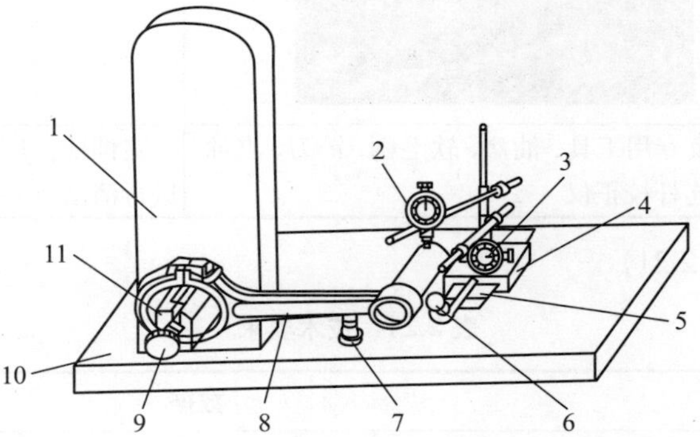

图 2.61　检验连杆的变形

1—检验平板；2—检验扭曲百分表；3—检验弯曲百分表；4—滑块；5—导轨；6—操纵手柄；7—连杆小头支撑座；8—连杆；9—张紧手轮；10—检验仪底座；11—可张心轴

三、任务实施

（一）实施环境

1. 现场设备、工量具等准备（见表 2.20）

表 2.20　现场设备、工量具等设备

名称	准备演示	讲解	说明
发动机实训室		干净整洁的发动机实训室	
维修手册（北京现代维修手册）		当出现问题时，及时查阅维修手册	
工量具	常用及专用工具，油盆，软毛刷，铲刀，汽油，抹布，连杆校正仪	实训前、后对工量具进行清洁	

2. 技术要求（见表 2.21）

表 2.21　技术要求

序号	检查项目	数据		
1	发动机型号	连杆弯曲限度值 /（mm/100mm）	连杆扭曲限度值 /（mm/100mm）	连杆螺栓拧紧力矩 /（N·m）
2	奥迪 1.8L	0.05	0.12	30+1/4 圈
3	捷达 1.6L	0.04	0.04	30
4	桑塔纳 1.6L	0.03	0.06	30

（二）实施步骤

1. 连杆弯曲和扭曲变形的检验

（1）将连杆盖安装到连杆杆身上，按规定力矩拧紧连杆螺栓。

（2）将连杆大头套装到检验仪的可张心轴上并张紧。

（3）用支撑块支撑连杆小头。

（4）将百分表装于表架上，使其测杆与测量心轴接触，并有 1mm 左右的预压量。

（5）转动百分表表盘，使其指针对正零位。

（6）将专用测量心轴装入已拆除衬套的连杆小头中，推拉滑块带动表架，使百分表沿测量心轴的轴向移动，测出连杆的弯、扭变形量。检验扭曲百分表反映连杆的扭曲变形，检验弯曲百分表反映连杆的弯曲变形。

2. 连杆双重弯曲的检验

（1）当对连杆完成以上的弯曲和扭曲变形的检验后，还应进行连杆双重弯曲的检验。

（2）将以上进行弯曲和扭曲变形检验后没有变形的连杆取下测量心轴，立起安装在如图 2.61 所示的检验平板 1 上，用塞尺检测连杆小头与检验平板 1 的间隙。

（3）翻转连杆，再次将连杆立起安装在如图 2.61 所示的检验平板 1 上，同样用塞尺检测连杆小头与检验平板 1 的间隙。

将两次测得的数据对比，如果两数据一致，则此连杆无双重弯曲量。否则，此连杆有双重弯曲量，双重弯曲量的值是两次测量数值差的一半。

记录数据并填入表 2.22。

表 2.22　测量数据

序号	1 缸连杆	2 缸连杆	3 缸连杆	4 缸连杆
连杆弯曲				
连杆扭曲				
修理意见				

四、拓展知识

DTJ84-1 型连杆检验校正仪

DTJ84-1 型连杆检验校正仪介绍，如图 2.62 所示，其技术数据见表 2.23。

DTJ84-1 型连杆检验校正仪适用于微型车、轿车及中重型卡车发动机连杆产生扭曲、弯曲与双重变形的检验和校正。一般采用双量表同时检验连杆的扭曲量、弯曲量及双重变形量。手动校正，边检边校，直观简便，连杆一次装卡即能完成检验和校正。

该产品是国内独家生产的款型，设计结构合理（固定心轴采用等腰三角固定）、做工精致、精度精确、质量上乘等。其固定百分表的滑道机构采用燕尾带调整结构（机床导轨结构），可调整间隙，保证其使用精度准确（其他同类产品由于采用轴孔，直线滑动间隙不可调，长时间使用会磨损造成测量精度下降）。DTJ84-1 型连杆检验校正仪是汽车修理部门维修发动机的必备设备，也是专职院校最佳的教学器材。

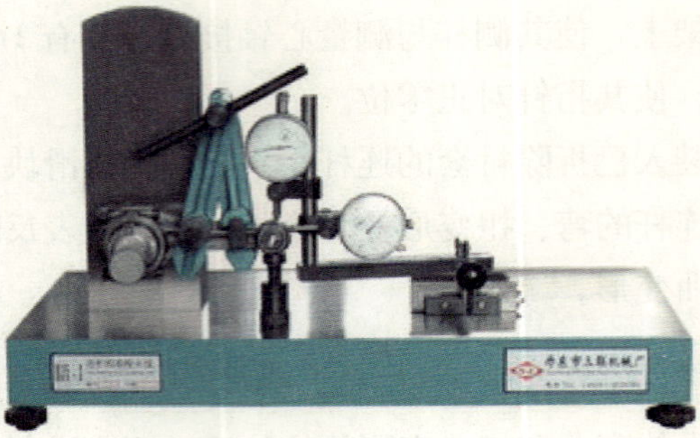

图 2.62　DTJ84-1 型连杆检验校正仪

表 2.23　技术数据

序号	项目	数据
1	连杆大端涨卡孔径 /mm	ϕ38~ϕ84
2	被测连杆中心距 /mm	110~230
3	外形尺寸 /mm	550 × 350 × 340
4	重 量 /kg	40

五、任务总结

掌握连杆检验的内容和方法，能够准确进行连杆弯曲变形、扭曲变形的检测，并能够根据维修手册进行维修判断。

练习题

一、填空题

1. 活塞销与销座及连杆小头的配合有＿＿＿＿＿＿和＿＿＿＿＿＿两种形式。

2. 油环的结构形式有＿＿＿＿＿＿和＿＿＿＿＿＿两种。

3. 气环的截面形状主要有＿＿＿＿＿＿、＿＿＿＿＿＿、＿＿＿＿＿＿、＿＿＿＿＿＿＿＿、＿＿＿＿＿＿几种。

4. 活塞环的“三隙”是指＿＿＿＿＿＿、＿＿＿＿＿＿和＿＿＿＿＿＿。

5. 活塞的基本结构一般可分为＿＿＿＿＿＿、＿＿＿＿＿＿和＿＿＿＿＿＿三部分。

6. 活塞环包括＿＿＿＿＿＿和＿＿＿＿＿＿两种。

7. 在安装气环时，各个气环的切口应该＿＿＿＿＿＿。

二、选择题

1. 下列说法中正确的是（　　）。

A. 活塞一般制成上小下大的锥形或阶梯形

B. 活塞一般制成上大下小的锥形或阶梯形

C. 桶形活塞在任何工作状态下都能得到良好润滑

D. 活塞一般制成上下直径相等的圆柱形

2. 学生 a 说活塞裙部开横向槽，可以减小活塞裙部的受热量。学生 b 说活塞裙部开横向槽是为了减轻重量。他们的说法正确的是（　　）。

A. 学生 a　　B. 学生 b

C. 学生 a 和 b　　D. 学生 a 和 b 都不正确

3. 活塞第 1 道环是（　　）。

A. 气环

B. 油环

C. 组合环

4. 连杆杆身端面的形状为（　　）。

A. 工字形　　B. 凹字形

C. 矩形　　D. 圆形

5. 活塞气环的主要作用是（　　），油环的主要作用是（　　）。

A. 密封　　B. 布油

C. 导热　　D. 刮油

三、思考题

1. 简述活塞连杆组的组成和功用。

2. 简述气缸磨损的特点、气缸磨损测量的两个主要参数，以及测量工具。

3. 活塞环“三隙”包括什么？如何测量？

4. 为什么活塞的横断面制成椭圆形，而将其纵断面制成上小下大的锥形或桶形？

项目三　曲轴飞轮组故障的检测与维修

能力目标	知识目标	权重
能够认知曲轴飞轮组各部分零件	掌握曲轴飞轮组零件的作用，掌握曲轴飞轮组零件的构造	10%
能够熟练拆装曲轴飞轮组各部分零件	掌握拆装步骤	30%
能够正确测量曲轴弯曲磨损及轴向径向间隙	掌握测量方法和要求	30%
能够正确测量飞轮平面度	掌握飞轮的相关知识	30%

项目概述

此项目包括四个任务，任务一曲轴飞轮组的拆装，任务二曲轴的检测，任务三曲轴径向、轴向间隙检测，任务四飞轮检测。重点掌握拆装流程以及检测内容。

任务一　曲轴飞轮组的拆装

一、情境描述

一辆北京现代悦动轿车，当发动机稳定运转时，一般无声响，当发动机转速突然变化时，发出沉闷连续的“镗、镗”金属敲击声，严重时发动机发生很大振动。

二、相关知识

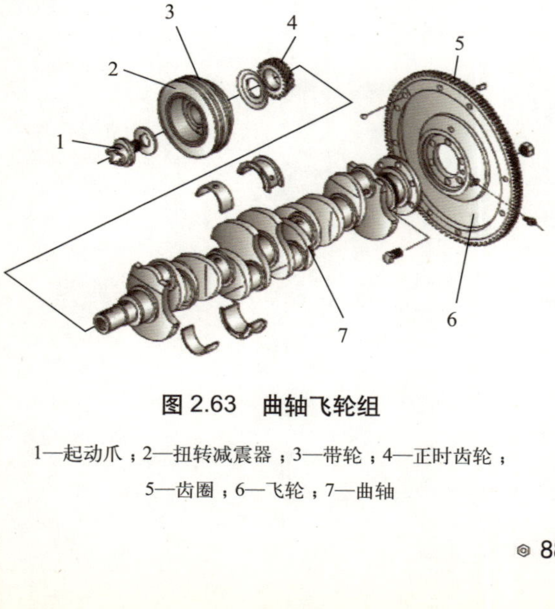

图 2.63　曲轴飞轮组

1—起动爪；2—扭转减震器；3—带轮；4—正时齿轮；5—齿圈；6—飞轮；7—曲轴

曲轴飞轮组主要由曲轴、飞轮、正时齿轮（正时带轮或正时链轮）、带轮及曲轴扭转减震器等组成，如图 2.63 所示。

曲轴飞轮

1. 曲轴的功用及工作条件

曲轴的功用是把活塞、连杆传来的气

体力转变为转矩，用以驱动汽车的传动系统和发动机的配气机构以及其他辅助装置。曲轴在周期性变化的气体力、惯性力及其力矩的共同作用下工作，承受弯曲和扭转交变载荷。因此，曲轴应有足够的抗弯曲、抗扭转的疲劳强度和刚度；轴颈应有足够大的承压表面和耐磨性；曲轴的质量应尽量小；对各轴颈的润滑应充分。

2．曲轴的材料

曲轴一般由 45、40Cr、35Mn2 等中碳钢和中碳合金钢模锻而成，轴颈表面经高频淬火或氮化处理，最后进行精加工。现代汽车发动机广泛采用球墨铸铁曲轴。球墨铸铁价格便宜，耐磨性能好，轴颈无须硬化处理，同时金属消耗量少，机械加工量也少。为提高曲轴的疲劳强度，消除应力集中，轴颈表面应进行喷丸处理，圆角处要经滚压处理。

3．曲轴的构造

曲轴一般由若干个单元曲拐构成，如图 2.64 所示。一个曲柄销，左右两个曲柄臂和左右两个主轴颈构成一个单元曲拐。单缸发动机的曲轴只有一个曲拐，多缸直列式发动机曲轴的曲拐数与气缸数相同，V 型发动机曲轴的曲拐数等于气缸数的一半。将若干个单元曲拐按照一定的相位连接起来再加上曲轴前、后端便构成一根曲轴。多数发动机的曲轴，在其曲柄臂上装有平衡重。按单元曲拐连接方法的不同，曲轴可分为整体式和组合式两类。

图 2.64 曲轴结构

曲轴

（1）前端轴指曲轴第一道主轴颈之前的部分，它用以安装正时齿轮（或正时齿形带轮、或链轮）、带轮等。在曲轴前端有油封装置，并装有扭转减震器。

（2）主轴颈是曲轴的支承部分。按曲轴主轴颈的数目不同，可以把曲轴分为全支承曲轴和非全支承曲轴两种。在每个连杆轴颈两边都有一个主轴颈的曲轴称为全支承曲轴，否则为非全支承，如图 2.65 和图 2.66 所示。

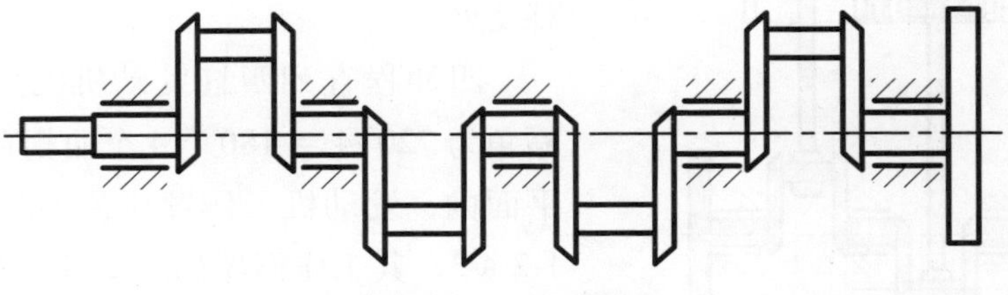

图 2.65 全支承曲轴

全非支撑曲轴

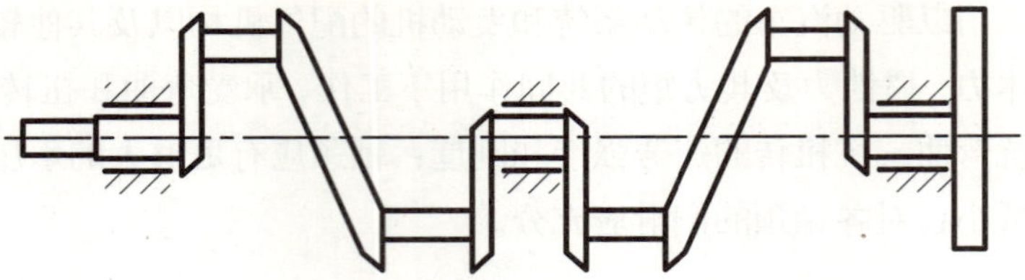

图 2.66 非全支承曲轴

（3）连杆轴颈也叫曲柄销，是曲轴和连杆相连的部分。在直列式发动机上，连杆轴颈数与气缸数相同。在V型发动机上，1个连杆轴颈上安装2个连杆，故连杆轴颈数为气缸数的一半。

（4）曲柄是连接主轴颈和连杆轴颈的部分。

（5）曲轴平衡重用来平衡旋转惯性力及其力矩，以减轻主轴承负荷、发动机振动和噪声。

（6）平衡机构。在曲轴的曲柄上设置的平衡重只能平衡旋转惯性力及其力矩，而往复惯性力及其力矩的平衡则需要采用专门的平衡机构，以提高乘坐的舒适性，降低发动机的噪声。

（7）曲轴后端是最后一道主轴颈之后的部分，有安装飞轮用的凸缘，也安装有油封装置。

4. 曲轴的轴向定位

曲轴上只能有一处设置轴向定位装置，该装置可设在曲轴的前端、中间或后端。曲轴的轴向定位是通过止推装置实现的。止推装置有翻边轴瓦、止推环和止推片等多种形式。

5. 曲拐的布置

各曲拐的相对位置或曲拐布置取决于气缸数、气缸排列形式和发动机工作顺序。当气缸数和气缸排列形式确定之后，曲拐布置就只取决于发动机工作顺序。在选择发动机工作顺序时，应注意以下几点：

（1）应该使接连做功的两个气缸相距尽可能远，以减小主轴承载荷及避免在进气行程中发生抢气现象。

（2）各气缸发火的间隔时间应该相同。发火间隔时间若以曲轴转角计则称为发火间隔角。在发动机完成一个工作循环的曲轴转角内，每个气缸都应发火做功一次。对于气缸数为 i 的四冲程发动机，其发火间隔角应为 720°/i，即曲轴每转 720°/i，就有一缸发火做功，以保证发动机运转平稳。

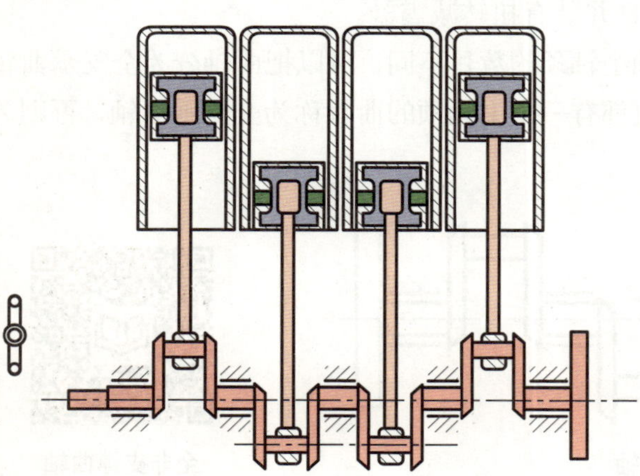

图 2.67 直列四缸发动机

（3）V 型发动机左右两列气缸应交替发火。

四冲程直列四缸发动机的发火间隔角为 720°/4 = 180°，4 个曲拐在同一平面内，发动机工作顺序为 1-3-4-2 或 1-2-4-3，其工作循环如图 2.67、表 2.24 和表 2.25 所示。

表 2.24 工作顺序 1-3-4-2

曲轴转角 / (°)	第一缸	第二缸	第三缸	第四缸
0 ~ 180	做功	排气	压缩	进气
180 ~ 360	排气	进气	做功	压缩
360 ~ 540	进气	压缩	排气	做功
540 ~ 720	压缩	做功	进气	排气

表 2.25 工作顺序 1-2-4-3

曲轴转角 / (°)	第一缸	第二缸	第三缸	第四缸
0 ~ 180	做功	压缩	排气	进气
180 ~ 360	排气	做功	进气	压缩
360 ~ 540	进气	排气	压缩	做功
540 ~ 720	压缩	进气	做功	排气

四行程直列六缸发动机的发火顺序和曲拐布置：四行程直列六缸发动机发火间隔角为 720°/6=120°，6 个曲拐分别布置在三个平面内，工作顺序为 1-5-3-6-2-4，其工作循环如图 2.68 和表 2.26 所示。

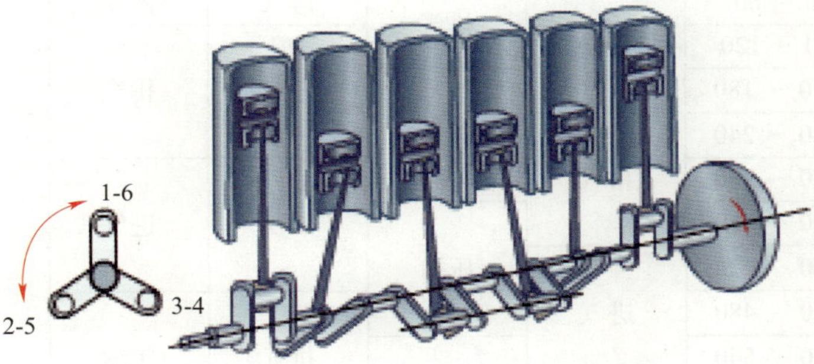

图 2.68 直列六缸发动机

表 2.26 工作顺序 1-5-3-6-2-4

<table>
<tr><th colspan="2">曲轴转角 / (°)</th><th>第一缸</th><th>第二缸</th><th>第三缸</th><th>第四缸</th><th>第五缸</th><th>第六缸</th></tr>
<tr><td rowspan="3">0 ~ 180</td><td>0 ~ 60</td><td rowspan="3">做功</td><td rowspan="2">排气</td><td>进气</td><td>做功</td><td rowspan="2">压缩</td><td rowspan="3">进气</td></tr>
<tr><td>60 ~ 120</td><td rowspan="3">压缩</td><td rowspan="3">排气</td></tr>
<tr><td>120 ~ 180</td><td rowspan="3">进气</td><td rowspan="3">做功</td></tr>
<tr><td rowspan="3">180 ~ 360</td><td>180 ~ 240</td><td rowspan="3">排气</td><td rowspan="3">压缩</td></tr>
<tr><td>240 ~ 300</td><td rowspan="3">做功</td><td rowspan="3">进气</td></tr>
<tr><td>300 ~ 360</td><td rowspan="3">压缩</td><td rowspan="3">排气</td></tr>
<tr><td rowspan="3">360 ~ 540</td><td>360 ~ 420</td><td rowspan="3">进气</td><td rowspan="3">做功</td></tr>
<tr><td>420 ~ 480</td><td rowspan="3">排气</td><td rowspan="3">压缩</td></tr>
<tr><td>480 ~ 540</td><td rowspan="3">做功</td><td rowspan="3">进气</td></tr>
<tr><td rowspan="3">540 ~ 720</td><td>540 ~ 600</td><td rowspan="3">压缩</td><td rowspan="3">排气</td></tr>
<tr><td>600 ~ 660</td><td rowspan="2">进气</td><td rowspan="2">做功</td></tr>
<tr><td>660 ~ 720</td><td>排气</td><td>压缩</td></tr>
</table>

四冲程 V 型六缸发动机的发火间隔角仍为 120°，3 个曲拐互成 120°，工作顺序为 R1-L3-R3-L2-R2-L1。面对发动机的冷却风扇，右列气缸用 R 表示，由前向后气缸号分别为 R1、R2、R3；左列气缸用 L 表示，气缸号分别为 L1、L2 和 L3。其工作循环如图 2.69 和表 2.27 所示。

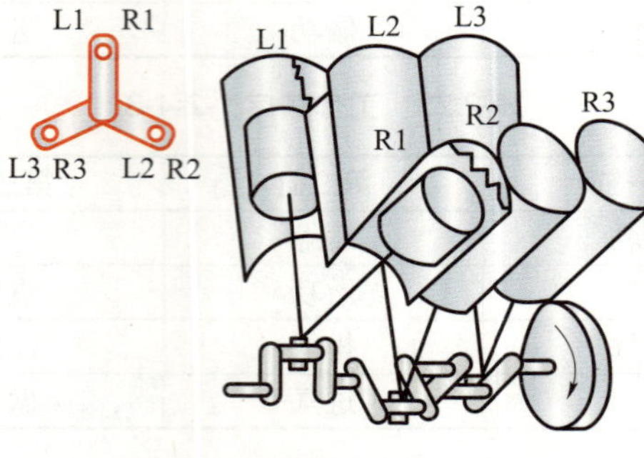

图 2.69　V 型六缸发动机

表 2.27　工作顺序 R1-L3-R3-L2-R2-L1

<table>
<tr><th colspan="2">曲轴转角 / (°)</th><th>R1</th><th>R2</th><th>R3</th><th>L1</th><th>L2</th><th>L3</th></tr>
<tr><td rowspan="3">0 ~ 180</td><td>0 ~ 60</td><td rowspan="3">做功</td><td rowspan="2">排气</td><td>进气</td><td>做功</td><td rowspan="3">进气</td><td rowspan="2">压缩</td></tr>
<tr><td>60 ~ 120</td><td rowspan="3">压缩</td><td rowspan="3">排气</td></tr>
<tr><td>120 ~ 180</td><td rowspan="3">进气</td><td rowspan="3">做功</td></tr>
<tr><td rowspan="3">180 ~ 360</td><td>180 ~ 240</td><td rowspan="3">排气</td><td rowspan="3">压缩</td></tr>
<tr><td>240 ~ 300</td><td rowspan="3">做功</td><td rowspan="3">进气</td></tr>
<tr><td>300 ~ 360</td><td rowspan="3">压缩</td><td rowspan="3">排气</td></tr>
<tr><td rowspan="3">360 ~ 540</td><td>360 ~ 420</td><td rowspan="3">进气</td><td rowspan="3">做功</td></tr>
<tr><td>420 ~ 480</td><td rowspan="3">排气</td><td rowspan="3">压缩</td></tr>
<tr><td>480 ~ 540</td><td rowspan="3">做功</td><td rowspan="3">进气</td></tr>
<tr><td rowspan="3">540 ~ 720</td><td>540 ~ 600</td><td rowspan="3">压缩</td><td rowspan="3">排气</td></tr>
<tr><td>600 ~ 660</td><td rowspan="2">进气</td><td rowspan="2">做功</td></tr>
<tr><td>660 ~ 720</td><td>排气</td><td>压缩</td></tr>
</table>

6. 曲轴扭转减震器

功用：曲轴在周期性变化的转矩作用下会产生扭转振动。当发动机转矩的变化频率与曲轴扭转的自振频率相同或成整数倍时，就会发生共振。共振时扭转振幅增大，并导致齿轮或链轮磨损加剧、功率下降，甚至使曲轴断裂。为消除或降低曲轴的扭转振动，一般在曲轴扭转振幅最大的前端装有扭转减震器。

种类：现代汽车上常用的扭转减震器为摩擦式扭转减震器，其可分为橡胶扭转减震器、硅油扭转减震器以及硅油—橡胶扭转减震器等三大类。

7. 曲轴前、后端密封

曲轴前端借助甩油盘和橡胶油封实现密封。发动机工作时，落在甩油盘上的机油在离心力的作用下被甩到定时传动室盖的内壁上，再沿壁面流回油底壳，即使有少量机油落到甩油盘前面的曲轴上，也会被装在定时传动室盖上的自紧式橡胶油封挡住。

曲轴后端的密封装置。由于近年来橡胶油封的耐油、耐热和耐老化性能的提高，在现代汽车发动机上曲轴后端的密封越来越多地采用与曲轴前端一样的自紧式橡胶油封。自紧式油封由金属保持架、氟橡胶密封环和拉紧弹簧构成。

8. 飞轮

对于四行程发动机来说，每四个活塞行程做功一次，即只有做功行程做功，而排气、进气和压缩三个行程都要消耗功。因此，曲轴对外输出的转矩呈周期性变化，曲轴转速也不稳定。为了改善这种状况，在曲轴后端装置飞轮，如图 2.70 所示。

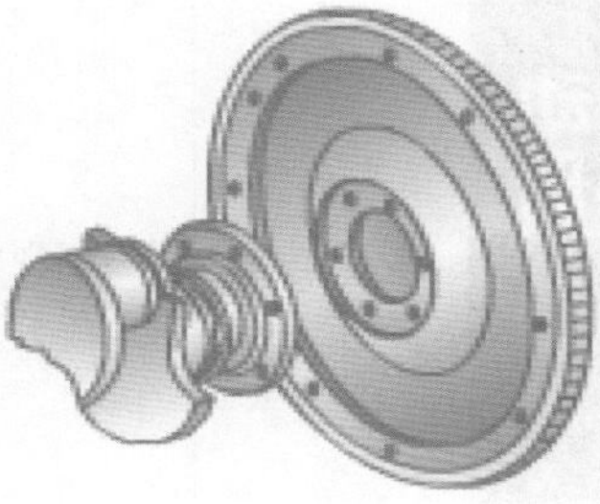

图 2.70 飞轮

飞轮

飞轮是转动惯量很大的盘形零件，其作用如同一个能量存储器。在做功行程中发动机传输给曲轴的能量，除对外输出外，还有部分能量被飞轮吸收，从而使曲轴的转速不会升高很多。在排气、进气和压缩三个行程中，飞轮将其储存的能量放出来补偿这三个行程所消耗的功，从而使曲轴转速不致降低太多。

除此之外，飞轮还有下列功用：飞轮是摩擦式离合器的主动件；在飞轮轮缘上镶嵌有供起动发动机用的飞轮齿圈；在飞轮上还刻有上止点记号，用来校准点火定时或喷油定时以及调整气门间隙。

飞轮记号：在飞轮轮缘上作有记号（刻线或销孔）供寻找压缩上止点用（四缸发动机为 1 缸或 4 缸压缩上止点；六缸发动机为 1 缸或 6 缸压缩上止点）。当飞轮上的记号与外壳上的记号对正时，正好是压缩上止点，例如奥迪 100 飞轮上有数字“0”标记。

飞轮安装：飞轮与曲轴在制造时一起进行过动平衡实验，在拆装时为了不破坏它们之间的平衡关系，飞轮与曲轴之间应有严格不变的相对位置，通常用定位销和不对称布置的螺栓来定位。

三、任务实施

（一）任务实施环境

1. 现场设备、工量具等准备（见表 2.28）

表 2.28　现场设备、工量具等准备

名称	准备演示	讲解	说明
发动机实训室		干净整洁的发动机实训室	
维修手册（北京现代维修手册）		当出现问题时，及时查阅维修手册	
工量具	常用及专用工具，油盆，软毛刷，铲刀，汽油，抹布	实训前、后对工量具进行清洁	

2. 实训注意事项

（1）检查并核对主轴承盖标记。

（2）拆卸轴承盖，由两头向中间的顺序，分两次拧松。第三次可以用快速扳手转动螺栓。

（3）取出曲轴，垂直放置于工作台上的飞轮上，不能发生磕碰。

（4）安装飞轮时，齿圈上的标记与 1 缸连杆轴颈在同一个方向上。

（二）任务实施步骤（参考活塞环拆卸）

（1）M/T: 拆卸飞轮。

（2）A/T: 拆卸驱动盘。

（3）安装发动机到发动机的机架上以便分解。

（4）拆卸正时皮带 (参考正时系统)。

（5）拆卸气缸盖 (参考气缸盖总成)。

（6）拆卸油量标尺总成 (A)。

（7）拆卸爆震传感器。

（8）拆卸油压传感器 (A)。

（9）拆卸水泵。

（10）拆卸油底壳。

（11）拆卸机油滤网。拧下 2 个螺栓 (C)，拆卸集滤器 (A) 和衬垫 (B)。

（12）拆卸连杆盖，检查油膜间隙。

（13）拆卸活塞和连杆总成。使用缸口铰刀，刮除气缸顶部所有的积炭。从气缸底部向气缸体顶部推活塞、连杆总成和上轴承。

（14）拆卸前壳。

（15）拆卸后油封壳。拧下 5 个螺栓 (B)，拆卸后油封壳 (A)。

（16）拆卸曲轴轴承盖。

（17）将曲轴 (A) 从发动机中提出来，注意不要损坏轴颈。

备注：安装根据上述步骤的逆顺序即可。

四、知识拓展

平衡轴

平衡轴的作用：让发动机工作起来更加平稳、顺畅。

平衡轴技术是一项结构简单并且非常实用的发动机技术，它可以有效减缓整车振动，提高驾驶的舒适性，平衡轴结构如图 2.71 所示。也许有的消费者会问，为什么要在部分发动机里设计这个结构？要搞明白这一问题首先我们需要弄清一件事——“发动机振动原理”。

当发动机处在工作状态时，活塞的运动速度非常快，而且速度很不均匀。当活塞位于上、下止点位置时，其速度为零，但在上、下止点中间位置时，其速度则达到最高。由于活塞在气缸内做反复的高速直线运动，因此必然会在活塞、活塞销和连杆上产生较大的惯性力。虽然连杆上的配重可以有效地平衡这些惯性力，但却只有一部分运动质量参与直线运动，另一部分参与了旋转。因而除了上、下止点位置外，其他惯性力并不能完全达到平衡状态，此时的发动机便产生了振动。

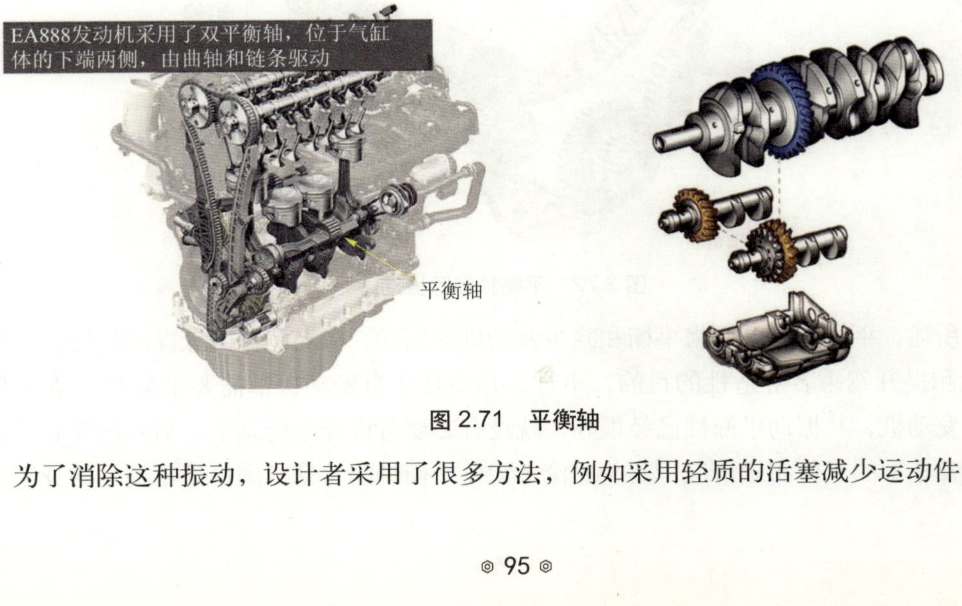

图 2.71　平衡轴

为了消除这种振动，设计者采用了很多方法，例如采用轻质的活塞减少运动件的质量、提高曲轴的刚度、采用 60℃ 夹角的 V 型发动机，等等。增加平衡轴（如图 2.66 中间位置所示部件）也是这些办法中的一种，简单来说，平衡轴其实就是一个装有偏心重块并随曲轴同步旋转的轴，利用偏心重块所产生的反向振动力，使发动机获得良好的平衡效果，降低发动机振动。

平衡轴可分为单平衡轴和双平衡轴两种。单平衡轴就是采用单一平衡轴，利用齿轮传动方式进行工作，通过曲轴旋转带动固连的平衡轴驱动齿轮、平衡轴从动齿轮以及平衡轴。单平衡轴可以平衡占整个振动比例相当大的一阶振动，使发动机的振动得到明显改善。由于单平衡轴结构简单、占用空间小，因而在单缸和小排量发动机中应用较为广泛。而双平衡轴则采用的是链传动方式带动两根平衡轴转动，其中一根平衡轴与发动机的转速相同，可以消除发动机的一阶振动；另一根平衡轴的转速是发动机转速的 2 倍，可以消除发动机的二阶振动，从而达到更加理想的减振效果。由于双平衡轴的结构较为复杂、成本高、占用发动机的空间又相对较大，因此一般在大排量汽车上较为常用。另外，还有一种双平衡轴布置方式，就是两个平衡轴与气缸中心线成角度对称布置，旋转方向相反，转速与曲轴转速相同，用以平衡发动机的一阶往复惯性力，如图 2.72 所示。

注意：当活塞每上下运动一次，将使发动机产生一上一下两次振动，所以发动机的振动频率和发动机的转速有关。在振动理论上，常使用多个谐波振动来描述发动机的振动，其中振动频率和发动机转速相同的叫一阶振动，频率是发动机转速 2 倍的叫二阶振动，依次类推，还存在三阶、四阶振动。但振动频率越高，振幅就越小，二阶以上可以忽略不计。其一阶振动占整个振动的 70%以上，是振动的主要来源。

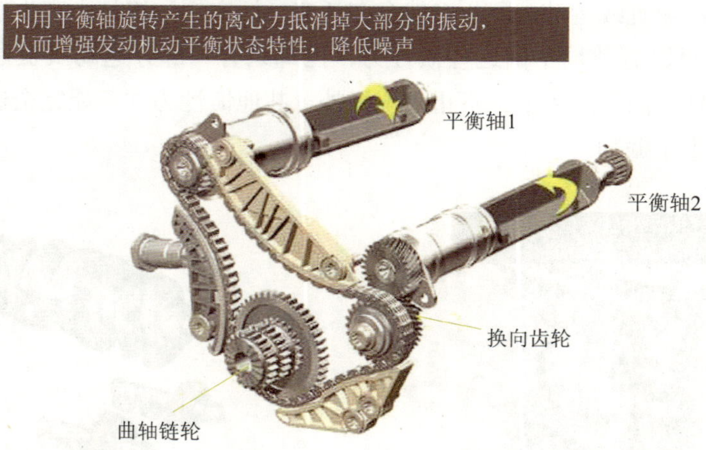

图 2.72　平衡轴消除振动

综上所述，平衡轴就是用来平衡和减少发动机的振动，从而达到降低发动机噪声、延长使用寿命和提升驾乘者舒适性的目的。不过，并不是所有发动机都需要平衡轴，像 V 型和水平对置发动机，其振动平衡性已经很好，就没有必要再设计平衡轴了；另外还要看厂家对不同品牌及车型的具体布置情况，某些理论上需要平衡轴的发动机同样见不到它的身影。

五、任务总结

掌握曲轴飞轮组各零件的作用，认识曲轴飞轮组的结构，能够正确拆装曲轴飞轮组，并能正确安装。

任务二　曲轴的检测

一、情境描述

一辆北京现代悦动轿车，车主反映车子异响。主轴承磨损、颈项间隙过大会导致车子出现粗重而发闷的“噹、噹”敲击声，发动机转速越快声音越响，负荷越大声响随之增大；反之则减小。

二、相关知识

（一）曲轴的失效形式

1. 曲轴裂纹

裂纹产生的原因：裂纹多发生在曲柄与轴颈之间的过渡圆角以及油孔处，多由应力集中引起。曲柄与轴颈过渡圆角处的裂纹是横向裂纹，危害极大，严重时会造成曲轴断裂。油孔处的裂纹为轴向裂纹，沿斜置油孔的锐边轴向发展，必要时应更换曲轴。

曲轴裂纹检查有观察法、磁力探伤法和浸油敲击法。曲轴裂纹可以通过焊接进行修复，如果裂纹严重必须更换曲轴。

2. 曲轴变形包括弯曲、扭曲变形

曲轴弯曲产生的原因：曲轴超负荷，冲击，振动，少数缸不工作或工作不平衡，受力不均匀。

曲轴弯曲变形的检查：以两端主轴颈的公共轴线为基准，检查中间主轴颈的径向圆跳动误差。检验时，将曲轴两端主轴颈分别放置在检验平板的V形块上，将百分表触头垂直抵在中间主轴颈上，慢慢转动曲轴一圈，百分表指针所指示的最大读数与最小读数之差，即为中间主轴颈的径向圆跳动误差值。

曲轴弯曲变形的校正：

（1）曲轴的径向圆跳动误差不得大于0.15mm，否则应进行校正。

（2）当曲轴弯曲变形量较大时，校正必须分步、反复多次进行，直到符合要求为止。

校正后的曲轴径向圆跳动误差不得大于0.05mm。

曲轴变形修复：

（1）当变形量不大时，可采用敲击校正法，即用锤子敲击曲柄边缘的非工作表面，使被敲击表面产生塑性残余变形，达到校正弯曲的目的。

(2) 冷压校正是将曲轴用 V 形铁架住两端主轴颈，用油压机沿曲轴弯曲相反方向加压。由于钢质曲轴的弹性作用，压弯量应为曲轴弯曲量的 10 ～ 15 倍，并保持 2 ～ 4min。为减小弹性后效作用，最好采用人工时效法消除。

曲轴扭曲变形产生的原因：某一缸活塞卡缸，活塞运动阻力过大，紧急制动，没踏下离合器，超载。

曲轴扭曲变形的检查：曲轴扭曲变形检验的方法和弯曲检验一样，将曲轴两端主轴颈分别放置于检验平板的 V 形块上，保持曲轴水平，使两端同一曲柄平面内的两个连杆轴颈位于水平位置，用百分表测量两轴颈最高点至平板的高度差 ΔA，据此求得曲轴主轴线的扭曲角 θ，即

$$\theta = \frac{360\Delta A}{2\pi R} = \frac{57\Delta A}{R}$$

式中，R 为曲轴半径。

曲轴扭曲变形的校正：曲轴扭曲变形量一般很小，若出现扭曲，可直接在曲轴磨床上结合对连杆轴颈的磨削予以修正。

3. 曲轴磨损

(1) 磨损主要发生在曲轴主轴颈和连杆轴颈的部位，且磨损是不均匀的，有一定的规律性。

(2) 主轴颈和连杆轴颈径向最大磨损部位相互对应，即各主轴颈的最大磨损部位靠近连杆轴颈一侧，连杆轴颈的最大磨损部位在主轴颈一侧。

(3) 曲轴轴颈沿轴向还有锥形磨损，与连杆轴颈油道的油流相背的一侧磨损严重。

(4) 各轴颈不同方向的磨损，导致主轴颈同轴度破坏，容易造成曲轴断裂。

曲轴磨损的检查：主要是用外径千分尺测量轴颈的直径、圆度误差和圆柱度误差。一般根据圆柱度误差确定轴颈是否需要修磨，同时也可确定修理尺寸。

主轴颈和连杆轴颈磨损后，其圆度、圆柱度误差超出标准要求时（如桑塔纳 2000 型发动机曲轴主轴颈和连杆轴颈的圆度、圆柱度误差的磨损极限为 0.02 mm），应进行曲轴的光磨修理。

（二）曲轴异响产生的原因

(1) 曲轴轴瓦与曲轴轴颈磨损，导致配合间隙过大，产生撞击声。

(2) 安装时曲轴轴瓦盖螺栓力矩没有达到规定值，出现轴颈与轴瓦的撞击声。

(3) 曲轴轴向间隙过大，产生曲轴前后窜动，使曲轴轴向定位端面与止推垫圈相互撞击而出现声响。

(4) 曲轴弯曲、折断，运转时产生撞击声。

(5) 曲轴箱内的润滑油不足或过稀，由于润滑不良而使轴瓦合金烧毁脱落而产生响声。

（三）曲轴异响判断方法

（1）在机油加注口处听察，反复改变发动机转速，突然加速或减速，若有低闷、钝哑而沉重的“镗、镗”声响，再用一字起子头抵在气缸体两侧的曲轴位置处听察，同时不断变化转速，若声响明显，则判断为曲轴声响。

（2）利用单缸断火法，听察声响若无变化，若利用相邻两缸断火法试验，声响明显减弱，则声响故障在该两缸之间。

（3）若发动机温度越高（机油黏度越低），声响越明显，且到高速时声响变为杂乱，则有可能是曲轴弯曲。

（4）当高速运转时，机体有较大的振动，车辆载重爬坡时，驾驶室有振动感，机油压力显著下降，则说明曲轴轴瓦间隙过大，合金脱落。

（5）前端轴瓦发响，第 1 缸缸盖上方有振动；后端轴瓦发响，第 6 缸缸盖上方有振动；中间轴瓦发响，第 3、4 缸缸盖上方有振动。若声频和振频一致，即可断定相应部位曲轴轴瓦发响。

（6）踩下离合器踏板，若曲轴皮带轮向前窜动且声响减轻或消失，则为曲轴轴向间隙过大而发响。

（7）在发动机后端曲轴部位，若发出一种沉闷的“嗒、嗒”敲击声，其声响有规律地随着工作循环而周期性变化，变换转速时更易发觉，在起动和停止时特别明显，即可证实是飞轮紧固螺栓松动而发出的撞击声。

（8）若发动机转速并不高，机体却振动较大，甚至有摆动摇晃现象，同时发出沉重、粗闷的“嘣、嘣”金属敲击声，则表明曲轴将要折断。

三、任务实施

（一）任务实施环境

1. 现场设备、工量具等准备（见表 2.29）

表 2.29　现场设备、工量具等准备

名称	准备演示	讲解	说明
发动机实训室		干净整洁的发动机实训室	

续表

名称	准备演示	讲解	说明
维修手册（北京现代维修手册）		当出现问题时，及时查阅维修手册	
工量具	常用及专用工具，油盆，软毛刷，铲刀，汽油，抹布，千分尺，游标卡尺，百分表及磁力表座	实训前、后对工量具进行清洁	

2. 技术要求（见表 2.30）

表 2.30　技术要求

项目	数据 /mm
曲轴弯曲变形径向圆跳动误差	0.04~0.06
曲轴轴颈圆度误差	0.01~0.012 5
曲轴轴颈圆柱度误差	0.01~0.012 5

（二）任务实施步骤

1. 曲轴的裂纹检查

曲轴裂纹的检查方法有观察法、磁力探伤法和浸油敲击法。曲轴裂纹可以通过焊接修复，如果裂纹严重必须更换曲轴。

2. 曲轴弯曲变形的检测

将曲轴放在检测平台的 V 形块上，百分表指针抵触在中间主轴颈上，转动曲轴一圈，百分表指针的摆差一般不应超过 0.04~0.06mm，如图 2.73 所示。

曲轴测量

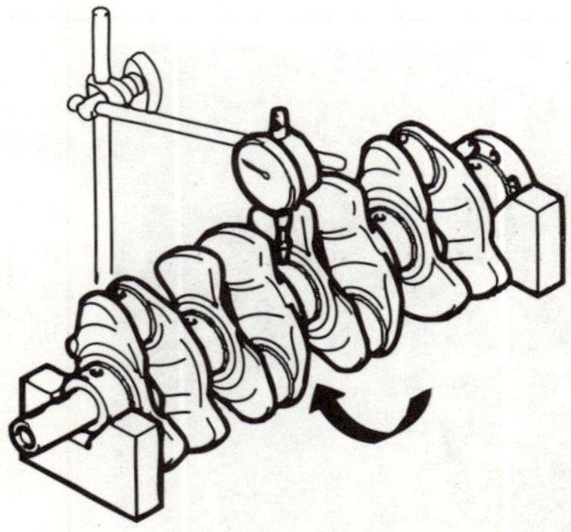

图 2.73　曲轴弯曲变形的检测

3. 曲轴磨损的检测

用外径千分尺或游标卡尺测量主轴颈及连杆轴颈的磨损量，从而计算圆度及圆柱度误差，以判别曲轴是否需要大修。

（1）根据曲轴轴颈选用适当量程的外径千分尺。

（2）依据磨损规律，用外径千分尺分别测量曲轴主轴颈和连杆轴颈的磨损量，并计算圆度、圆柱度误差。先在轴颈油孔的两侧测量，然后旋转 90° 再次测量。每一轴颈选取两个截面，每个截面大约选在轴颈长度的 1/4 处，如图 2.74 所示。

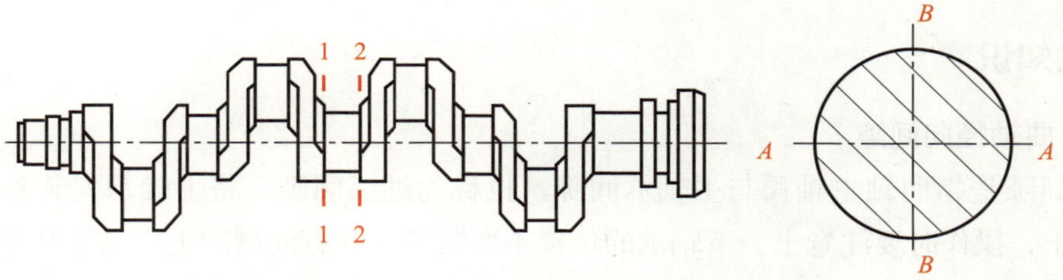

图 2.74 曲轴磨损测量

检测完成后将测量数据填入表 2.31。

表 2.31 测量数据

裂纹检查																		
曲轴弯曲圆跳动误差																		
轴颈	第一道主轴颈		第二道主轴颈		第三道主轴颈		第四道主轴颈		第五道主轴颈		第一缸连杆轴颈		第二缸连杆轴颈		第三缸连杆轴颈		第四缸连杆轴颈	
截面	1-1截面	2-2截面	1-1截面	2-2截面	1-1截面	2-2截面	1-1截面	2-2截面	1-1截面	2-2截面	1-1截面	2-2截面	1-1截面	2-2截面	1-1截面	2-2截面	1-1截面	2-2截面
A																		
B																		
圆度																		
圆柱度																		

四、任务总结

掌握曲轴裂纹、弯曲、扭曲、磨损的检测方法和步骤。了解曲轴异响的原因和诊断步骤。

任务三　曲轴径向、轴向间隙检测

一、情境描述

一辆北京现代悦动轿车，车主反映车子异响。当发动机稳定运转时，一般无声响，当发动机转速突然变化时，发出沉闷连续的“镗、镗”金属敲击声，严重时发动机发生很大振动。

二、相关知识

（一）曲轴径向间隙

径向间隙是指曲轴主轴颈与主轴承间隙，也称为油膜间隙。将主轴承安装到气缸体和主轴承盖上，操作时要注意上、下轴承的位置不要装错。开有油槽的上主轴承装在气缸上，没有油槽的下主轴承装在主轴承盖上。安装时，注意不要用手触摸主轴承的内、外表面及气缸体和主轴承盖上的轴承安装表面。将曲轴轻轻地安装到气缸体上，注意不要划伤曲轴和主轴承，切勿在曲轴主轴颈和主轴承上涂敷机油，以保证间隙的正常检查。

安装塑料间隙规，使用长度按轴承的宽度尺寸剪好后沿曲轴的轴向放置在主轴颈上，应避开油孔位置。注意：将塑料间隙规条放在径向位置时，不允许转动曲轴。按规定方向和标记装上主轴承盖，并按规定的力矩和顺序紧固主轴承盖。主轴承盖螺栓的拧紧力矩为 43 ～ 48N·m。拆下轴承盖，用塑料刻度尺测量塑料间隙规压扁的最宽处的宽度，确定主轴颈和主轴承的间隙尺寸，如图 2.75 所示。若间隙超过极限值，则应将主轴颈磨至修理尺寸，并使用相应的修理尺寸的轴承。

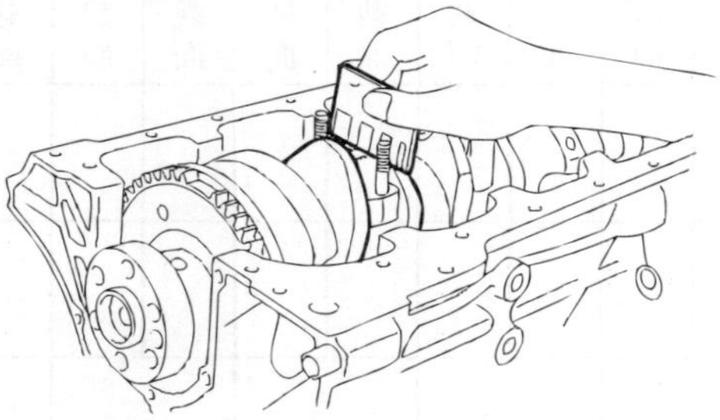

图 2.75　曲轴径向间隙测量

（二）曲轴轴向间隙

曲轴轴向间隙又称曲轴止推间隙。曲轴止推间隙的检查方法：将主轴承装在气缸体和主轴承盖上。在安装过程中，不要用手触摸主轴承的内、外表面，也不要触摸气缸体和主轴承盖上的主轴承安装表面。将曲轴止推片装到气缸体上，切勿在止推片上涂敷机油。将曲轴轻轻地放置在气缸体上，注意不要划伤曲轴和主轴承。装上主轴承盖，并按规定的力矩和顺序紧固主轴承盖，主轴承盖螺栓的拧紧力矩为 43 ～ 48N·m。

用千分表测定曲轴沿轴向（止推方向）的窜动量，如图 2.76 所示。若测定的曲轴止推间隙超过极限值，则应更换新的标准止推片或加大尺寸的止推片，以获得标准的止推间隙。

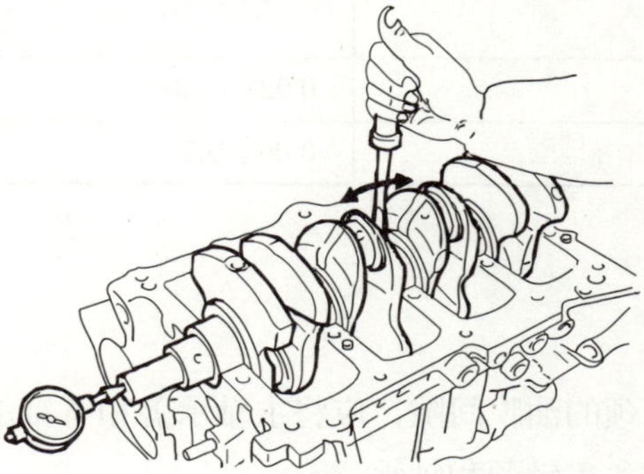

图 2.76　曲轴止推间隙的测量

三、任务实施

（一）任务实施环境

1. 现场设备、工量具等准备（见表 2.32）

表 2.32　现场设备、工量具等准备

名称	准备演示	讲解	说明
发动机实训室		干净整洁的发动机实训室	
维修手册（北京现代维修手册）		当出现问题时，及时查阅维修手册	
工量具	常用及专用工具，油盆，软毛刷，铲刀，汽油，抹布，塑料间隙规，百分表及磁力表座	实训前、后对工量具进行清洁	

2. 技术要求（见表 2.33）

表 2.33　技术要求

项目	数据 /mm
曲轴径向间隙	0.028 ~ 0.048
曲轴轴向间隙	0.06 ~ 0.26

（二）任务实施步骤

1. 曲轴径向间隙检测

(1) 为检查主轴承至轴颈的油膜间隙，应将主轴承盖和下轴承拆卸下来。

(2) 使用干净的布清洁各主轴颈和轴承。

(3) 将塑料间隙规横过各主轴颈放置。

(4) 重新安装轴承和盖，然后扭紧螺栓，力矩为 27.5 ~ 31.4N · m。

(5) 再次拆卸盖和轴承，测量塑料间隙规的最宽部分。

(6) 如果塑料间隙规太宽或太窄，则拆卸上部轴承，安装一个新的、颜色标记（选择下栏显示的颜色）相同的轴承，重新检查间隙。

(7) 如果塑料间隙规显示间隙仍然不正确，尝试使用下一个较大或较小的轴承（颜色列表如上或下)，再次检查间隙。

注意：测量时不能转动曲轴；不要为了调整间隙加工轴承盖。

2. 曲轴的轴向间隙检测

(1) 将主轴承装在气缸体和主轴承盖上。

(2) 将曲轴止推片装到气缸体上。

(3) 将曲轴轻轻地放置在气缸体上。

(4) 装上主轴承盖，并按规定的力矩和顺序紧固主轴承盖。

(5) 用千分表测定曲轴沿轴向 (止推方向) 的窜动量。

检测完成后将测量数据填入表 2.34。

表 2.34　测量数据

序号	测量项目	数据
1	曲轴径向间隙	
2	曲轴轴向间隙	

四、知识拓展

发动机曲轴材料的综合介绍

根据发动机曲轴材料的发展历史以及对各种材料的化学成分、组织、性能、加工工艺、成本价格的比较分析：其发展趋势是以球铁曲轴替代锻钢曲轴，以铸态珠光体球铁曲轴替代热处理曲轴。球铁代钢的关键是提高韧性，自行研制的QT740—3铸态珠光体球铁曲轴表明，铸态球铁性能已达到了一个新高度。另外对几种曲轴新材料进行了分析。曲轴在工作中受到不断变化的燃气压力、惯性力及力矩作用，从而在各部分产生弯曲、扭转、剪切、拉压等交变应力。曲轴的重要性及其工作状况的复杂性，要求曲轴有较高的抗拉强度、疲劳强度、表面强度、耐磨性，同时芯部要有一定的韧性。另外，应当顺应当今世界汽车材料的发展趋势，即采用轻量化材料，以减轻汽车自重、减少汽车的燃油消耗、节约石油资源、降低环境污染；选用和开发替代材料，简化零件生产工艺，降低生产成本。目前，国内普遍使用的曲轴材料主要有锻钢和球墨铸铁两类。锻钢材料一般为中碳钢和中碳低合金钢，如45钢、53钢、35CrMo、40Cr等；球墨铸铁曲轴牌号有QT600 - 3、QT700 - 2、QT800 - 2、QT900-2、QT900-5。工业强国的球墨铸铁生产比重较大。尽管我国的铸铁产量居世界第二位，但其中球墨铸铁产量所占比重(17.8%)远低于法国(48.3%)、日本(40.0%)、美国(39.4%)、英国(36.7%)、德国(35.1%)、意大利(21.6%)，也低于世界平均水平(28.2%)。因此，我国有待于加强球墨铸铁生产技术的研究，进一步拓宽球墨铸铁的应用领域，特别是在国有汽车工业的开发中，显得尤为重要。总的说来，曲轴用材料的发展趋势是：以球墨铸铁曲轴替代锻钢曲轴，以铸态珠光体球墨铸铁曲轴替代热处理曲轴。

五、任务总结

掌握曲轴轴向间隙与径向间隙的检测方法和注意事项，并能够根据维修手册做出维修判断。

任务四　飞轮检测

一、情境描述

一辆北京现代悦动轿车，车主反映车子异响，发动机不能点火并伴有异常的发动机低噪声。

二、相关知识

（一）飞轮损伤原因

飞轮未达到图纸要求的加工质量，平衡性能不良，飞轮端面轴向或圆周径向跳动量过大，使两个平面不能平整地接合，摩擦不均匀，使飞轮工作呈波浪状。

飞轮旋转时，由于离合器在分离和结合的瞬时与飞轮平面存在转速差，造成两者相对滑动，使飞轮工作表面产生磨损。飞轮平面还会因高速摩擦所产生的高温而导致局部烧蚀。

飞轮旋转时，由于承受扭矩较大，且在传递扭矩时常伴有冲击载荷，久之飞轮上的螺孔将产生损伤变形。

摩擦片磨损减薄，铆钉头超出摩擦片平面，将飞轮工作面刮伤或导致沟槽、摩擦片破损，铆钉松脱，引起飞轮平面损伤。

驾驶操作不当，或无自由行程，或离合器盘压力不足，使离合器与飞轮经常处于半离合状态，加剧了飞轮接触面的磨损。

修整飞轮工作平面

（二）飞轮的检测与维修

端面圆跳动量的检测：将百分表架在飞轮壳上，表头顶在飞轮工作面合适的部位，并将曲轴保持在消除了前、后轴向间隙的位置上（以防将曲轴旋转时产生的轴向窜动当作飞轮摆差），旋转表盘，转动飞轮一周，百分表的读数差即为端面的圆跳动量。超差时可在曲轴法兰盘端面与飞轮连接处加铜片调整，不采用机械加工方法调整。

飞轮径向圆跳动量的检测：将百分表的触头靠在飞轮光滑的内圈或外圈上，旋转表盘，转动飞轮一周，百分表的读数差即为径向跳动量。

飞轮端面的修整：端面不应有裂纹、烧伤等痕迹和挠曲变形，工作表面应平整，表面粗糙度值应较低，平面度误差超过技术要求或有沟槽可磨削修平，但修磨厚度一般不超过2mm。

飞轮齿圈的检修：常见的损伤故障是齿端磨损和断裂引起的起动困难，需检查齿圈的牙齿有无凹坑和刮伤等。一般齿圈磨损后可以翻面使用，严重磨损或断裂，应更换新齿圈。从旧车上拆修齿圈时，用氧炔焰对齿圈向发动机的一面进行加热，然后敲下齿圈。注意不能敲击飞轮。车辆大修时，齿圈需前后调换、加热压装，热装时注意加热温度要均匀，温度不得超过350℃，以避免飞轮齿圈发生退火。

飞轮固定螺栓检修，曲轴的大头法兰盘和飞轮的接合面发生偏摆或不平整，会使连接螺栓松动。另外，螺孔与螺栓间隙过大或未按规定的力矩扭紧螺栓，螺栓也会松动。检修时打开飞轮壳罩，用撬杠撬动飞轮时无明显间隙为好。

发动机大修后必须对飞轮进行动平衡检测，一般允许不平衡量不大于98g/cm。

三、任务实施

（一）任务实施环境

1. 现场设备、工量具等准备（见表2.35）

表 2.35 现场设备、工量具等准备

名称	准备演示	讲解	说明
发动机实训室		干净整洁的发动机实训室	
维修手册（北京现代维修手册）		当出现问题时，及时查阅维修手册	
工量具	常用及专用工具，油盆、软毛刷、铲刀，汽油、抹布，刀口尺，塞尺，百分表及磁力表座	实训前、后对工量具进行清洁	

2. 技术要求（见表 2.36）

表 2.36 技术要求

项目	数据 /mm
飞轮端面的圆跳动量	0.1
飞轮平面度	0.1

（二）任务实施步骤

1. 飞轮清洁准备

(1) 用铲刀铲除飞轮上的残余黏连物，并用抹布擦干净。

(2) 用细砂纸打磨铲刀无法去除的残余黏连物。

2. 飞轮端面的圆跳动量

（1）将百分表架在飞轮壳上。

（2）将百分表的表头顶在飞轮工作面合适的部位，调整百分表指针到“0”位置。

（3）旋转表盘，转动飞轮一周，百分表的读数差即为端面的圆跳动量。

3. 飞轮的平面度检测

（1）用一只手轻轻将刀刃尺的锐角靠在飞轮上平面，另一只手用塞尺内 0.01mm 的测量片向刀刃尺和飞轮上平面的缝隙中试插。

（2）如果用 0.01mm 的测量片不能或很难插入刀刃尺和飞轮上平面之间的缝隙中，则说明此测量点的变形量没有达到最大值，然后更换位置检测刀刃尺和飞轮上平面之间的其他缝隙。

（3）在测量过程中，如果用 0.1mm 的测量片插入刀刃尺和气缸体上平面之间的缝隙时有一些阻力或阻力很小，则说明此气缸体上平面的变形量达到或超过了最大限值。

检测完成后将测量数据填入表 2.37 中。

表 2.37　测量数据

项目	数据
飞轮端面圆跳动	
飞轮平面度	

四、拓展知识

飞轮的组成和材料的选取

飞轮总成 （Flywheel Assembly ）一般由飞轮、齿圈、离合器定位销、轴承等组成，部分产品轴承用花键代替。

现在随着爱车一族的不断钻研扩展，发动机飞轮已演变出许多实用的类型，如双质量减振飞轮（主要用于柴油发动机）、45 号锻钢轻质量飞轮、铝合金 T6 飞轮。轻质量飞轮主要用于赛车或被一些车辆特殊爱好者使用，安装这种飞轮以后，发动机加速快，缺点是收油门后减速也快。

材质：一般使用铸铁 HT200、HT250，球铁 QT450-10、QT600-3、QT500-7 等，国外也有用 45 号钢制作的飞轮。

灰铸铁的力学性能与基体的组织和石墨的形态有关。灰铸铁中的片状石墨对基体的割裂严重，在石墨尖角处易造成应力集中，使灰铸铁的抗拉强度、塑性和韧性远低于钢，但抗压强度与钢相当，其是常用铸铁件中力学性能最差的铸铁。同时，基体组织对灰铸铁的力学性能也有一定的影响，铁素体基体灰铸铁的石墨片粗大，强度和硬度最低，故应用较少；珠光体基体灰铸铁的石墨片细小，有较高的强度和硬度，主要用来制造较重要的铸件；铁素体—珠光体基体灰铸铁的石墨片较珠光体灰铸铁稍粗大，性能不如珠光体灰铸铁。

五、任务总结

了解飞轮常见损伤及原因。掌握飞轮检测方法及注意事项并能根据维修手册做出维修判断。

练习题

一、填空题

1. 四缸四行程发动机的做功顺序一般是____________或____________；六缸四行程发动机的做功顺序一般是____________或____________。

2. 在安装扭曲环时，应将其内圈切槽向____________，外圈切槽向____________，不能装反。

3. 曲轴按支承型式的不同分为____________和____________；按加工方法的不同分为____________和____________。

二、选择题

1. 曲轴轴向定位点采用的是（　　）。

A. 一点定位　　B. 二点定位　　C. 三点定位

2. 在直列式发动机中，全支承曲轴的主轴颈比气缸数多（　　）个。

A.1　　B.2

C.3　　D.4

3. 四行程直列六缸发动机的各缸工作顺序是（　　）。

A.1-2-3-4-5-6

B.1-5-3-6-2-4

C.6-5-4-3-2-1

4. 用于储存机油和封闭机体或曲轴箱的部件是（　　）。

A. 曲轴　　B. 油底壳　　C. 机体　　D. 气缸体

5. 直列式发动机全支承曲轴的主轴颈数等于（　　）。

A. 气缸数　　B. 气缸数的一半　　C. 气缸数的一半加 1　　D. 气缸数加 1

6. 按 1 － 2 － 4 － 3 顺序工作的发动机，当一缸压缩到上止点时，二缸活塞处于（　　）行程下止点位置。

A. 进气　　B. 压缩　　C. 做功　　D. 排气

7. 四行程六缸发动机曲轴各曲拐之间的夹角为（　　）。

A.60°　　B.90°　　C.120°　　D.180°

8. 曲轴与凸轴的传动比是（　　）。

A．1 : 1　　B．1 : 2　　C．2 : 1

9. 发动机的支承方法一般有（　　）。

A. 一点支承　　B. 两点支承　　C. 三点或四点支承

10. 四行程六缸发动机的发火间隔角为（　　）

A.60°　　B.90°　　C.120°　　D.180°

三、问答题

1. 简述曲轴飞轮组的组成和功用。

2. 飞轮的功用是什么？

模块三　配气机构

概述

目前，四行程汽车发动机都采用气门式配气机构。配气机构的功用是按照发动机的工作顺序和工作循环的要求，定时开启和关闭各缸的进、排气门，使新气进入气缸，废气从气缸排出。

进入气缸内的新气数量（或称进气量）对发动机性能的影响很大。进气量越多，发动机的有效功率和转矩越大。因此，配气机构首先要保证进气充分，进气量尽可能得多；同时，废气要排除干净，因为气缸内残留的废气越多，进气量就越少。

学习要求

能力目标	知识目标	权重
能够认知配气组各部分零件	掌握配气机构零件的作用	20%
能够熟练拆装配气机构各部分零件	掌握配气机构零件的构造	50%
能够正确测量气门组、气门传动组各部分零件	掌握配气机构零部件的特点	30%

图 3.1 所示为配气机构示意图。

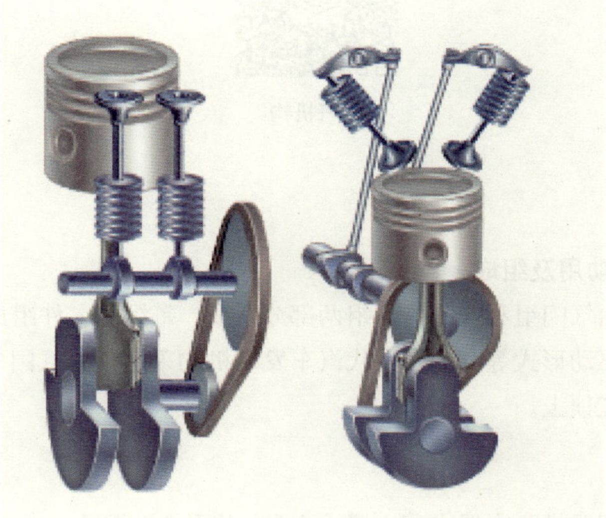

图 3.1　配气机构

项目一　配气机构的拆装与检测

能力目标	知识目标	权重
能够正确认识配气机构各部分零件	掌握配气机构的作用和构造	40%
能够熟练拆装配气机构各部分零件	掌握拆装步骤	60%

项目概述

此项目包括配气机构的功用及组成、配气定时及气门间隙、气门组、气门传动组等。重点掌握拆装流程以及检测内容。

一、情境描述

一辆北京现代悦动轿车，发动机怠速时，气缸盖罩内发出有节奏的“嗒嗒嗒”的响声。发动机转速升高，响声增大。当发动机温度发生变化或做断火试验时，响声不变。

配气机构

二、相关知识

（一）配气机构的功用及组成

气门式配气机构由气门组和气门传动组两部分组成，每组的零件组成则与气门的位置、凸轮轴的位置和气门驱动形式等有关。现代汽车发动机均采用顶置气门，即进、排气门置于气缸盖内，倒挂在气缸顶上。

1. 凸轮轴的位置

凸轮轴的位置有下置式、中置式和上置式 3 种，如图 3.2 所示。

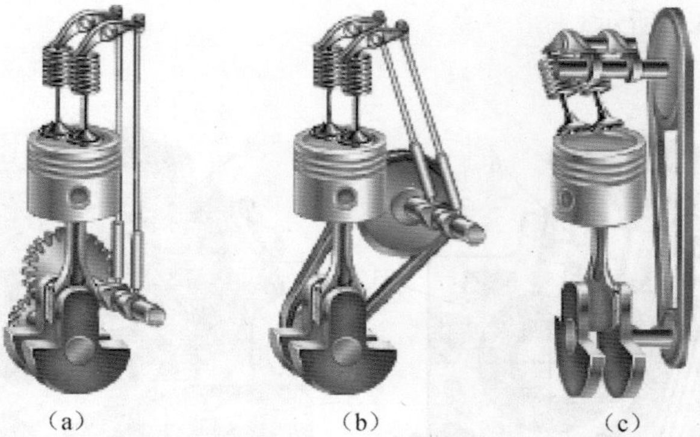

图 3.2 凸轮轴位置

(a) 凸轮轴下置；(b) 凸轮轴中置；(c) 凸轮轴上置

1) 凸轮轴下置式配气机构

凸轮轴置于曲轴箱内的配气机构称为凸轮轴下置式配气机构。

凸轮轴下置式配气机构中气门组零件包括气门、气门座圈、气门导管、气门弹簧、气门弹簧座和气门锁夹等；气门传动组零件则包括凸轮轴、挺柱、推杆、摇臂、摇臂轴、摇臂轴座和气门间隙调整螺钉等。

下置凸轮轴由曲轴定时齿轮驱动。发动机工作时，曲轴通过定时齿轮驱动凸轮轴旋转。当凸轮的上升段顶起挺柱时，推杆和气门间隙调整螺钉推动摇臂绕摇臂轴摆动，压缩气门弹簧使气门开启。当凸轮的下降段与挺柱接触时，气门在气门弹簧力的作用下逐渐关闭。

四行程发动机每完成一个工作循环，每个气缸进、排气一次。这时曲轴转两周，而凸轮轴只旋转一周，所以曲轴与凸轮轴的转速比或传动比为 2 ： 1。

2) 凸轮轴中置式配气机构

凸轮轴置于机体上部的配气机构称为凸轮轴中置式配气机构。

与凸轮轴下置式配气机构的组成相比，减少了推杆，从而减轻了配气机构的往复运动质量，增大了机构的刚度，更适用于较高转速的发动机。

有些凸轮轴中置式配气机构的组成与凸轮轴下置式配气机构没有什么区别，只是推杆较短而已，如 YC6105Q、6110A、依维柯 8210.22S 和福特 2.5ID 等发动机都是这种机构。

3) 凸轮轴上置式配气机构

凸轮轴置于气缸盖上的配气机构称为凸轮轴上置式配气机构 (OHC)。其主要优点是运动件少，传动链短，整个机构的刚度大，适合于高速发动机。由于气门排列和气门驱动形式的不同，凸轮轴上置式配气机构有多种结构形式。

2. 气门驱动形式

气门的驱动形式主要包括摇臂驱动、摆臂驱动和直接驱动三种类型。

1) 摇臂驱动单凸轮轴上置式配气机构

凸轮轴推动液力挺柱，液力挺柱推动摇臂，摇臂再驱动气门；或凸轮轴直接驱动摇臂，摇臂驱动气门。如图 3.3 所示。

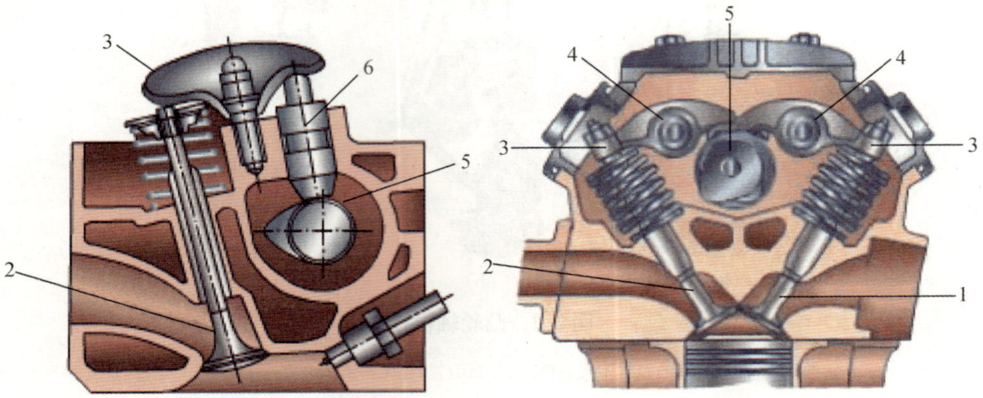

(a)　　(b)

图 3.3　摇臂驱动单凸轮轴上置式配气机构

1—进气门；2—排气门；3—摇臂；4—摇臂轴；5—凸轮轴；6—液力挺柱

2) 摆臂驱动凸轮轴上置式配气机构

由于摆臂驱动气门的配气机构比摇臂驱动式刚度更好，更有利于高速发动机，因此在轿车发动机上的应用比较广泛，如 CA4883、SH680Q、克莱斯勒 A452、奔驰 QM615、奔驰 M115 等发动机均采用摆臂驱动凸轮轴单上置式 (SOHC) 配气机构；而本田 B20A、尼桑 VH45DE、三菱 3G81、富士 EJ20 等发动机都是摆臂驱动凸轮轴双上置式 (DOHC) 配气机构，如图 3.4 所示。

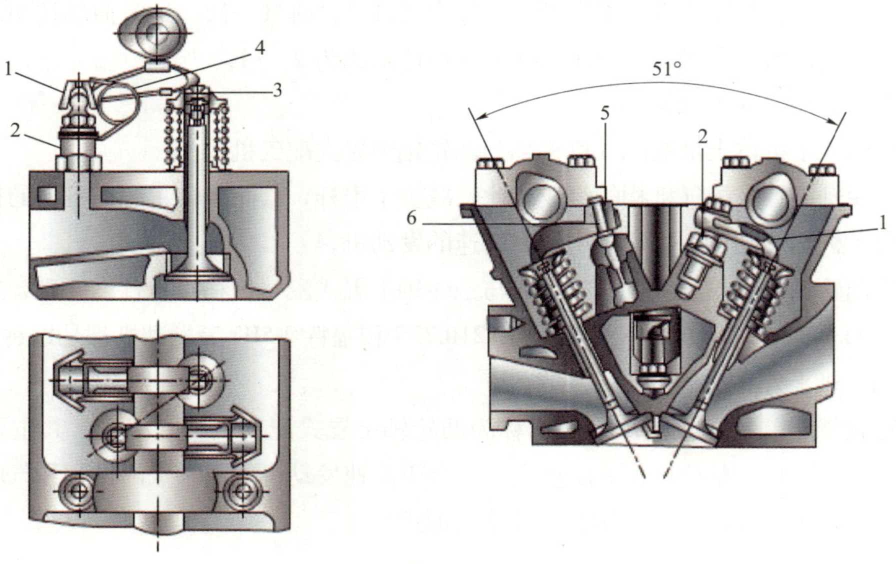

(a)　　(b)

图 3.4　摆臂驱动凸轮轴上置式配气机构

(a) 单上置式 (SOHC)；(b) 双上置式 (DOHC)

1—摆臂；2—摆臂支座；3—气门间隙调整块；4—弹簧扣；5—锁紧螺母；6—气门间隙调整螺钉

3) 直接驱动凸轮轴上置式配气机构

在直接驱动凸轮轴上置式配气机构中，凸轮通过吊杯形机械挺柱驱动气门，或通过吊杯形液力挺柱驱动气门。与上述各种形式的配气机构相比，直接驱动式配气机构的刚度最大，驱动气门的能量损失最小。因此，在高度强化的轿车发动机上得到了广泛的应用，如奥迪、捷达、桑塔纳、马自达 6、欧宝 V6、奔驰 320E，还有依维柯 8140.01、8140.21 等均采用直接驱动凸轮轴上置式配气机构，如图 3.5 所示。

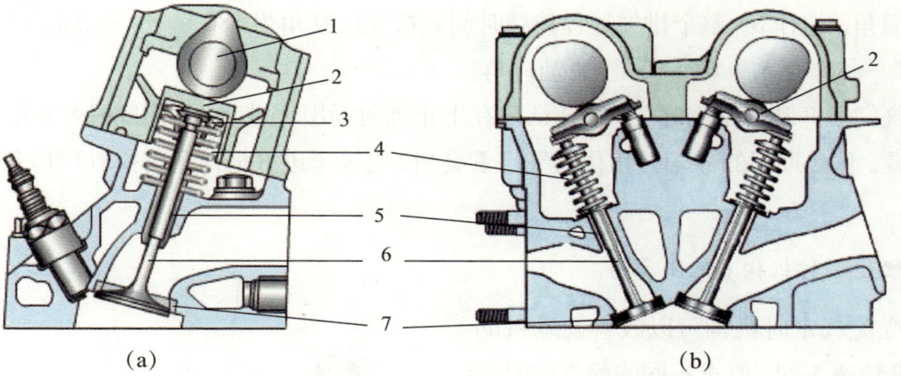

图 3.5 直接驱动凸轮轴上置式配气机构

(a) 单上置式 (SOHC)；(b) 双上置式 (DOHC)

1—凸轮轴；2—吊杯形机械挺柱；3—气门弹簧座；4—气门弹簧；5—气门导管；6—气门；7—气门座圈

(二) 配气定时及气门间隙

1. 配气定时（配气相位）

以曲轴转角表示的进、排气门开闭时刻及其开启的持续时间称为配气定时，如图 3.6 所示。

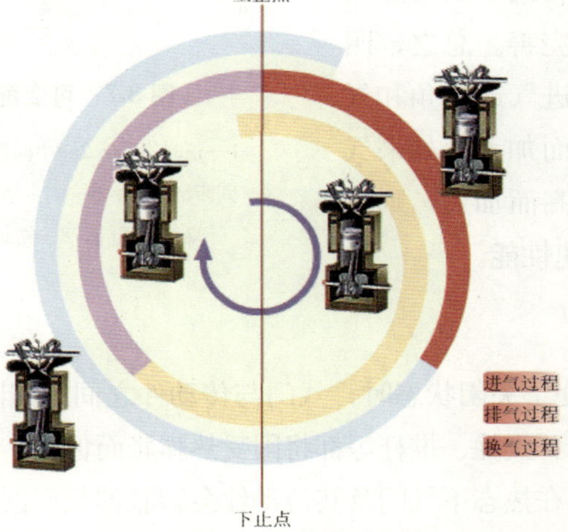

图 3.6 配气定时

配气相位

进气门在进气行程上止点之前开启谓之早开。从进气门开到上止点，曲轴所转过的角度称为进气提前角，记作 α。进气门在进气行程下止点之后关闭谓之晚关。从进气行程下止点到进气门关闭，曲轴转过的角度称作进气迟后角，记作 β。整个进气过程持续的时间或进气持续角为 $180° + \alpha + \beta$ 曲轴转角，一般 $\alpha = 0° \sim 30°$、$\beta = 30° \sim 80°$ 曲轴转角。

排气门在做功行程结束之前，即在做功行程下止点之前开启，谓之排气门早开。从排气门开启到下止点，曲轴转过的角度称作排气提前角，记作 γ。排气门在排气行程结束之后，即在排气行程上止点之后关闭，谓之排气门晚关。从上止点到排气门关闭，曲轴转过的角度称作排气迟后角，记作 δ。整个排气过程持续时间或排气持续角为 $180° + \gamma + \delta$ 曲轴转角，一般 $\gamma = 40° \sim 80°$、$\delta = 0° \sim 30°$ 曲轴转角。

由于进气门早开和排气门晚关，致使活塞在上止点附近出现进、排气门同时开启的现象，称为气门重叠。重叠期间的曲轴转角称为气门重叠角，它等于进气提前角与排气迟后角之和，即 $\alpha + \delta$。

2. 可变配气定时机构(见图 3.7)

采用可变配气定时机构可以改善发动机的性能。发动机转速不同，要求不同的配气定时。这是因为当发动机转速改变时，由于进气流速和强制排气时期的废气流速也随之改变，因此在气门晚关期间利用气流惯性增加进气和促进排气的效果将会不同。例如，当发动机在低速运转时，气流惯性小，若此时配气定时保持不变，则部分进气将被活塞推出气缸，使进气量减少，气缸内残余废气将会增多。当发动机在高速运转时，气流惯性大，若此时增大进气迟后角和气门重叠角，则会增加进气量和减少残余废气量，使发动机的换气过程臻于完善。总之，四行程发动机的配气定时应该是进气迟后角和气门重叠角随发动机转速的升高而加大。如果气门升程也能随发动机转速的升高而加大，则将更有利于获得良好的发动机高速性能。

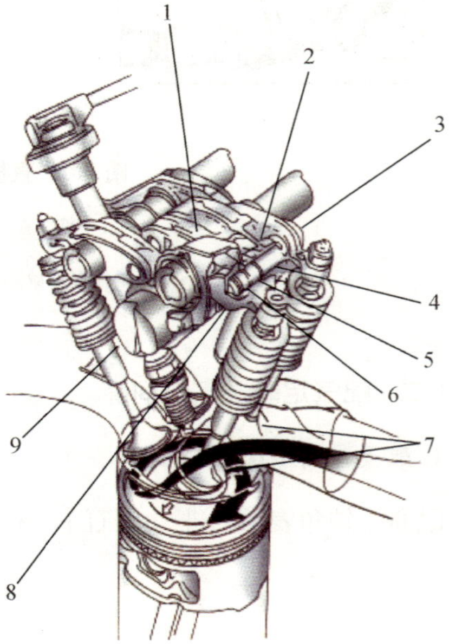

图 3.7 可变配气定时机构

1—正时卡板；2—中间摇臂；3—次级摇臂；4—同步活塞 B；5—同步活塞 A；6—正时活塞 B；7—进气门；8—初级摇臂；9 凸轮轴

3. 气门间隙(见图 3.8)

在冷态下，当发动机气门处于关闭状态时，气门与传动件之间的间隙称为气门间隙。发动机工作时，气门及其传动件，如挺柱、推杆等都将因受热膨胀而伸长。如果气门与其传动件之间，在冷态时不预留间隙，则在热态下气门及其传动件会膨胀伸长而顶开气门，破坏气门与气门座之间的密封，造成气缸漏气，从而使发动机功率下降、起动困难，甚至不能正常工作。

为此，在装配发动机时，在气门与其传动件之间需预留适当的间隙，即气门间隙。气门间隙既不能过大，也不能过小。间隙过小，不能完全消除上述弊病；间隙过大，在气门与气门座以及各传动件之间将产生撞击和响声。最适当的气门间隙由发动机制造厂根据试验确定。

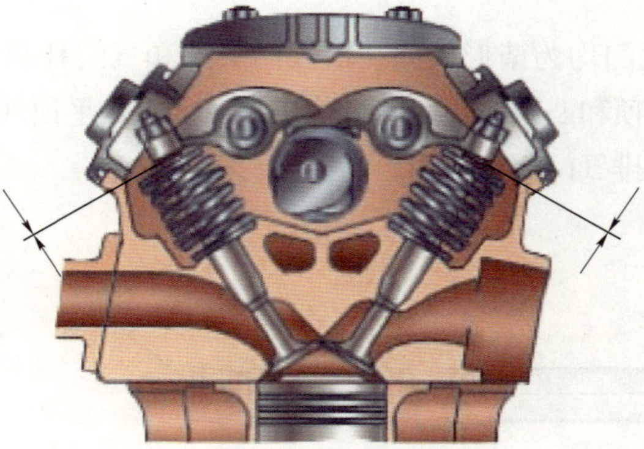

图 3.8　气门间隙

调气门间隙

（三）气门组

气门组的基本组成如图 3.9 所示。

1. 气门

1) 气门的工作条件

气门的工作条件非常恶劣。首先，气门直接与高温燃气接触，受热严重，而散热困难，因此温度很高。其次，气门承受气体力和气门弹簧力的作用，且气门落座时会受到配气机构运动件的惯性力的冲击。最后，气门在润滑条件很差的情况下以极高的速度启闭，并在气门导管内做高速往复运动。此外，气门由于与高温燃气中有腐蚀性的气体接触而受到腐蚀。

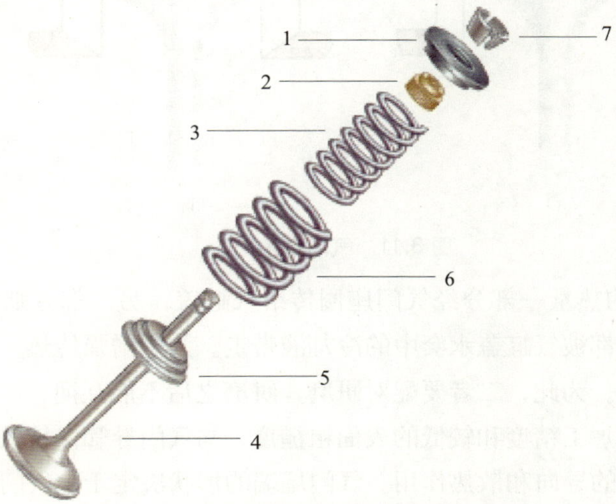

图 3.9　气门组的基本组成

1—上气门弹簧座；2—气门油封；3—内气门弹簧；4—气门；5—下气门弹簧座；6—外气门弹簧；7—气门锁夹

2) 气门材料

进气门一般用中碳合金钢制造，如铬钢、铬钼钢和镍铬钢等。排气门则采用耐热合金钢制造，如硅铬钢、硅铬钼钢和硅铬锰钢等。

3) 气门构造

汽车发动机的进、排气门均为菌形气门，由气门头部和气门杆两部分构成，如图 3.10 所示。气门顶面有平顶、凹顶和凸顶等形状。目前应用最多的是平顶气门，其结构简单，制造方便，受热面积小，进、排气门都可采用。

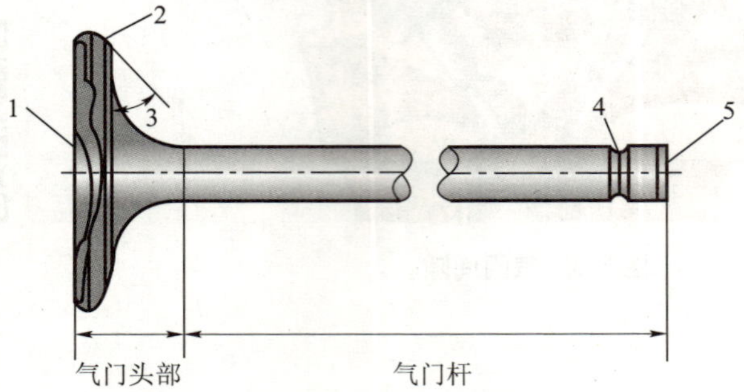

图 3.10 气门构造

1—气门顶面；2—气门锥面；3—气门锥角；4—气门锁夹槽；5—气门尾断面

气门

气门与气门座或气门座圈之间靠锥面密封。气门锥面与气门顶面之间的夹角称为气门锥角，如图 3.11 所示。进、排气门的气门锥角一般均为 45°，只有少数发动机的进气门锥角为 30°。

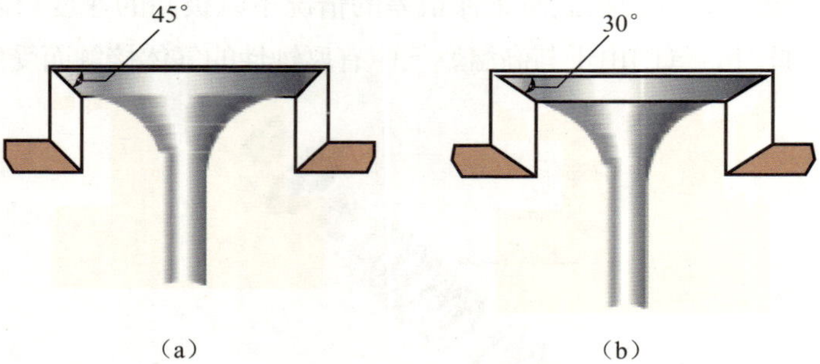

图 3.11 气门锥角

气门锥角

气门头部接收 的热量一部分经气门座圈传给气缸盖；另一部分则通过气门杆和气门导管传给气缸盖，最终都被气缸盖水套中的冷却液带走。为了增强传热，气门与气门座圈的密封锥面必须严密贴合。为此，二者要配对研磨，研磨之后不能互换。

气门杆有较高的加工精度和较低的表面粗糙度，与气门导管保持较小的配合间隙，以减小磨损，并起到良好的导向和散热作用。气门尾端的形状决定于上气门弹簧座的固定方式。采用剖分成两半且外表面为锥面的气门锁夹来固定上气门弹簧座，结构简单，工作可靠，拆装方便，因此得到了广泛的应用。气门锁夹内表面有多种形状，相应地气门尾端也有各种不同形状的气门锁夹槽，如图 3.12 所示。

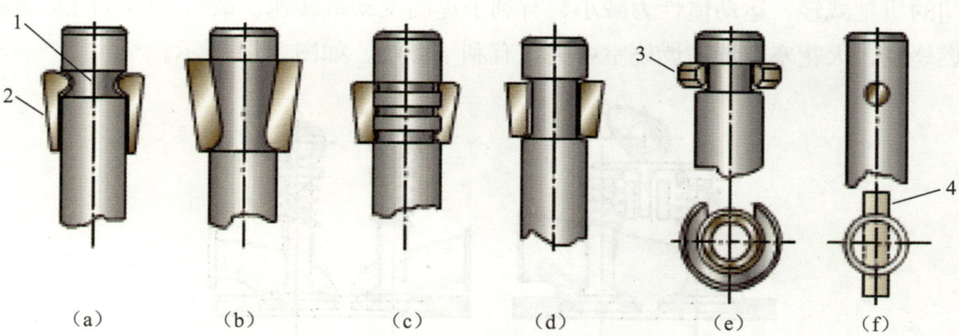

图 3.12 气门尾端形状

1—气门尾端；2—气门锁夹；3—卡块；4—圆柱销

在某些高度强化的发动机上采用中空气门杆的气门，如图 3.13 所示，旨在减轻气门质量和减小气门运动的惯性力。为了降低排气门的温度，增强排气门的散热能力，在许多汽车发动机上采用钠冷却气门。这种气门是在中空的气门杆中填入一半金属钠，因为钠的熔点是 97.8℃，沸点为 880℃，所以在气门工作时，钠变成液体，在气门杆内上下激烈地晃动，不断地从气门头部吸收热量并传给气门杆，再经气门导管传给气缸盖，使气门头部得到冷却。

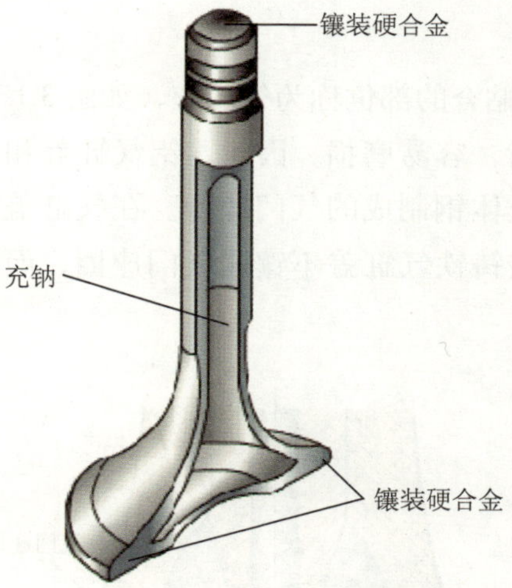

图 3.13 充钠排气门

4) 每缸气门数

一般发动机每个气缸有两个气门，即一个进气门和一个排气门。进气门头部直径比排气门大 15% ~ 30%，目的是增大进气门的通过断面面积，减小进气阻力，增加进气量。凡是进气门和排气门数量相同时，进气门头部直径总比排气门大。每缸两气门的发动机又称两气门发动机。现代高性能汽车发动机普遍采用每缸三、四、五个气门，其中尤以四气门发动机为数最多。

四气门发动机每缸两个进气门、两个排气门，使气门通过断面面积大，进、排气充分，进气量增加，发动机的转矩和功率提高。其次是每缸四个气门，每个气门的头部直径较小，每个气门的质量减轻，运动惯性力减小，有利于提高发动机转速。最后，四气门发动机多采用篷形燃烧室，火花塞布置在燃烧室中央，有利于燃烧。如图 3.14 所示。

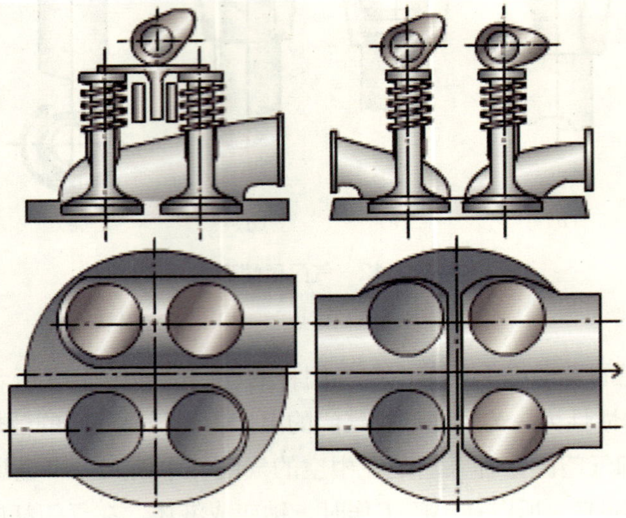

图 3.14　四气门发动机

2. 气门座与气门座圈

气缸盖上与气门锥面相贴合的部位称为气门座，如图 3.15 所示。气门座的温度很高，又承受频率极高的冲击载荷，容易磨损。因此，铝气缸盖和大多数铸铁气缸盖均镶嵌由合金铸铁或粉末冶金或奥氏体钢制成的气门座圈。在气缸盖上镶嵌气门座圈可以延长气缸盖的使用寿命。也有一些铸铁气缸盖不镶嵌气门座圈，而是直接在气缸盖上加工出气门座。

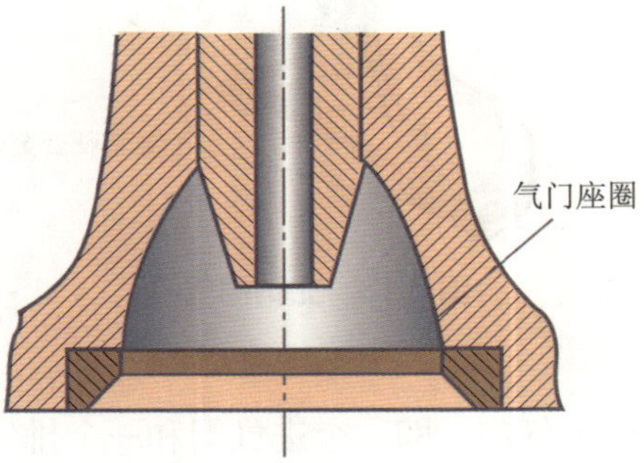

图 3.15　气门座

3. 气门导管

气门导管的功用是对气门的运动导向，保证气门做直线往复运动，使气门与气门座或气门座圈能正确贴合，如图 3.16 所示。此外，气门导管还可将气门杆接收的热量部分地传给气缸盖。气门导管的工作温度较高，而且润滑条件较差，靠配气机构工作时飞溅起来的机油来润滑气门杆和气门导管孔。气门导管由灰铸铁、球墨铸铁或铁基粉末冶金制造。在以一定的过盈将气门导管压入气缸盖上的气门导管座孔之后，再精铰气门导管孔，以保证气门导管与气门杆的正确配合间隙。

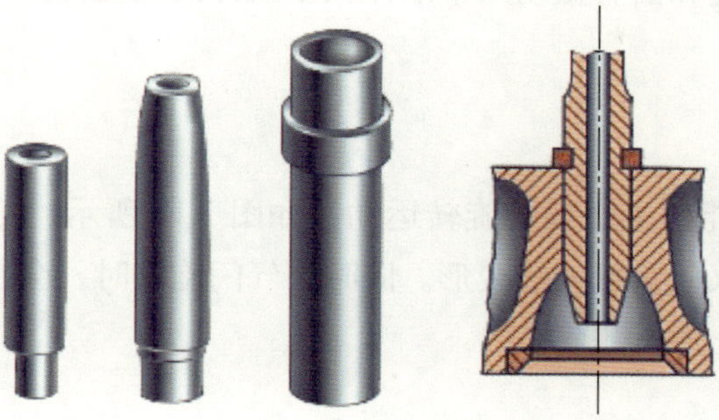

图 3.16　气门导管

4. 气门弹簧

气门弹簧的功用是保证气门关闭时能紧密地与气门座或气门座圈贴合，并克服在气门开启时配气机构产生的惯性力，使传动件始终受凸轮控制而不相互脱离，如图 3.17 所示。

气门弹簧一般为等螺距圆柱形螺旋弹簧。当气门弹簧的工作频率与其固有的振动频率相等或为整数倍时，气门弹簧就会发生共振。共振时将使配气定时遭到破坏，使气门发生反跳和冲击，甚至使弹簧折断。为防止共振的发生，可采取下列结构措施：

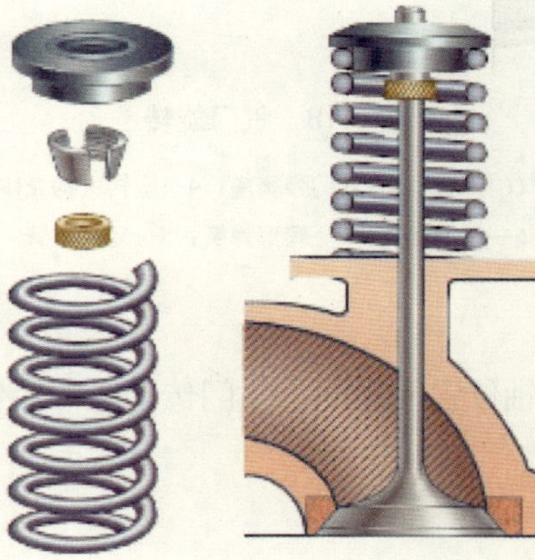

图 3.17　气门弹簧

气门弹簧

1) 采用双气门弹簧

在柴油机和高性能汽油机上广泛采用每个气门安装两个直径不同、旋向相反的内、外弹簧。由于两个弹簧的固有频率不同，当一个弹簧发生共振时，另一个弹簧能起到阻尼减振作用。采用双气门弹簧可以减小气门弹簧的高度，而且当一个弹簧折断时，另一个弹簧仍可维持气门工作。弹簧旋向相反，可以防止折断的弹簧圈卡入另一个弹簧圈内使其不能工作或损坏。

2) 采用变螺距气门弹簧

某些高性能汽油机采用变螺距单气门弹簧。变螺距弹簧的固有频率不是定值，从而可以避开共振。

3) 采用锥形气门弹簧

锥形气门弹簧的刚度和固有振动频率沿弹簧轴线方向是变化的，因此可以消除发生共振的可能性。

5. 气门旋转机构

当气门工作时，如能产生缓慢的旋转运动，如图 3.18 所示，可使气门头部周向温度分布比较均匀，从而减小气门头部的热变形。同时，气门旋转时，会在密封锥面上产生轻微的摩擦力，能够清除锥面上的沉积物。

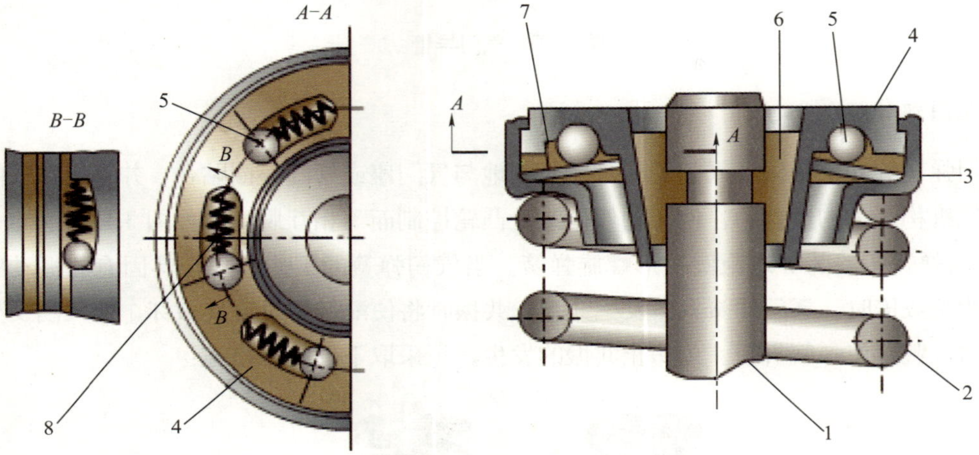

图 3.18　气门旋转

1—气门；2—气门弹簧；3—气门弹簧座；4—旋转机构壳体；5—钢球；
6—气门锁夹；7—蝶形弹簧；8—复位弹簧

（四）气门传动组

由于气门驱动形式和凸轮轴位置的不同，气门传动组的零件组成差别很大。

1. 凸轮轴

1) 凸轮轴工作条件及材料

凸轮轴承受周期性的冲击载荷。凸轮与挺柱之间的接触应力很大，相对滑动速度也很高，因此，凸轮工作表面的磨损比较严重。

凸轮轴

2) 凸轮轴构造

凸轮轴是通过凸轮轴轴颈支承在凸轮轴轴承孔内的，因此凸轮轴轴颈数目的多少是影响凸轮轴支承刚度的重要因素。如果凸轮轴刚度不足，工作时将发生弯曲变形，这会影响配气定时。下置式凸轮轴每隔 1 ～ 2 个气缸设置一个凸轮轴轴颈，如图 3.19 所示。

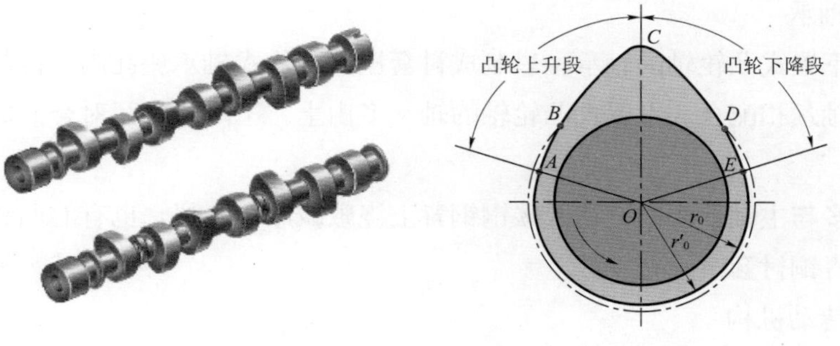

（a）　　（b）

图 3.19　凸轮轴构造

(a) 下置式凸轮轴；(b) 凸轮轮廓

进、排气门开启和关闭的时刻、持续时间以及开闭的速度等分别由凸轮轴上的进、排气凸轮控制。转速较低的发动机，其凸轮轮廓由几段圆弧组成，这种凸轮称为圆弧凸轮。高转速发动机则采用函数凸轮，其轮廓由某种函数曲线构成。O 点为凸轮轴回转中心，凸轮轮廓上的 AB 段和 DE 段为缓冲段，BCD 段为工作段。挺柱在 A 点开始升起，在 E 点停止运动，凸轮转到 AB 段内某一点处，气门间隙消除，气门开始开启。此后随着凸轮继续转动，气门逐渐开大，至 C 点气门开度达到最大。再后气门逐渐关闭，在 DE 段内某一点处气门完全关闭，接着气门间隙恢复。气门最迟在 B 点开始开启，最早在 D 点完全关闭。由于气门开始开启和关闭落座时均在凸轮升程变化缓慢的缓冲段内，其运动速度较小，从而可以防止强烈的冲击。

凸轮轴上各同名凸轮（各进气凸轮或各排气凸轮）的相对角位置与凸轮轴旋转方向、发动机工作顺序及气缸数或做功间隔角有关。如果从发动机风扇端看凸轮轴逆时针方向旋转，则工作顺序为 1-3-4-2 的四缸发动机其做功间隔角为 720°／4 ＝ 180° 曲轴转角，相当于 90° 凸轮轴转角，即各同名凸轮间的夹角为 90°。对于工作顺序为 1-5-3-6-2-4 的六缸发动机，其同名凸轮间的夹角为 60°。同一气缸进、排气凸轮的相对角位置即异名凸轮相对角位置，取决于配气定时及凸轮轴的旋转方向，如图 3.20 所示。

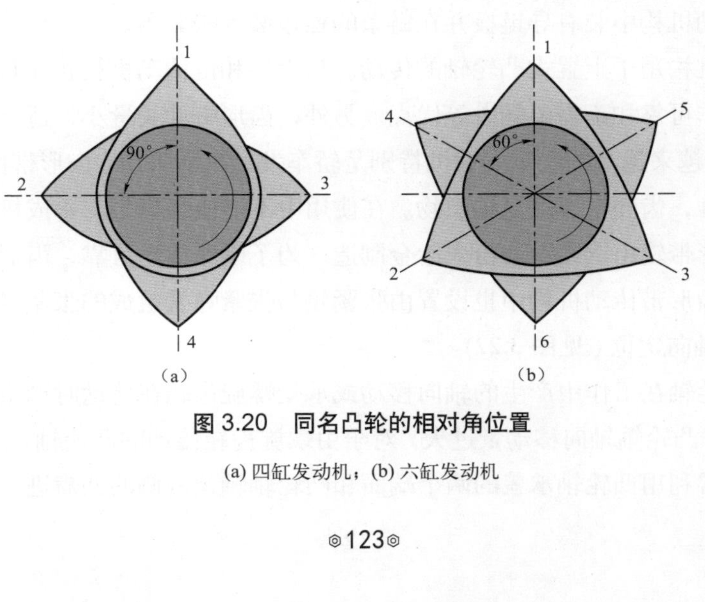

（a）　　（b）

图 3.20　同名凸轮的相对角位置

(a) 四缸发动机；(b) 六缸发动机

3) 凸轮轴轴承

中置式和下置式凸轮轴的轴承一般制成衬套压入整体式轴承座孔内，再加工轴承内孔，使其与凸轮轴轴颈相配合。上置式凸轮轴的轴承多由上、下两片轴瓦对合而成，装入剖分式轴承座孔内。

轴承材料多与主轴承相同，在低碳钢钢背上浇敷减摩合金层，也有的凸轮轴轴承采用粉末冶金衬套或青铜衬套。

4) 凸轮轴传动机构

凸轮轴由曲轴驱动，其传动方式有齿轮式、链条式及齿形带式，如图 3.21 所示。齿轮传动机构用于下置式和中置式凸轮轴的传动。汽油机一般只用一对定时齿轮，即曲轴定时齿轮和凸轮轴定时齿轮。柴油机需要同时驱动喷油泵，所以增加一个中间齿轮。为了保证齿轮啮合平顺、噪声低、磨损小，定时齿轮都是圆柱螺旋齿轮，并用不同的材料制造。曲轴定时齿轮用中碳钢制造，凸轮轴定时齿轮则采用铸铁或夹布胶木。为了保证正确的配气定时和喷油定时，在传动齿轮上刻有定时记号，装配时必须对正记号。

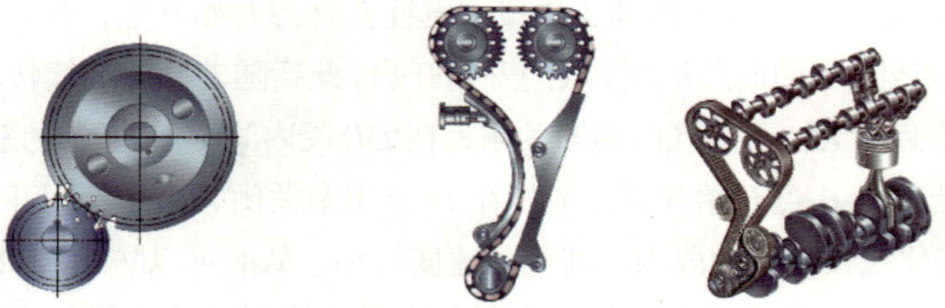

(a)　(b)　(c)

图 3.21　凸轮轴传动方式

(a) 齿轮传动机构；(b) 链传动机构；(c) 齿形带传动机构

链传动机构用于中置式和上置式凸轮轴的传动，尤其是上置式凸轮轴的高速汽油机采用链传动机构的很多。链条一般为滚子链，工作时应保持一定的张紧度，不使其产生振动和噪声。为此在链传动机构中装有导链板并在链条的松边装置张紧器。

齿形带传动机构用于上置式凸轮轴的传动。与齿轮和链传动机构相比具有噪声小、质量轻、成本低、工作可靠和不需要润滑等优点。另外，齿形带伸长量小，适合有精确定时要求的传动。因此，被越来越多的汽车发动机特别是轿车发动机所采用。齿形带由氯丁橡胶制成，中间夹有玻璃纤维，齿面粘覆尼龙编织物。在使用中不能使齿形带与水或机油接触，否则容易引起跳齿。齿形带轮由钢或铁基粉末冶金制造。为了确保传动可靠，齿形带需保持一定的张紧力，为此在齿形带传动机构中也设置由张紧轮与张紧弹簧组成的张紧器。

5) 凸轮轴的轴向定位 (见图 3.22)

为了限制凸轮轴在工作中产生的轴向移动或承受螺旋齿轮在传动时产生的轴向力，凸轮轴需要轴向定位。凸轮轴轴向移动量过大，对于由螺旋齿轮传动的凸轮轴，会影响配气定时。上置式凸轮轴通常利用凸轮轴承盖的两个端面和凸轮轴轴颈两侧的凸肩进行轴向定位；中、下置式凸轮轴的轴向定位通常采用止推板，止推板用螺栓固定在机体前端面上；第三种轴向定位的方法是采用止推螺钉定位。

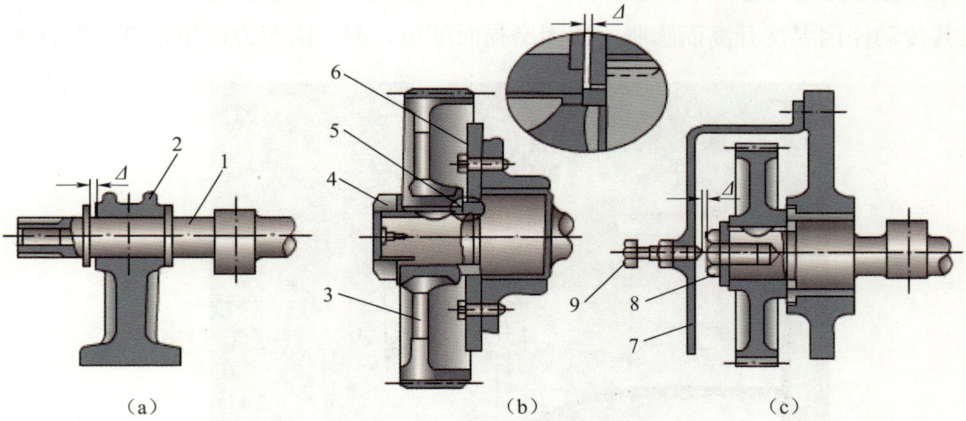

图 3.22 凸轮轴的轴向定位

1—凸轮轴；2—凸轮轴承盖；3—凸轮轴定时齿轮；4—螺母；5—调整环；6—止推板；7—定时传动室盖；8—螺栓；9—止推螺母

2. 挺柱

1) 挺柱的功用、材料及分类

挺柱是凸轮的从动件，其功用是将来自凸轮的运动和作用力传给推杆或气门，同时还承受凸轮所施加的侧向力，并将其传给机体或气缸盖。制造挺柱的材料有碳钢、合金钢、镍铬合金铸铁和冷激合金铸铁等。挺柱可分为机械挺柱和液力挺柱两大类，每一类中又有平面挺柱和滚子挺柱等多种结构形式。

2) 机械挺柱

机械挺柱的结构结构简单，质量轻，在中、小型发动机中应用比较广泛，如图 3.23 所示。挺柱上推杆球面支座的半径比推杆球头半径略大，以便在两者中间形成楔形油膜来润滑推杆球头和挺柱上的球面支座。

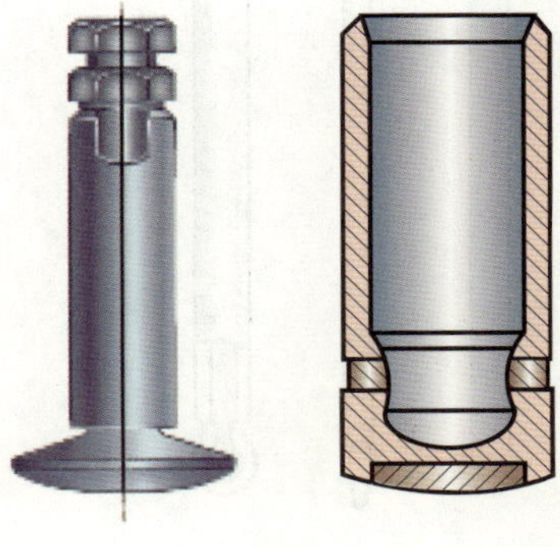

图 3.23 机械挺柱

机械挺柱

3) 液力挺柱

在配气机构中预留气门间隙将使发动机工作时配气机构产生撞击和噪声，为了消除这一弊端，有些发动机尤其是轿车发动机常采用液力挺柱，借以实现零气门间隙，如图 3.24 所示。气门及其传动件因温度升高而膨胀，或因磨损而缩短，都会由液力作用来自行调整或补偿。

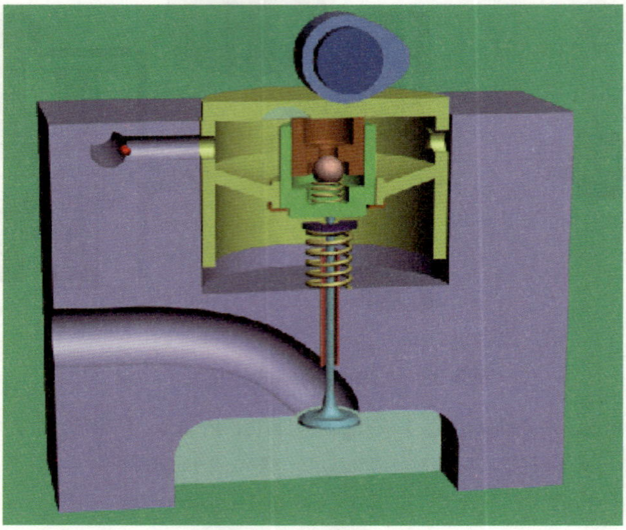

图 3.24　液力挺柱

液压挺柱

3. 推杆

推杆处于挺柱和摇臂之间，其功用是将挺柱传来的运动和作用力传给摇臂。在凸轮轴下置式的配气机构中，推杆是一个细长杆件，且其传递的力很大，所以极易弯曲，如图 3.25 所示。因此，要求推杆有较好的纵向稳定性和较大的刚度。推杆一般用冷拔无缝钢管制造，两端焊上球头和球座。也可以用中碳钢制成实心推杆，这时两端的球头或球座与推杆锻成一个整体。

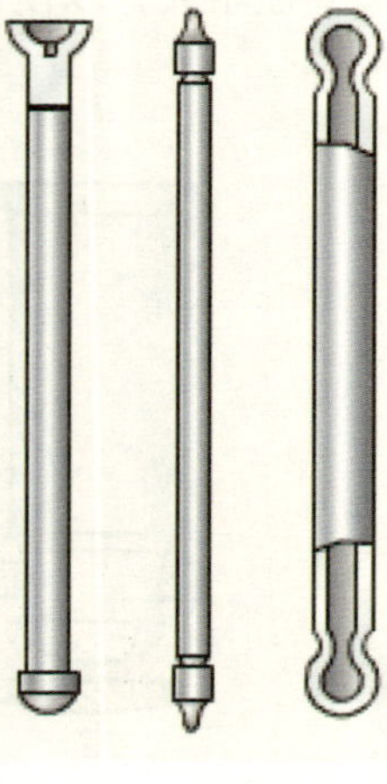

图 3.25　推杆

4. 摇臂

摇臂的功用是将推杆与凸轮传来的运动和作用力，改变方向后传给气门使其开启。摇臂在摆动过程中承受很大的弯矩，因此应有足够的强度和刚度以及较小的质量。摇臂由锻钢、可锻铸球、球墨铸铁或铝合金制造。摇臂是一个双臂杠杆，以摇臂轴为支点，两臂不等长，短臂端加工有螺纹孔，用来拧入气门间隙调整螺钉；长臂端加工成圆弧面，是推动气门的工作面。如图 3.26 所示。

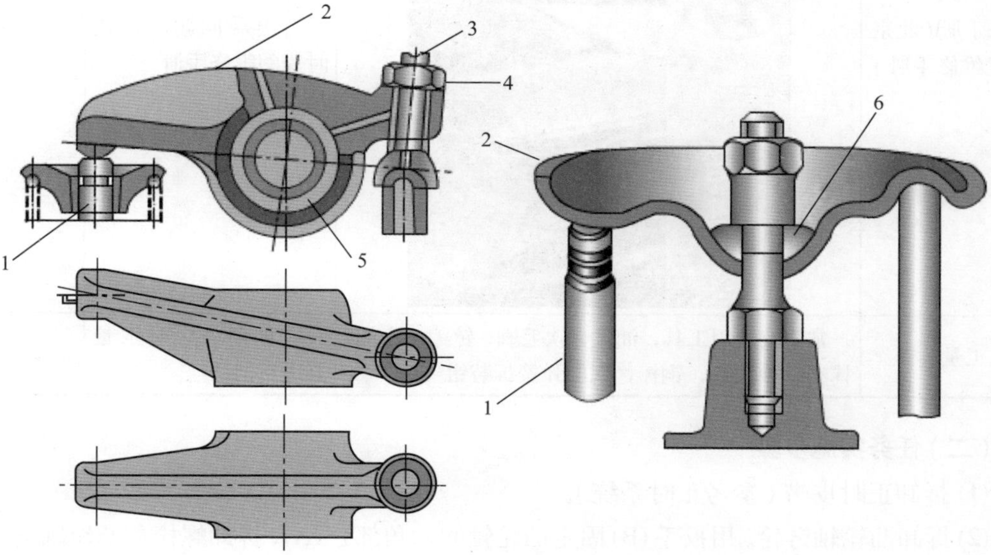

图 3.26　摇臂

1—气门；2—摇臂；3—气门间隙调整螺钉；4—锁紧螺母；5—摆臂衬套；6—摇臂支点

三、任务实施

（一）任务实施环境

1. 现场设备、工量具等准备（见表 3.1）

表 3.1　现场设备、工量具等准备

名称	准备演示	讲解	说明
发动机实训室		干净整洁的发动机实训室	

续表

名称	准备演示	讲解	说明
维修手册（北京现代维修手册）		当出现问题时，及时查阅维修手册	
工量具	常用及专用工具，油盆，软毛刷，铲刀，汽油，抹布，橡胶锤，铜棒，气门弹簧拆装钳	实训前、后对工量具进行清洁	

（二）任务实施步骤

(1) 拆卸正时皮带（参考正时系统）。

(2) 拆卸凸轮轴链轮。用扳手 (B) 固定凸轮轴的六角部分 (A)，拆卸螺栓和凸轮轴链轮 (C)，如图 3.27 所示。

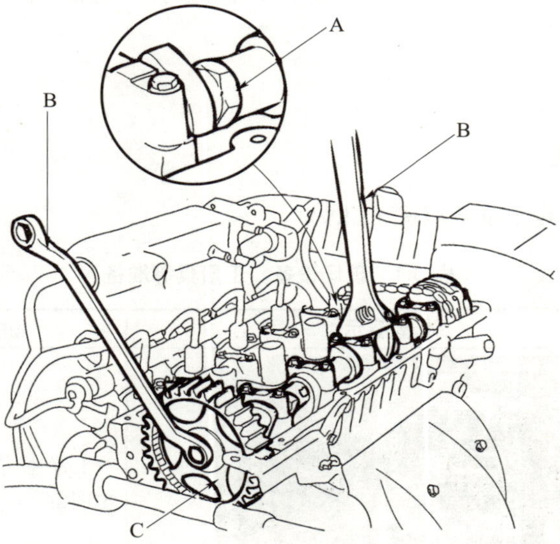

图 3.27　拆卸凸轮轴链轮

(3) 拆卸凸轮轴轴承盖 (A) 和凸轮轴 (B)，如图 3.28 所示。

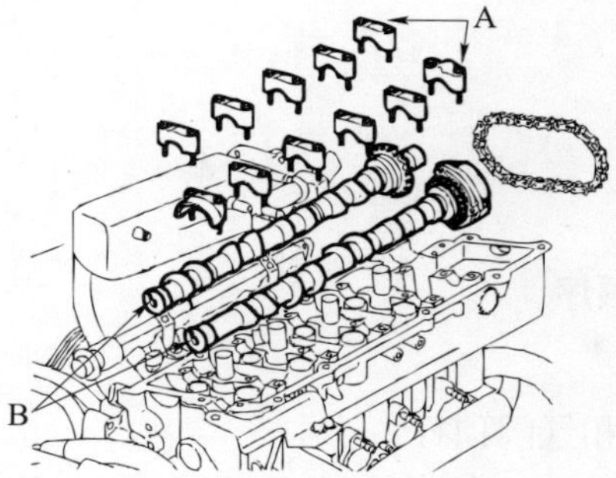

图 3.28　拆卸凸轮轴轴承盖和凸轮轴

(4) 拧下气缸盖螺栓，并拆卸气缸盖。

① 使用六角扳手，按顺序均匀地松动并拆卸各通道内的 10 个气缸盖螺栓。

② 在长木制台上，从气缸体上拆卸气缸盖。

(5) 拆卸挺柱 (A)，如图 3.29 所示。

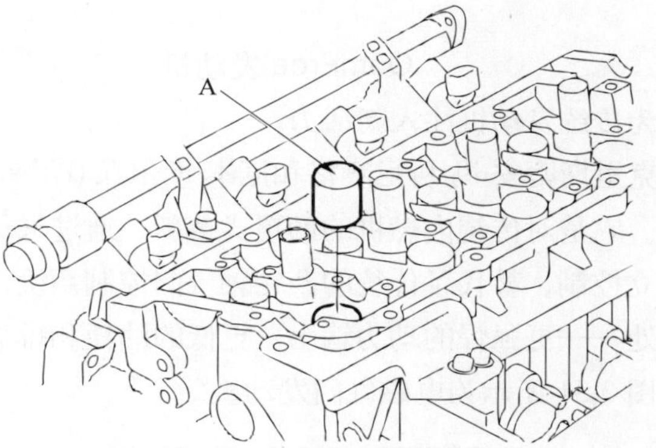

图 3.29　拆卸挺柱

(6) 拆卸气门，如图 3.30 所示。

① 用专用工具 09222-28000、09222-28100 压缩气门弹簧，拆卸锁片。

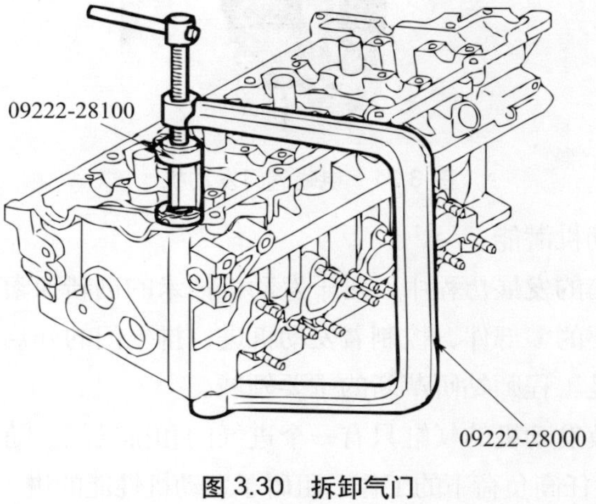

图 3.30　拆卸气门

② 拆卸弹簧座。

③ 拆卸气门弹簧。

④ 拆卸气门。

⑤ 使用尖嘴钳拆卸油封。

注：装配是按照拆卸逆顺序。

注意事项：

① 小心扳手损坏气缸盖和气门顶杆；

② 正确顺序拆装气缸盖螺栓，安装时必须根据维修手册上紧缸盖螺栓；

③ 不能损坏气缸盖和气缸接触表面；

④ 液压挺杆在拆下存放时，应特别注意防尘，并按顺序摆放；

⑤ 安装油封时，一定要压到位，防止油封变形或损坏；

⑥ 安装凸轮时，第一缸凸轮必须朝上。

四、拓展知识

QamFree 发动机

QamFree 创新动力为传统发动机注入新活力。

QamFree 发动机由克里斯蒂安·冯·科尼赛格和厄本·卡尔森 (Urban Carlson) 旗下 FreeValve 公司提供专利技术支持。它是对传统内燃机的颠覆式革新，通过气动、液压或电动执行机构来实现每一个气门的独立控制，替代了传统的凸轮轴气门控制系统，给予发动机开发更多的自由空间。这样做的好处——更强悍的动力输出、更低的油耗和排放，且能使相同排量发动机具备更小巧的体积。图 3.31 所示为电磁气门发动机。

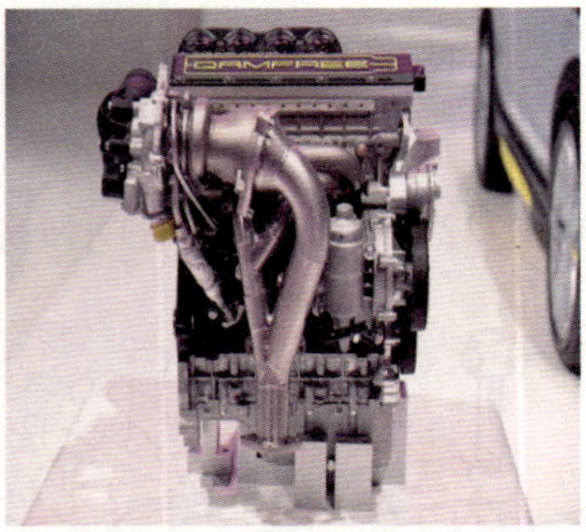

图 3.31　电磁气门发动机

用尖端技术解放发动机潜能。

在汽车工业一百多年的发展历程中，对于发动机技术的创新探索从未停歇。气缸顶部的凸轮轴，作为发动机重要的零部件，控制着发动机进、排气门的开启和关闭，决定着发动机呼吸是否顺畅，这向来是工程师钻研革新的重要领域。

众所周知，以前多数发动机的气缸只有一个进气门和排气门。随着发动机转速的提高，传统的两气门已经无法胜任高负荷下的工作，阻碍了发动机性能的进一步提升。这时，多气门技术诞生了，随后为了最大限度地提升不同转速和工况下的发动机效率，气门正时可变和气门升程可变技术应运而生，但都是由凸轮轴来进行统一的控制，每个气门可调整的范畴始终有限。

用带执行机构的气门阀代替凸轮轴控制气门的想法已经存在多年，而如今这一革新技术的诞生，得益于 FreeValve 公司的气动—液压—电动混合的气门执行器 (Pneumatic-Hydraulic-Electric-Actuator， PHEA) 的出现，如图 3.32 所示。

简而言之，QamFree 以 PHEA 控制发动机气门，取代传统的顶置凸轮轴气门控制技术，每个气门的运作都可以独立控制，也意味着每个气缸可以得到更高效精准的进、排气控制，赋予发动机开发更多的自由空间。发动机在不同工况需求下，进、排气门的正时和升程都能独立进行编程和控制，因此能获得更优异的进、排气及燃烧效率。

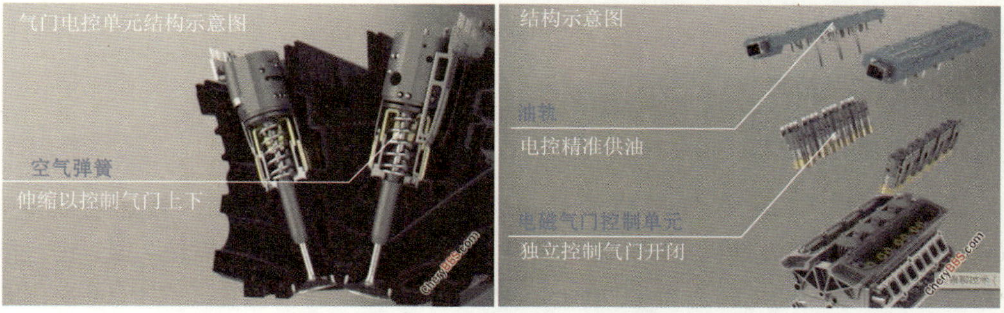

图 3.32　电磁气门结构

试想一下，传统的凸轮轴气门控制方式就像一位钢琴演奏者在用一根棍棒来弹奏琴键，而现在，同样的一位钢琴演奏者终于能用单独的手指来直接弹奏，这就是 QamFree 为传统曲轴驱动气门的发动机带来的一次大解放。

与传统曲轴驱动气门的发动机相比，QamFree 的诞生带来了令人瞩目的优势：

(1) 燃油经济性更好——能有效降低燃油消耗。同样排量 (1.6L) 的发动机可以提高燃油经济性大约 15%。

(2) 发动机性能更强——不同工况下发动机的燃烧效率、进排气效率都得到大幅度提升；进气侧不再需要节气门体，PHEA 可以直接实现节气门的功能，由此获得最佳的发动机响应效果；涡轮增压器不再需要泄气阀，涡轮迟滞更低。

(3) 排放污染更低——燃烧更充分，排放自然会降低。同时因为不需要高压直喷系统就能实现高压缩比，从而减少了通常直喷系统带来的颗粒。

(4) 发动机更为轻量化——因为 QamFree 系统比它代替的凸轮轴气门控制机构更小、更轻，发动机整体尺寸可以缩小，更为轻量化，这也为整车前部的造型、空气动力学和人体工程学设计提供了更多的空间。

五、任务总结

掌握发动机配气机构的基本结构、作用及各组成部分的构造。掌握配气机构的拆装方法和注意事项。

项目二 气门组的检测

一、情境描述

一辆北京现代悦动轿车，发动机怠速时有明显的“嚓嚓”响声，机油消耗过度，发动机不能起动，转速升高，响声增大。

二、相关知识

（一）气门相关故障

1. 气门密封不严密给发动机造成的影响

发动机工作时，混合气燃烧的最高温度可达 2 200 ℃以上，转速可达 3 000 ~ 6 000r/ min。就四行程发动机来说，发动机每完成一个工作循环曲轴需转 2 圈，进、排气门各开启一次。如果发动机转速为 3 000r/min，则每分钟进、排气门各开启 1 500 次，即每秒钟进、排气门各开启、关闭 25 次。因此发动机工作时，进、排气门处在高温和高速运动的状态下。这种高速地开启和关闭会使气门与气门座相互撞击，使气门与气门座的接触面变宽、起槽；进排气门高温、高压、高速运动的环境使气门工作面又极易出现积炭、烧蚀、麻点，导致气门与气门座工作面密封不严。当气门与气门座的工作面变宽后，两者接触面积增大，当气门关闭时，作用在气门座上的单位面积压力会减小（气门弹簧的弹力是不变的），单位面积压力减小也会导致气门与气门座密封不严，还会造成以下后果。

(1) 发动机动力下降。在压缩行成过程中，进、排气门都应完全关闭，只有这样才会使气缸内的气体在被压缩时达到最大压力。如果气门和气门座密封不严，会造成在压缩行程过程中一些可燃混合气从进气门或排气门渗出，进而造成在压缩行程终了时可燃混合气的最高压力降低，导致气体在燃烧时膨胀功减小，使发动机的动力降低。

(2) 发动机油耗增大。在压缩行程过程中，若进气门关闭不严，一些可燃混合气会经进气门从气缸中渗入进气管或空气滤清器。若排气门关闭不严，在压缩行程过程中，一些可燃混合气会经排气门从气缸中排入消声器。由于这部分混合气未经做功行程就排入大气中，因而造成燃料浪费，导致耗油量增大。在做功行程过程中，若进气门关闭不严，会造成一些可燃混合气边燃烧边经进气门排入进气管。在做功行程过程中，若排气门关闭不严，会造成可燃混合气边燃烧边经排气门排入消声器。排入消声器中的这部分可燃混合气一部分在消声器中燃烧，一部分未经燃烧便经消声器排气孔排入大气中。这就是部分摩托车消声器排气孔滴油现象的原因。由于这部分可燃混合气未经过做功行程，所以会造成发动机耗油量大、浪费燃料、污染环境，且在消声器中有杂音。

(3) 进排气门关闭不严，会造成高温、高压的可燃混合气冲蚀气门及气门座工作面，使气门及气门座工作面出现麻点、烧蚀。燃烧不完全的混合气会使气门和气门座工作面出现积炭、烧蚀、麻点，积炭又会加速进、排气门关闭不严，形成恶性循环，导致发动机动力性和经济性下降。

2. 气门与气门座的常见故障

镶有气门座的发动机，在使用过程中会出现气门座松动的现象，如不及时修理将会很快脱落，以致折断气门，顶坏活塞、缸套或气缸盖，甚者造成连杆弯曲、曲轴断裂，在重负荷作业时还会捣坏缸体。

气门座松动一般表现为：加大油门或加大作业负荷时，有严重的气门敲击活塞的声音；排气管出现有规律的间断性冒烟（有时冒白烟，有时冒黑烟）现象；发动机突然出现异响，气缸上部有明显的敲击声，并有“缺缸”和燃烧不良现象，功率下降，严重时不能工作；有窜气现象，严重时从曲轴箱通气孔向外窜气。

气门座松动的原因主要是：磨损严重，下陷量过大，气门座烧损或产生裂纹；缸盖螺栓拧紧力不均匀，高温时骤加冷水，使缸盖变形或产生裂纹；发动机使用时间过长，气门座松动；气门座在缸盖上镶嵌的紧度不够；长期超负荷作业，机温过高，气缸盖热膨胀严重。

判断气门座松动的方法是：小油门时逐缸拧松高压油管，若拧松某缸的高压油管，其冒烟现象消失，并可听到“嚓、嚓”的气流声和气门敲击声，则可判定该缸气门座松动；调好气门间隙后，摇转曲轴复查，气门间隙时大时小，气门在导管内的往复运动有滞涩或发卡现象；各缸压缩力相差悬殊，气门座脱落的气缸压缩力很小或无压力；在压缩过程中，气体冲入空气滤清器，进气歧管有“啪啪”声，发动机着火时，该缸进气歧管比其他缸的热；排气歧管处有“扑扑”响声，发动机着火时，该缸的排气歧管比其他缸的温度低。

防止气门座松动的办法是：不可长时间超负荷运转，也不可缺水运转，发现机温高时，切忌立即添加冷水，以防缸盖骤冷而产生裂纹；组装缸盖与缸体时，必须用力矩扳手按规定顺序分 2 ~ 3 次将缸盖螺母均匀拧紧，不能少装缸盖螺栓；由于气门座常处于高温下工作，更换气门座必须符合技术要求，其与缸盖的过盈配合应符合规定，过紧会胀裂缸盖，过松又容易引起气门座松动。

气门头凹陷与积炭。柴油机工作中，气门头部不仅承受着反复冲击的负荷，而且受到高温、高压燃烧气体的冲刷。气门头和气门座的工作斜面由于受到强烈的化学腐蚀及机械磨损，易出现凹陷和蚀痕，且在气门头部和气门座处形成积炭，排气门和排气门座更为严重。由于这些原因致使气门头凹陷，出现密封不严、气缸压力不足、耗油率增加、冒黑烟、空气滤清器窜气、柴油机起动困难等现象。

气门杆严重磨损。气门杆的磨损多数出现在与气门导管相配合的部位，这是因为气门长期在导管内做高速往复运动，且得不到良好的润滑而形成摩擦磨损。若气门座与导管不同轴，将会加剧磨损。磨损后气门杆与导管的间隙增大，气门杆在导管内晃动，造成气门漏气和气门的严重偏磨。气门杆端面由于受到摇臂头的频繁撞击，也易磨损。气门杆的锥形环槽与锁瓣贴合不良时，会使气门杆上的锥形环槽磨损，严重时引起锁瓣从环槽中脱出，造成气门掉入气缸中的严重事故。

气门杆弯曲与折断。气门杆弯曲往往是由于杆部受到不应有的作用力所造成的。如气门卡死在导管内、气门头与活塞撞击等原因，严重时将导致气门杆折断。

气门座圈脱落。有些气门座圈在镶配过程中，由于和座孔的配合紧度不够，固定不牢，往往在工作一段时间后发生松动乃至脱落，使发动机无法工作。

（二）气门组的检修

发动机工作时，气门受冲击性交变载荷，出现跳动或当配气机构间隙过大时，载荷将显著增加。在高机械负荷下，易造成气门杆及气门头部变形、漏气及严重磨损，特别是排气门还承受高热负荷。气门常见损坏有：气门及气门座工作面磨损和烧蚀、气门杆弯曲和磨损、气门杆端面磨损、气门杆与导管配合松旷等。

1. 气门的检查

(1) 用千分表检查气门杆的弯曲，或将气门杆放在平板上滚动检查，如有弯曲，应进行校正或更换。

(2) 测量气门杆的磨损程度。用螺旋测微器测量气门杆上、中、下三个部位，通常将测量结果与气门杆尾部未磨损部分对比，若超过 0.05mm，或用手触摸有明显的阶梯形感觉，应更换气门。

(3) 检查气门长度。气门杆尾端磨损不平，应用砂轮修复，磨削量不得超过 0.50mm。

(4) 检查气门工作面是否因磨损出现起槽、变宽和烧蚀，出现斑点、凹陷。如有，应进行光磨。气门的光磨：气门光磨通常在气门光磨机上进行，要求磨削量尽量小，以延长其使用寿命。

2. 气门弹簧的检查

(1) 气门弹簧常见损坏有折断、弹力不足、自由长度缩短等。

(2) 检查气门弹簧有无折断或裂纹现象。如有，应更换。

(3) 检查气门弹簧的轴线垂直度。如果轴线垂直度超过 1mm，或弹簧外径的垂直偏差超过 2mm，应更换。

(4) 用游标卡尺检查气门弹簧的自由长度，标致轿车发动机气门弹簧的自由长度，进气门不得低于 39.6mm，排气门不得低于 44.0mm。如果超过使用限度应更换。

3. 气门导管的检修

气门导管磨损，使气门杆与导管间间隙增大，影响气门的密封性。

气门导管与气门杆间隙的检查方法：将气门提起至气缸盖平面 15mm 左右，将百分表架固定于气缸盖上，百分表杆顶触在气门顶部边缘处，来回推动气门，百分表指针差值即为气门导管与气门杆的配合间隙。超过标准值，应更换气门导管。

更换排气门导管时，先将气缸盖倒置，用专用工具从燃烧室一侧压出气门导管，再将气缸盖翻过来，用专用工具压入新的气门导管，直到气门导管上的卡环接触到气缸盖为止。通常情况下，更换气门导管后应同时更换新的气门。

4. 气门座圈

当气门座密封锥面严重磨损，宽度显著增加，或烧蚀严重时，可用铰刀对气门座进行铰削来恢复气密性。气门座口有三个表面，分别与气缸体（或气缸盖）平面成 30°（15°）、45°、60°（75°）角。45° 角斜面是工作面，而 30° 及 60° 斜面用以调节 45° 工作斜面的宽度及气门斜面的接触位置。为了保证气门座各斜面与气门导管的同轴度，铰削（或磨削）气门斜面时，是用气门导管作定位基准。因此，必须先修理或更换气门导管。气门杆弯曲会使气门在导管内运动时出现卡滞而造成气门关闭不严，对此应校直气门杆或更换新气门。通常使用气门座铰刀进行气门座铰削。先初铰，将烧蚀、斑点等缺陷铰去。然后用新气门或光磨过的气门进行试配，要求接触面应在气门斜面的中下部，宽度为 1.20 ~ 1.60mm。如果接触面偏上，应用 30° 铰刀铰削，使接触面下移；如果接触面偏下，可用 60° 铰刀铰削，使接触面上移。最后用细刃铰刀精铰或在铰刀上垫细砂布铰磨，以降低接触面的表面粗糙度。桑塔纳、捷达发动机气门座接触面角度为 45°，其宽度进气门为 2.00mm，排气门为 2.40mm。因为排气门工作温度高，故要增强导热性。

气门座除使用手工具铰削外，还可用光磨机进行修磨。光磨机修磨气门速度快、质量好，特别是修磨硬度高的气门座效果更好，但砂轮消耗较大，需经常修整。磨削前应先将气门导管孔及气门座圈擦净，以导管为基准，选择适合于导管孔径的定心杆插入导管孔，不准有摇摆或偏斜现象，然后按上述角度和要求进行修磨。

三、任务实施

（一）任务实施环境

1. 现场设备、工量具等准备（见表 3.2）

表 3.2 现场设备、工量具等准备

名称	准备演示	讲解	说明
发动机实训室		干净整洁的发动机实训室	

续表

名称	准备演示	讲解	说明
维修手册（北京现代维修手册）		当出现问题时，及时查阅维修手册	
工量具	常用及专用工具，油盆，软毛刷，铲刀，汽油，抹布，游标卡尺，千分尺，百分表及磁力表座	实训前、后对工量具进行清洁	

2. 技术要求（见表 3.3）

表 3.3　技术要求

序号	项目	数据技术要求
1	气门	进、排气门杆弯曲度极限值 0．03mm
		气门头部边缘极限值，进气门 0.8mm，排气门 1.0mm
2	气门弹簧	自由高度：48.86mm
		垂直度：1.5°
3	气门导管	导管与气门杆间隙极限值，进气门 0.1mm，排气门 0.13mm

（二）任务实施步骤

1. 气门检查

(1) 用千分表检查气门杆的弯曲，表针摆差不应超过 0.05mm；或将气门杆放在平板上滚动检查，如有弯曲时，应进行校正或更换，如图 3.33 所示。

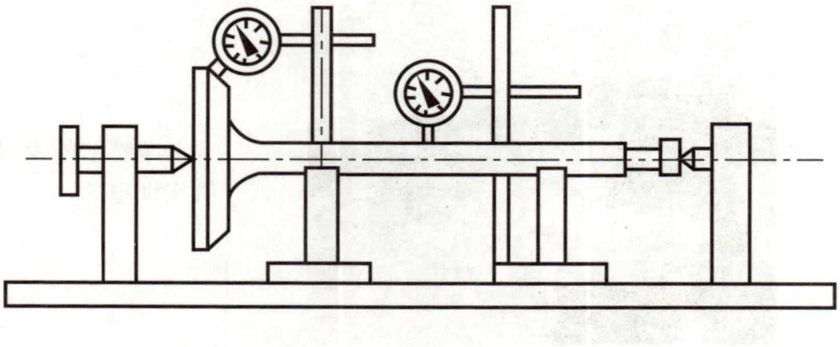

图 3.33　气门弯曲检查

(2) 检查气门杆外径。用螺旋测微器测量气门杆上、中、下三个部位，如图 3.34 所示。

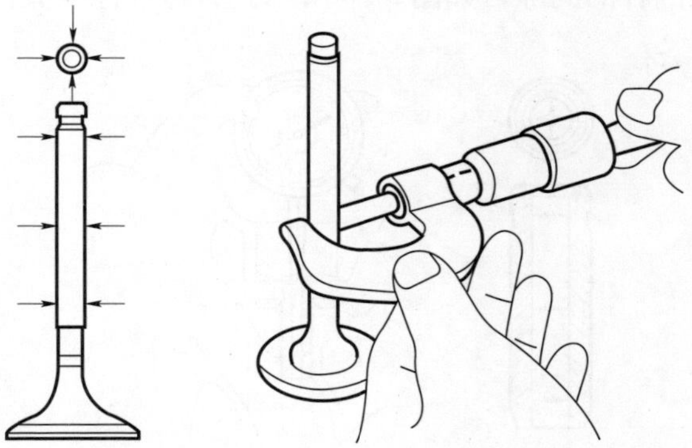

(a)　　　　(b)

图 3.34　气门磨损检查

(3) 检查研磨的气门是否可得到正确的气门面角。检查气门表面的磨损情况，如果气门表面磨损，则更换气门。检查气门头部边缘厚度，如图 3.35 所示，如果气门头部厚度小于最小值，则更换气门。

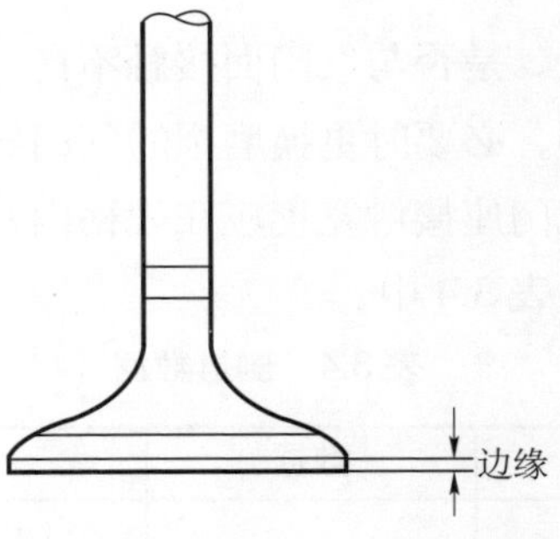

图 3.35　检查气门头部边缘厚度

2. 气门弹簧检查

气门弹簧常见损坏有折断、弹力不足、自由长度缩短等。检查气门弹簧有无折断或裂纹现象，如有，应更换。检查气门弹簧的轴线垂直度，如果轴线垂直度超过 1mm，或弹簧外径的垂直偏差超过 2mm，应更换。

用游标卡尺检查气门弹簧的自由长度，标致轿车发动机气门弹簧的自由长度，进气门不得低于 39.6mm，排气门不得低于 44.0mm。如果超过使用限度应更换。

3. 气门导管检查

气门导管磨损，使气门杆与导管间间隙增大，影响气门的密封性。

气门导管与气门杆间隙的检查方法：一种是将气门提起至气缸盖平面 15mm 左右，将百分表架固定于气缸盖上，百分表杆顶触在气门顶部边缘处，来回推动气门，百分表指针差值即为气门导管与气门杆的配合间隙。另外一种是用内径千分尺测量气门导管内径减去导杆外径就是气门导管与气门杆的间隙，如图 3.36 所示。若超过标准值，则应更换气门导管。

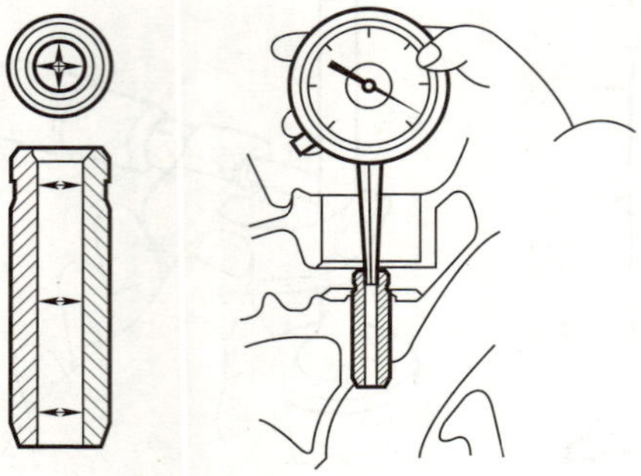

图 3.36　气门导管检查

更换排气门导管时，先将气缸盖倒置，用专用工具从燃烧室一侧压出气门导管，再将气缸盖翻过来，用专用工具压入新的气门导管，直到气门导管上的卡环接触到气缸盖为止。通常情况下，更换气门导管后应同时更换新的气门。

4. 气门座检查

检查气门座是否有过热迹象，是否与气门面接触不良，如果需要应更换气门座。修复气门座前，检查气门导管是否磨损，必要时更换磨损的气门导管，然后修复气门座。使用气门座磨研机或刀具修复气门座。气门座接触宽度应在规格内并对准气门面中心。

检查完成后将测量数据填入表 3.4 中。

表 3.4　测量数据

序号	检查项目	进气	数据	排气	数据
1	气门	气门弯曲度		气门弯曲度	
		气门杆外径		气门杆外径	
		气门头部边缘		气门头部边缘	
2	气门弹簧	自由长度		自由长度	
		垂直度		垂直度	
3	气门导管	内径		内径	
4	气门导管与气门杆间隙				

四、拓展知识

i-VTEC

我们最熟悉的可变气门升程系统非本田的 i-VTEC 莫属，本田也是最早将可变气门升程技术发扬光大的厂商。本田的可变气门升程系统的结构和工作原理并不复杂，工程师利用第三根摇臂和第三个凸轮即实现了看似复杂的气门升程变化，如图 3.37 所示。

图 3.37 本田 i-VTEC

当发动机在中、低转速时，三根摇臂处于分离状态，普通凸轮推动主摇臂和副摇臂来控制两个进气门的开闭，气门升量较小。此时虽然中间凸轮也推动中间摇臂，但由于摇臂之间是分离的，所以两边的摇臂不受它控制，也不会影响气门的开闭状态。

发动机达到某一个设定的转速时，电脑即会指令电磁阀启动液压系统，推动摇臂内的小活塞，使三根摇臂锁成一体，一起由高角度凸轮驱动，这时气门的升程和开启时间都相应增大了，使得单位时间内的进气量更大，发动机动力也更强。这种在一定转速后突然的动力爆发极大地提升了驾驶乐趣。当发动机转速降到某一转速时，摇臂内的液压也随之降低，活塞在回位弹簧作用下退回原位，三根摇臂分开，如图 3.38 所示。

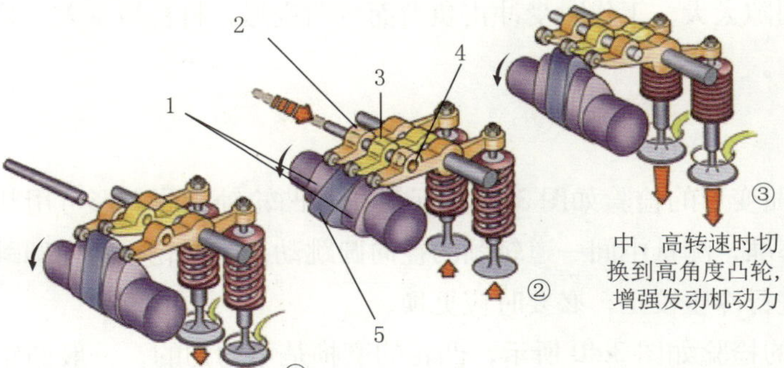

图 3.38 本田 i-VTEC 系统工作原理

1—普通凸轮；2—副摇臂；3—中间摇臂；4—主摇臂；5—高角度凸轮

五、任务总结

了解气门组的常见故障及排除方法。掌握气门、气门弹簧、气门导管、气门座的检查方法和注意事项。

项目三　气门传动组的检测

一、情境描述

一辆北京现代悦动轿车，发动机出现异响，怠速时声响清晰，中速时声响明显，高速时声响由杂乱逐渐减弱，以致消失。

二、相关知识

（一）凸轮轴检修

1. 常见损伤原因

凸轮轴驱动挺柱在长期工作中接触性摩擦磨损不可避免，这属于自然磨损。凸轮轴几乎位于发动机润滑系统的末端，因此，润滑状况不容乐观。如果机油泵因为使用时间过长等原因出现供油压力不足，或润滑油道堵塞造成润滑油无法达到凸轮轴，或轴承盖紧固螺栓拧紧力矩过大造成润滑油无法进入凸轮轴间隙，均会造成凸轮轴的异常磨损，出现擦伤、麻点等。若配气机构各零件配合间隙太小，气门弹簧弹力强，也会增大接触面而增加磨损。

气门咬死在导管中，或气门间隙太小，使凸轮轴工作时受很大的负荷而弯曲变形；轴颈磨损与衬套配合间隙太大，工作时受冲击负荷而弯曲变形；材料质量差，热处理不当，在冲击载荷下造成弯曲。

2. 检查方法

(1) 凸轮轴弯曲变形的检验如图 3.39 所示。检查凸轮轴弯曲变形可用其两端轴颈外圈或两端的中心孔作基准，测量中间一道轴颈的径向圆跳动量。凸轮轴径向圆跳动量若超过极限值，可对凸轮轴进行冷压校正，必要时应更换。

(2) 凸轮磨损的检验如图 3.40 所示，凸轮的磨损是不均匀的，一般凸轮的顶尖附近磨损较严重。凸轮磨损后，凸轮高度减小，会影响发动机工作时的进排气阻力。凸轮的磨损程度可通过测量凸轮的高度 (H) 或凸轮升程 (h) 来检查。

图 3.39　凸轮轴弯曲变形的检验

(a)　(b)

图 3.40　凸轮轴磨损的检验

凸轮高度可用外径千分尺或游标卡尺测量，凸轮升程为凸轮高度与基圆直径之差。凸轮高度或升程若超过允许极限，应更换凸轮轴。

(3) 凸轮轴轴向间隙的检修如图 3.41 所示，用百分表测头抵在凸轮轴端，前后推拉凸轮轴，百分表指针的摆动量即为凸轮轴轴向间隙。凸轮轴轴向间隙若超过允许极限，可减小隔圈的厚度或更换止推凸缘。

(4) 凸轮轴轴颈间隙的检修如图 3.42 所示，凸轮轴轴颈及轴承的磨损情况可通过测量其配合间隙来检查。有些发动机的凸轮轴轴颈允许修磨，当凸轮轴轴承间隙超过允许极限时，可磨削凸轮轴轴颈，并选配同级修理尺寸的凸轮轴轴承。

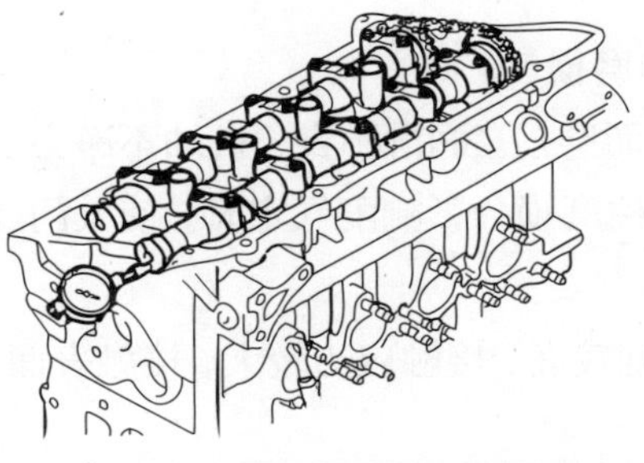

图 3.41　凸轮轴轴向间隙的检修

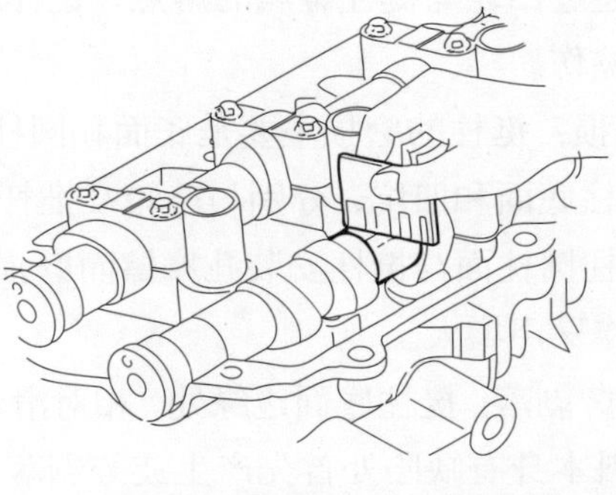

图 3.42　凸轮轴轴颈间隙的检修

多数发动机凸轮轴轴颈和轴承无修理尺寸，当轴承间隙超过允许极限时，必须更换凸轮轴或凸轮轴轴承，必要时两者一起更换。对无凸轮轴轴承的，若凸轮轴座孔磨损严重，则只能更换气缸体或气缸盖。

（二）摇臂轴检修

1. 常见损伤原因

摇臂与摇臂轴常见缺陷是摇臂和摇臂轴的磨损。发生的原因：发动机缺少机油或长期缺乏保养，机油不清洁，机油泵工作压力低是加速气门摇臂磨损的重要原因。发动机配气机构的凸轮轴、摇臂气门杆及摇臂轴的润滑，都是靠缸体后上角一小孔流出的机油进行润滑的。为保证油道的机油压力和其他零件的正常润滑，此孔有规定尺寸，是一机油量孔，如果发动机长期缺乏保养，机油过脏、变质都容易将此孔堵塞，轻则造成缸盖上零件，如摇臂等润滑不良，加速磨损，重则使凸轮轴咬死。同样原因如发动机润滑油不足或机油泵工作压力过低，也会使缸盖上的摇臂等零件润滑不良而加速磨损。

2. 检查方法

(1) 用圆弧半径测量摇臂撞头圆弧，用游标卡尺或千分尺测量摇臂撞头，与标准值比较。

(2) 摇臂轴和摇臂衬套的磨损，可用千分尺和内径百分表检验测量，算出配合间隙，装配间隙见各机型说明书。

若摇臂轴和摇臂衬套磨损严重，可将轴或衬套换新。摇臂撞头工作面因磨损而形态不正确时，应进行更换。

（三）挺柱的维修

挺柱的结构形式很多，但可归纳为平面挺柱和滚子挺柱两大类。一般小型高速柴油机常采用平面挺柱。挺柱的常见缺陷有擦伤、磨损和疲劳剥落等，其检验与修理方法如下。

1．常见损伤原因

(1) 擦伤：挺柱由凸轮的推动传递动力，同时承受凸轮的侧压力，底面会产生较大的接触应力，若凸轮与挺柱间润滑条件恶化，则部分接触面会发生干摩擦，局部温度剧增，甚至可达到或超过凸轮与挺柱金属的熔点，这样就会引起凸轮与挺柱接触面的金属熔合并撕裂，造成表面擦伤。

(2) 磨损：挺柱的磨损主要是底面和圆柱面的磨损。

① 挺柱底面和凹坑，分别与凸轮及推杆摩擦而磨损。润滑不良、机油不净会加速磨损。

② 挺柱圆柱面与挺柱安装孔摩擦而磨损。挺柱磨损会影响配气定时，使气门开度减少、柴油机工作噪声增大。

(3) 疲劳剥落：挺柱底面边缘处，相对滑动速度较高，接触应力较大，接触表面反复受压，以致在材料本身有缺陷处首先产生疲劳剥落。

2．检查方法

(1) 挺柱底面磨损呈辐射形分布的细小金属点蚀，放大镜下可明显见到一块块细小的被撕裂的凹穴。

(2) 用千分尺测量圆柱面上下两个截面，每个截面位置上又取相互垂直的两个方向的直径。用千分尺测量机体上的配合孔内圆，算出磨损量、圆柱度和圆度。

挺柱底面或表面有轻微擦伤时，可用油石修磨后继续使用，严重时应更换。一般小型柴油机当挺柱与机体上的配合孔磨损后间隙达到 0.20 ~ 0. 25 mm 时，应更换新挺柱或用修理尺寸法修复。挺柱与机体上配合孔的装配间隙见各机型说明书。当发现挺柱底面有金属剥落的现象时，一般不做修理，而进行更换。

（四）推杆的维修

推杆经长期使用后，会出现杆身弯曲、端面磨损等。

1．常见损伤原因

推杆弯曲、端面磨损发生的原因：

(1) 气门间隙太小，气门在导管内卡死、气门导管安装凸出缸盖过高，使推杆推起摇臂的阻力增加，而被顶弯。

(2) 安装时没有放入挺柱凹坑中。

(3) 配气定时不正确、气门开启时间太早，会使进气门推杆弯曲；气门开启太迟，也会使气门推杆弯曲。推杆弯曲、端面磨损会影响配气定时，导致气门间隙发生变化。

2. 检查方法

检验的方法是对推杆直线度进行检查，可在平台上捻转推杆，判断其变形程度，如果全长直线度超过 0.30 mm/m，应进行校直。

三、任务实施

（一）任务实施环境

1. 现场设备、工量具等准备（见表 3.5）

表 3.5　现场设备、工量具等准备

名称	准备演示	讲解	说明
发动机实训室		干净整洁的发动机实训室	
维修手册（北京现代维修手册）		当出现问题时，及时查阅维修手册	
工量具	常用及专用工具，油盆，软毛刷，铲刀，汽油，抹布，游标卡尺，千分尺，百分表及磁力表座	实训前、后对工量具进行清洁	

2. 技术要求（见表 3.6）

表 3.6 技术要求

序号	检查项目	技术要求
1	凸轮轴	凸轮弯曲度极限 0.03mm
		凸轮轴高度极限，进气 44.720mm，排气 44.620mm
		凸轮轴的轴向间隙极限值 0.1mm
		凸轮轴油膜间隙极限值 0.1mm
2	摇臂与摇臂轴	最大极限间隙为 0.20 ～ 0. 25 mm
3	挺柱与机体配合间隙	最大极限配合间隙达到 0.20 ～ 0. 25 mm
4	推杆	直线度极限值 0. 30 mm/m

（二）任务实施步骤

1. 凸轮轴检测

1) 凸轮轴弯曲变形的检验

将凸轮轴放到检验平台的 V 形铁上，同时把装有百分表的磁性表座安装到检验平台上，让百分表垂直安放在凸轮轴中间主轴颈，百分表短指针压缩 1~2mm，锁紧磁性表座，固定百分表。转动凸轮轴一周，观察百分表长指针摆动的角度，此百分表摆动的一半即为凸轮轴弯曲的变形量。

2) 凸轮轴凸轮高度的检验

先用千分尺测量凸轮高度。将凸轮轴转动 90°，再在测量凸轮高度的垂直方向用千分尺测量凸轮轴颈直径。两次测得的数据之差即为凸轮的高度。

3) 检查凸轮轴轴颈间隙

清洁轴承盖和凸轮轴轴颈，将凸轮轴放置在气缸盖上，将塑料间隙规横过每个凸轮轴轴颈放置。安装轴承盖，再拆卸轴承盖。测量塑料间隙规的最宽点。

4) 检查凸轮轴轴向间隙

安装凸轮轴。使用百分表，在来回活动凸轮轴时测量轴向间隙。

2. 摇臂和摇臂轴

用千分尺测量摇臂轴外径，用内径百分表测量摇臂衬套内径，用摇臂衬套内径减去摇臂轴外径即可算出配合间隙。

3. 挺柱

用千分尺测量挺柱外径，用内径千分尺测量挺柱孔径内径，用孔径减去挺柱外径即可算出配合间隙。

4. 推杆

可在平台上捻转推杆，判断其变形程度。将推杆放在平台上滚动，一端出现最大间隙即为直线度误差，用塞尺测量。

四、拓展知识

顶置式凸轮轴

凸轮轴英文全称为Overhead Camshaft，简称OHC。一般发动机的凸轮轴安装位置有下置、中置和顶置三种形式。顶置凸轮轴是将凸轮轴放置在气缸盖内、燃烧室之上，直接驱动摇臂、气门，不必通过较长的推杆。与气门数相同的推杆式发动机（即顶置气门结构）相比，顶置凸轮轴结构中需要往复运动的部件要少得多，因此大大简化了配气结构，显著减轻了发动机质量，同时也提高了传动效率、降低了工作噪声。尽管顶置凸轮轴使发动机的结构更加复杂，但是它带来的更出色的发动机综合表现（特别是平顺性的显著提高）以及更紧凑的发动机结构，使发动机制造商很快在产品中广泛地应用了这一设计。顶置凸轮轴与顶置气门结构的驱动方式并不一定不同，动力可以通过正时皮带、链条甚至齿轮组传递到顶置的凸轮轴上。

此外，采用顶置凸轮轴结构的发动机比采用顶置气门结构或整体式凸轮轴结构的发动机有更高的转速。如今，许多顶置凸轮轴发动机都采用了多气门结构或可变气门正时结构以提升发动机的工作效率和动力表现。

按照配气结构内包含的凸轮轴数目，顶置凸轮轴可分为以下两种形式：单顶置凸轮轴(Single Overhead Camshaft, SOHC)和双顶置凸轮轴(Double Overhead Camshafts, DOHC)。

五、任务总结

了解气门传动组各零件常见损伤及原因。掌握凸轮轴、摇臂、推杆、挺柱的检查方法。

练习题

一、填空题

1. 配气机构通常由____________和____________两部分组成。

2. 气门组由____________、____________、____________、____________和____________等组成。

3. 四行程发动机每完成一个工作循环，曲轴转____________周，凸轮轴转__________周，曲轴和凸轮轴的转速比是____________。

4. 挺柱一般包括____________和____________两大类。

5. 曲轴与凸轮轴间的正时传动方式有____________、____________和____________等三种形式。

6. 采用双气门弹簧时，双个弹簧的旋向必须相____________。

7. 凸轮轴由曲轴驱动，其传动机构有____________、____________和____________。

8. 气门由____________和____________两部分组成。

9. 飞轮边缘一侧有指示气缸活塞位于上止点的标志，用以作为调整与检查__________正时和____________正时的依据。

10. 气门间隙是指在____________与____________之间留有适当的间隙。

二、选择题

1. 汽油机凸轮轴上的偏心轮是用来驱动(　　)的。

A. 机油泵　　B. 分电器　　C. 汽油泵　　D. A 和 B

2. 气门间隙是指发动机在(　　)状态下，气门处于关闭状态时，气门与传动件之间的间隙。

A. 常温　　B. 冷态　　C. 热态

3. 曲轴正时齿轮与凸轮轴正时齿轮的传动比为(　　)。

A. 1 ∶ 1　　B.1 ∶ 2　　C.2 ∶ 1

4. 四行程六缸发动机，各同名凸轮之间的相对位置夹角应当是(　　)。

A. 120°　　B.90°　　C.60°

5. 进、排气门在气门工作时开启状态为(　　)。

A. 进气门早开、排气门早开　　B. 进气门早开、排气门晚开

C. 进气门晚开、排气门晚开　　D. 进气门晚开、排气门早开

6. 排气门的锥角一般为(　　)。

A.30°　　B.45°　　C.60°　　D.50°

7. 气门座圈与气门座孔的配合形式为(　　)。

A. 过盈配合　　B. 间隙配合　　C. 无所谓

8. 凸轮轴上凸轮的轮廓的形状决定于(　　)。

A. 气门的升程　　B. 气门的运动规律　　C. 气门的密封状况　　D. 气门的磨损规律

9. 气门间隙过小，发动机工作时(　　)。

A. 气门早开　　B. 气门迟开　　C. 不影响气门开启时刻

三、问答题

1. 简述配气机构的组成和功用。

2. 进气门为什么要早开晚关?

3. 气门挺柱分为哪两种? 采用液压挺柱的优点有哪些?

4. 为什么要预留气门间隙? 气门间隙过大、过小为什么都不好?

5. 排气门为什么要早开迟闭?

模块四　燃油供给系统故障的检测与维修

概述

燃油供给系统的作用是储存和输送燃油；过滤并提高燃油压力；将燃油雾化，根据汽车各种不同工况的要求，适时、适量地将燃油输送到进气歧管或气缸内与空气混合成可燃气体，为发动机提供能源。

学习要求

能力目标	知识目标	权重
能够认知燃油供给系统各部分零件	掌握燃油供给系统各零部件的位置和作用	20%
能够熟练拆装燃油供给系统各部分零件	掌握燃油供给系统各零部件的构造和原理	30%
能够正确检测和维修燃油供给系统的各部分零件	掌握燃油供给系统各零部件的检测和维修步骤	50%

项目一　汽油机燃油供给系统故障的检测与维修

能力目标	知识目标	权重
能够认知汽油机燃油供给系统各部分零件	掌握汽油机燃油供给系统各零部件的位置和作用	10%
能够熟练拆装汽油机燃油供给系统各部分零件	掌握汽油机燃油供给系统各零部件的结构和拆装步骤	30%
能够正确检测燃油压力	掌握燃油压力测量方法和要求	30%
能够正确检修燃油泵、压力调节器和喷油器等	掌握燃油泵、压力调节器与喷油器等的检修方法和要求	30%

项目概述

此项目的任务是熟练拆装和检修汽油机燃油供给系统各部分零件，重点掌握燃油压力测量方法和要求以及各零部件检修的方法和要求。

一、情境描述

一辆北京现代悦动轿车，行驶里程为 80 000km，当关闭发动机约 30 分钟后，需要多次起动，发动机才能运转，并且排气管发出“突突”的声音。经初步检查，冷却液、进气温度等均在正常范围内。初步判断故障出现在燃油系统的可能性较大，请进一步检查确认。

二、相关知识

汽油机燃油供给系统包括汽油箱、电动汽油泵、汽油滤清器、油压调节器、喷油器以及输油管路等，用以完成汽油的储存、过滤、输送和喷射任务。发动机工作时，电动汽油泵源源不断将汽油从汽油箱泵出，经汽油滤清器滤去水分和杂质，经压力调节器调压、稳压后，以一定压力将汽油送至喷油器，由 ECU 根据发动机负荷工况按某特定方式，将汽油喷入进气管或气缸内，与空气混合成特定浓度的混合气，如图 4.1 所示。

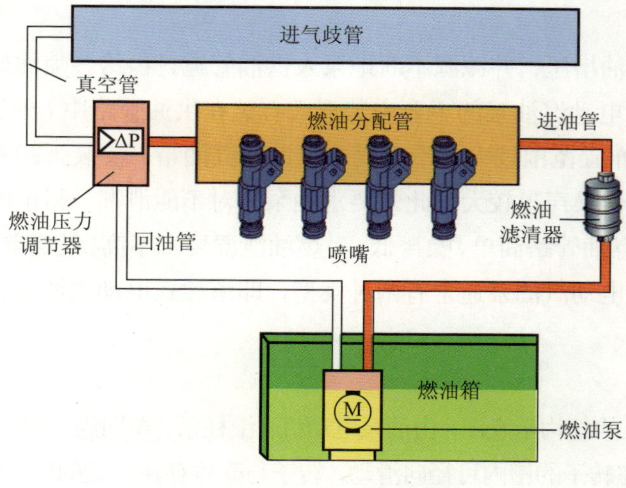

图 4.1　汽油机燃油供给系统

汽油机燃油供给系介绍

1．汽油箱

汽油箱的作用是储存汽油。汽油箱的数目及容量随车型而定，普通汽车只有一个汽油箱，越野汽车及长途运输汽车则常有两个汽油箱，分为主、副汽油箱，以适应使用要求。

现代汽车上的汽油箱壳体采用高密度聚乙烯吹塑而成，其特点是抗冲击、防腐蚀、紧密性好、易成型，并且结构紧凑、重量轻、成本低，提高了汽车行驶的安全性，增加了装油量，使汽车的储备里程加大。油箱上部设有加油管，管内带有可拉出的延伸管，延伸管内部有滤网，加油管由油箱盖盖住，油箱上表面装有油面指示表的油量传感器。油箱底部有放油螺塞，用以排除箱内的积水和污物。箱内装有隔板，可以减轻汽车行驶时发生的燃油振荡。汽油箱结构如图 4.2 所示。

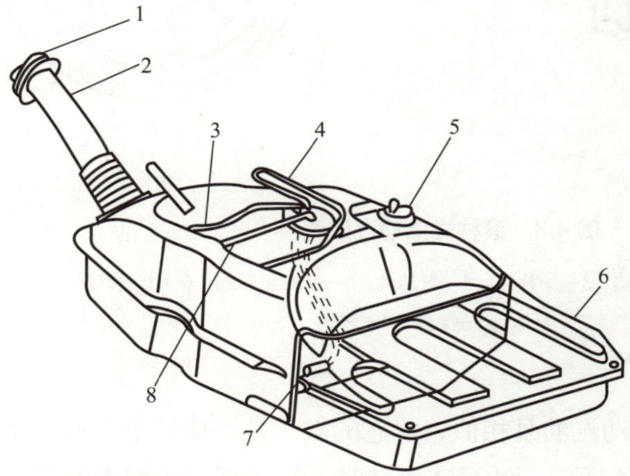

图 4.2　汽油箱结构

1—油箱盖；2—加油管；3—燃油管；4—输油管；5—油量传感器；
6—油箱体；7—浮子；8—回油管

油箱

2．电动汽油泵

电动汽油泵的作用是将汽油增压，并源源不断地泵入供油管道，供给各喷油器所需要的燃油。汽油喷射式发动机用的电动汽油泵的主要安装形式有装在供油管路中（外置式）或汽油箱中（内置式）两种。前者布置范围较大，不需要专门设计汽油箱，安装拆卸方便。但油泵吸油段长，易产生气阻，工作噪声也较大，此外要求油泵绝对不能泄漏，目前的新型车辆上已较少使用这种形式。后者燃油管路简单，噪声低，对燃油泄漏要求不高，是当前主要趋势。在电控汽油喷射系统中应用的电动汽油泵通常有两种类型，即滚柱式电动汽油泵和叶片式电动汽油泵。

1) 滚柱式电动汽油泵

图 4.3 所示为滚柱式汽油泵的结构示意图，由油泵电动机、滚柱泵、单向阀、卸压阀、外壳、泵盖及滤网等组成。五个滚柱在转子的槽内可径向滑动，转子与壳体存在一定的偏心。转子在直流电动机的驱动下旋转，在离心力的作用下滚柱紧压在泵体的内圆表面上，形成五个相对独立的密封腔。旋转时，每个密封腔的容积不断发生变化，在进油口时，容积增大，形成一定的真空，将经过过滤的汽油吸入泵内。在出油口处，容积变小，压力升高，汽油穿过直流电动机推开单向阀输出。当输油管路发生堵塞或汽油滤清器堵塞时，汽油压力超过规定值，限压阀打开，汽油流回进油侧。滚柱式电动燃油泵运转时噪声大，油压脉动也大，而且泵体内表面与转子容易磨损，使用寿命短。目前，更多的电喷发动机采用的是叶片式电动汽油泵。

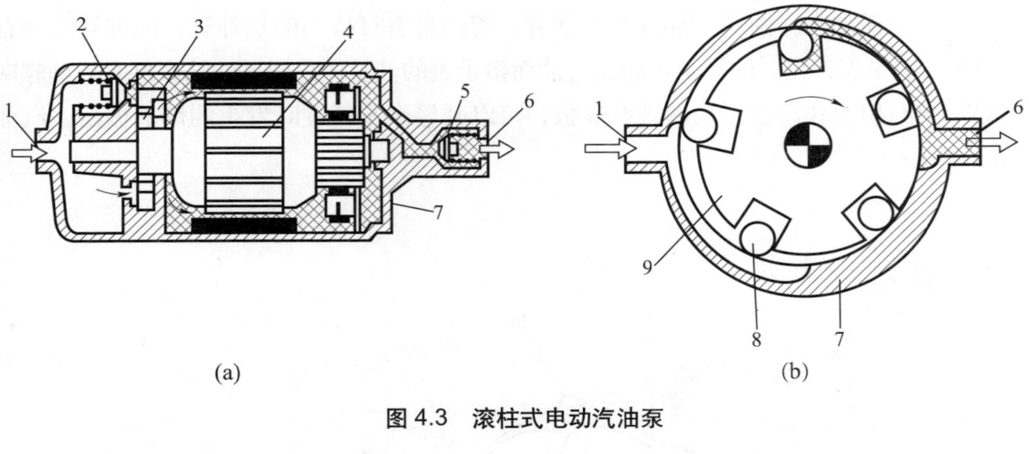

图 4.3　滚柱式电动汽油泵

1—进油口；2—限压阀；3—滚柱泵；4—电动机；5—单向止回阀；6—出油口；7—泵体；8—滚柱；9—转子

2) 叶片式电动汽油泵

这种油泵的构造和滚柱式电动汽油泵相似，但它的转子是一块圆形平板，平板圆周上开有小槽，形成泵油叶轮，如图 4.4 所示。油泵在运转时，转子周围小槽内的燃油跟随转子一同高速旋转。由于离心力的作用，使燃油出口处油压增高，同时在进口处产生一定的真空，从而使燃油从进口被吸入并被泵向出口。这种电动汽油泵的优点是最大泵油压力较高（可达 600kPa 以上），运转噪声小，出油压力脉动小，转子无磨损，使用寿命长。因它装在油箱内，噪声小，且采用涡轮泵，故油路内油压波动小。如图 4.4 所示，它主要由油泵电动机、涡轮泵、单向阀、卸压阀及滤网等组成。

(1) 涡轮泵由一个或两个叶轮、外壳和泵盖组成。当电动机转动时，带动叶轮与它一起旋转，叶轮边缘上的叶板把汽油从入口压向出口。

(2) 卸压阀当油泵出口压力达到 0.35~0.50MPa 时，卸压阀打开，泄出的汽油返回油箱，以防止油路堵塞导致油路油压过高。

(3) 单向阀油泵停转，单向阀关闭，油路变成一个封闭体系，在油压调节器内压力弹簧的作用下使油路保持一定的残留压力，避免高温时产生气阻并便于再次起动。

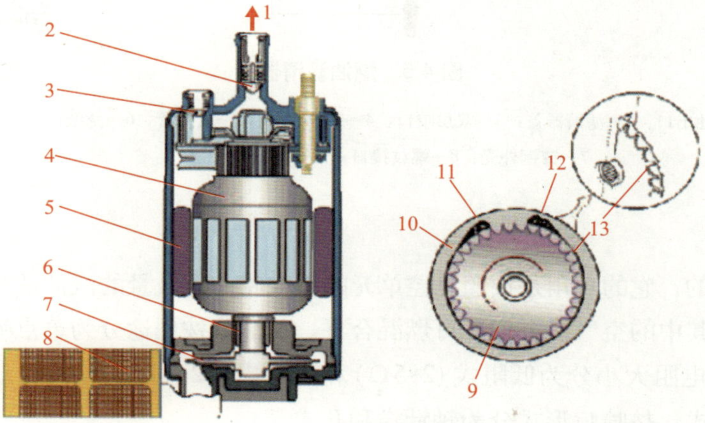

图 4.4　叶片式电动燃油泵

电动燃油泵

1—出油口；2—单向出油阀；3—泄压阀；4—电动机转子；5—电动机定子；6—轴承；7，9—叶轮；8—滤清器；10—泵壳体；11—出油口；12—进油口；13—叶片

3．燃油滤清器

燃油滤清器的作用就是清除汽油中的杂质，防止燃油系统堵塞，减少机件的磨损，确保发动机稳定工作，提高可靠性。

燃油滤清器的结构如图 4.5 所示，发动机工作时，燃油在汽油泵的作用下，经过进油管进入滤清器的沉淀杯中。由于此时容积变大、流速变小，比油重的水及杂质颗粒便沉淀于杯的底部，轻的杂质随燃油流向滤芯，而清洁的燃油从滤芯的微孔渗入滤芯的内部，然后经油管流出。滤芯有多孔陶瓷和纸质两种。纸质滤芯由经树脂处理过的微孔滤纸制成，滤清效率高，成本低廉，更换方便，因此得到广泛应用。燃油滤清器的滤芯应根据车辆行驶里程、使用燃油质量情况及时更换，确保发动机稳定行驶，提高可靠性。

4．燃油分配管

燃油分配器又称为燃油导轨或者油轨，它是一种机械装置，安装在进气歧管上位于喷油器处，它的主要功能是保证提供足够的燃油流量并均匀地分配给各缸的喷油器，同时实现各喷油器的安装和连接。另外，它还可能会对燃油压力脉动、燃油高温汽化等产生影响。

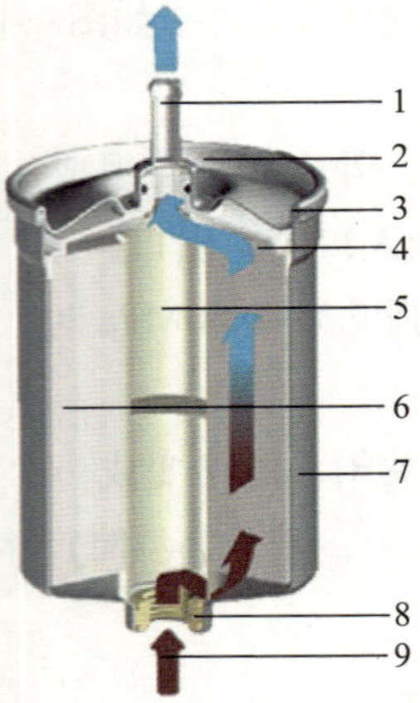

图 4.5 燃油滤清器

汽油滤清器

1—清油出口；2—滤清器盖；3—双层咬口；4—支撑弹簧；5—支撑管；6—滤纸；
7—镀钢外壳；8—螺纹接口；9—污油进口

5．喷油器

喷油器是电磁式的，它的功用是按照电控单元的指令将一定数量的汽油适时地喷入进气道或进气管内，并与其中的空气混合形成可燃混合气。喷油器按用途分为单点喷射用和多点喷射用；按电磁线圈电阻大小分为低阻式 (2~5 Ω) 和高阻式 (12~17 Ω)；按驱动方式分为电流驱动式和电压驱动式；按喷口形式分为轴针式和孔式。

轴针式喷油器主要由针阀、回位弹簧、滤网、电磁线圈及壳体组成，如图 4.6 所示，平时针阀在回位弹簧的作用下将喷油孔封住，当 ECU 的喷油控制信号将喷油器和电源回路接通，电流流过电磁线圈时，针阀才在电磁力的吸引作用下克服弹簧压力、摩擦力和自身重力，从静止往上升起，汽油从喷嘴喷出。

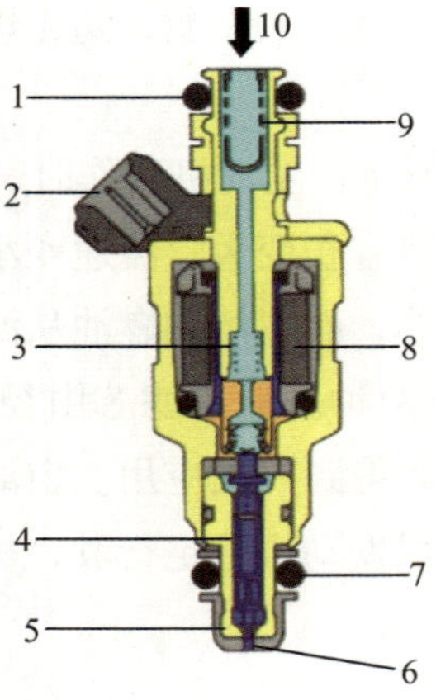

图 4.6 轴针式喷油器结构

喷油器

1，7—“O”形密封圈；2—线束插座；3—回位弹簧；4—针阀阀体；5—针阀阀座；
6—轴针；8—电磁线圈；9—燃油滤网；10—进油口

喷油器的通电、断电由电控单元控制。电控单元以电脉冲的形式向喷油器输出控制电流。当电脉冲从零升起时，喷油器因通电而开启；电脉冲回落到零时，喷油器又因断电而关闭。电脉冲从升起到回落所持续的时间称为脉冲宽度。若电控单元输出的脉冲宽度短，则喷油持续时间短，喷油量少；若电控单元输出的脉冲宽度长，则喷油持续时间长，喷油量多。一般喷油器针阀升程约为 0.1mm，而喷油持续时间为 2~10ms。

6．燃油压力调节器

油压调节器的功用是调节喷油器的燃油压力，使燃油供给系统的压力与进气管压力之差，即喷油压力保持恒定，结构如图 4.7 所示。油压大小由弹簧和气室真空度二者协调，当油压高过标准值时，高压燃油会顶动膜片上移，球阀打开，多余的燃油会经回油管反流回油箱；当压力低过标准值时，弹簧会下压膜片将球阀关闭，停止回油。压力调节器内部有一个膜片，起到控制压力阀打开和关闭的作用。油压低于一定值时，压力阀关闭，由油泵加压使油路内压力增加；当增加到超过规定压力后，膜片打开，过压的燃油通过回油管路流回油箱，起到减压的作用。

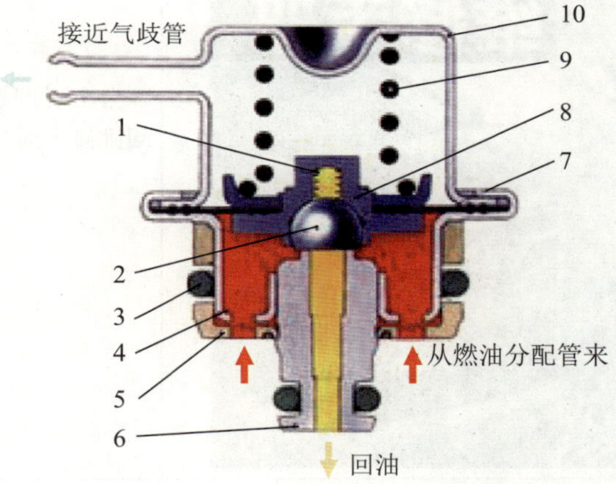

图 4.7　燃油压力调节器

燃油压力调节器

1—小弹簧；2—钢球；3—O 形密封圈；4—壳体；5—下盖；6—回油管嘴；7—膜片；8—阀座；9—大弹簧；10—上盖

因为喷油器的喷油量除取决于喷油持续时间外，还与喷油压力有关。在相同的喷油持续时间内，喷油压力越大，喷油量越多，反之亦然。所以只有保持喷油压力恒定不变，才能使喷油量在各种负荷下都只唯一地取决于喷油持续时间或电脉冲宽度，以实现电控单元对喷油量的精确控制。

三、项目实施

（一）项目实施环境

1. 现场设备、工量具等准备（见表 4.1）

表 4.1　现场设备、工量具等准备

名称	准备演示	讲解	说明
发动机实训室		干净整洁的发动机实训室	
维修手册（北京现代维修手册）		当出现问题时，及时查阅维修手册	
工量具	常用及专用工具，油盆，软毛刷，铲刀，汽油，抹布，万用表，燃油压力表	实训前、后对工量具进行清洁	

2. 注意事项

(1) 蓄电池拆装。拆卸时先拆负极，后拆正极；装时先接正极，后接负极。

(2) 燃油管路的拆装。拆卸燃油管时要将棉丝或油盆放置在油管接头下方，或用吸油布包住油管连接螺栓，然后慢慢拧松螺栓让燃油从油管内漏出，泄放燃油压力，之后将泄出的燃油用布擦干净。装好的燃油管路应确保无漏油现象。

(3) 拆下的燃油泵不能干试，因为燃油泵内存有燃油，通电后电刷与换向器可能会产生电火花，引起燃油泵爆炸，非常危险，要引起高度重视；新燃油泵也不能长时间干试，否则，试验时燃油泵内产生的大量热量散发不出去，会烧坏电动机。因此，必须将燃油泵浸泡在燃油或专用检测液里试验，并注意接牢电线插头。

(4) 拆装任何电器元件插头时，必须先关闭点火开关或拆下蓄电池负极。

(二) 项目实施步骤

1. 燃油压力的检测

1) 油压表的安装

(1) 释放燃油系统中的油压。

其方法是：运转发动机，将电动汽油泵的继电器拔下(或拔下电动汽油泵的电源插头)，使油泵停止转动。继续运转发动机，直至熄火。再次起动发动机，直至无法起动为止。

(2) 拆下蓄电池负极电缆。

(3) 在进油管路上选择一个可以连接油压表的油管接头，拆除该油管接头螺栓(拆开螺栓时，要用一块棉布包住油管接头，以防汽油喷溅)，将油压表和油管一起安装在油管接头上，如图 4.8(a) 所示。

油压表可以安装在汽油滤清器油管接头、分配油管进油接头上，或用三通接头接在进油管路上任何便于安装和观察的部位，如图 4.8(b) 所示。

(4) 擦干溅出的汽油。

(5) 重新装上蓄电池负极电缆。

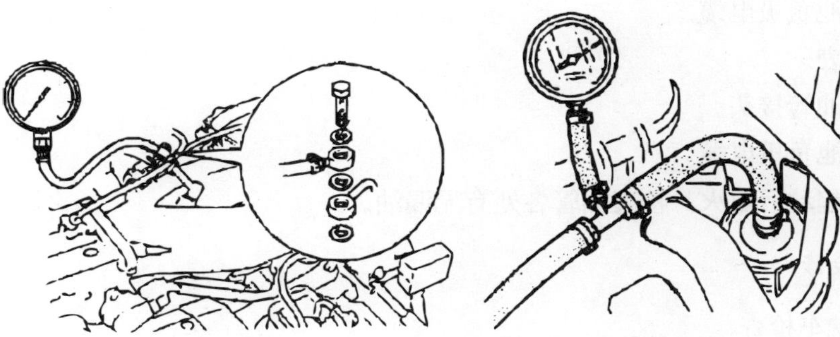

(a)　　(b)

图 4.8　油压表的安装

2) 发动机运转时燃油压力的测量

(1) 起动发动机。

(2) 让发动机怠速运转，测量此时的燃油压力。不同车型发动机在怠速时的燃油压力各不相同，有回油管的燃油系统，其怠速燃油压力一般为 0.20 ~ 0.25MPa；无回油管的燃油系统，其燃油压力一般为 0.30 ~ 0.35MPa。

(3) 改变节气门开度，观察节气门开度变化时燃油压力的变化情况。有回油管的燃油系统在节气门开大时，其怠速燃油压力应随之下降，否则说明油压调节器工作失常；无回油管的燃油系统，其燃油压力与节气门开度无关，在节气门开大时，燃油压力应保持不变。

(4) 拔下油压调节器上的真空软管(有回油管的燃油系统)，并用手堵住，让发动机怠速运转，测量此时的燃油压力。此时燃油压力应达到最大值，一般为 0.30MPa。

若测得的油压过高，则为油压调节器工作不正常，应检查油压调节器有无回油，及其真空软管有无堵塞或漏气；若测得的油压过低，则可能是电动汽油泵有故障、汽油滤清器堵塞或油压调节器漏油。

3) 电动汽油泵最大泵油压力的测量

保持发动机运转，用鲤鱼钳包上软布夹紧回油管，堵住回油，测量此时的燃油压力。该压力称为油泵的最大泵油压力，其值应当比发动机运转时的燃油压力高 200 ~ 300kPa，通常可达 490 ~ 640kPa。

如果油压低于标准值，说明电动汽油泵性能不良，有可能导致电喷发动机动力不足等故障，应更换电动汽油泵。

4) 燃油系统保持压力的测量

测量发动机运转时的燃油压力后，将发动机熄火，5min 后再观察油压表指示的油压。此时的压力称为燃油系统保持压力，其值应不低于 147kPa。若油压过低，说明油路中有泄漏，应进一步检查。

5) 油压表的拆卸

测量好燃油压力后，按下列步骤拆卸油压表。

(1) 释放燃油系统的油压。

(2) 拆下蓄电池负极电缆。

(3) 拆下油压表。

(4) 重新装好油管接头。

(5) 接好蓄电池负极电缆。

(6) 让发动机起动后熄火，检查油管各处有无漏油。

2. 燃油泵的检修

1) 燃油泵的就车检查

(1) 用专用导线将诊断座上的燃油泵测试端子跨接到 12V 电源上，如：现代车系诊断座上有电源端子“+B”，将其与燃油泵测试端子“FP”跨接即可。也可以拆开电动燃油泵的线束连接器，直接用蓄电池给燃油泵通电。

(2) 将点火开关转至“ON”位置，但不要起动发动机。

(3) 旋开油箱盖应能听到燃油泵工作的声音，或用手捏进油软管应感觉有压力。

(4) 若听不到燃油泵工作声音或进油管无压力，应检修或更换燃油泵。

2) 燃油泵的拆装与检测

拆装燃油泵时注意：应释放燃油系统压力，并关闭用电设备。拆下燃油泵后，用万用表欧姆挡测量电动燃油泵上两个接线端子间的电阻，即为电动燃油泵直流电动机线圈的电阻，其阻值应为 2~3Ω(20℃时)。如电阻值不符，则需更换电动燃油泵。如图 4.9 所示。

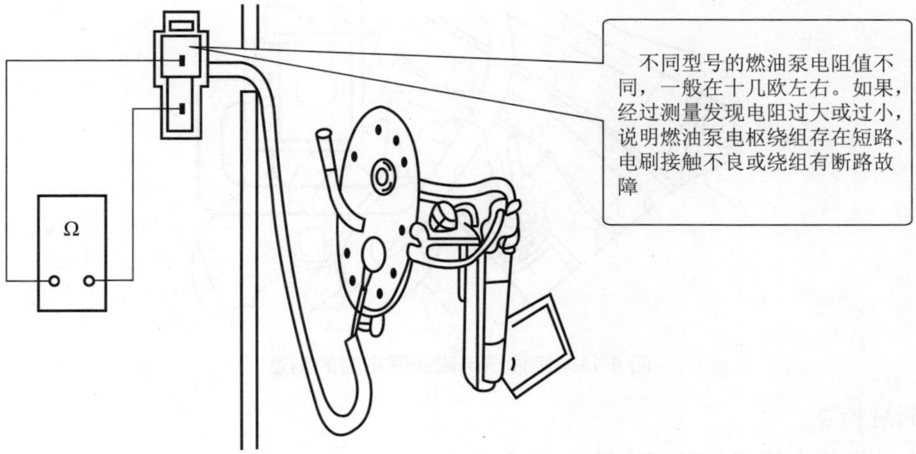

图 4.9　燃油泵电阻测量

3) 燃油泵工作状态的检查

将电动燃油泵与蓄电池相接(正负极不能接错)，并使电动燃油泵尽量远离蓄电池，每次接通不超过 10s(时间过长会烧坏电动燃油泵电动机的线圈)。如电动燃油泵不转动，则应更换电动燃油泵。如图 4.10 所示。

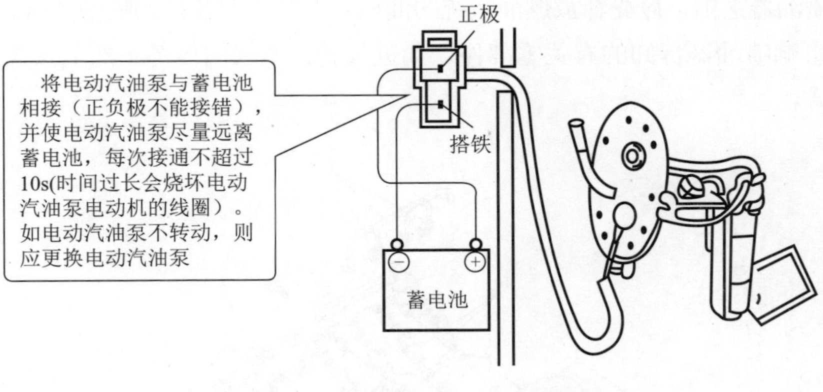

图 4.10　燃油泵工作状态检查

3. 喷油器的检修

1) 喷油器的就车检查

(1) 简单检查方法：在发动机工作时，用手触试或用听诊器检查喷油器针阀开闭时的振动声响，如果感觉无振动或听不到声响，说明喷油器或其电路有故障。

(2) 喷油器电阻检查：拆开喷油器线束连接器，用万用表测量喷油器两端子之间的电阻，低阻值喷油器应为 2 ~ 3Ω，高阻值喷油器应为 13 ~ 16 Ω，否则应更换喷油器，如图 4.11 所示。

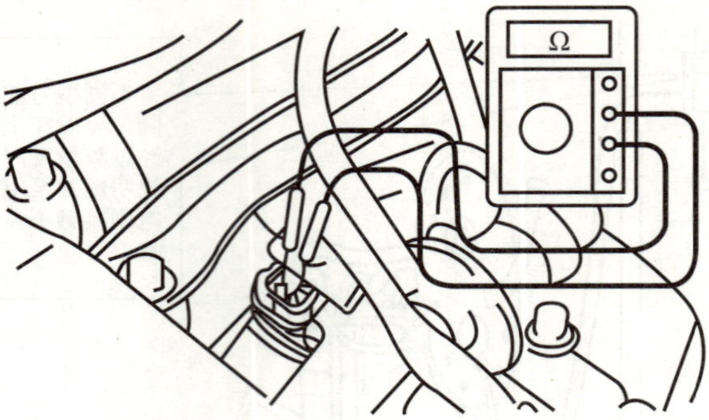

图 4.11　喷油器电磁线圈电阻的测量

(3) 断缸检查。

① 发动机热车后使其怠速运转。

② 依次拔下各缸喷油器的线束插头，使喷油器停止喷油，进行断缸检查。若拔下某缸喷油器线束插头后，发动机转速有明显下降，则说明该喷油器工作正常；相反，若拔下某缸喷油器线束插头后发动机转速无明显下降，则说明该缸不工作或工作不良，可能是喷油器不工作，应做进一步检查。

2) 喷油器的拆卸

在拆卸喷油器之前，应先释放燃油系统的油压；有些车型在拆卸喷油器时，还应先拆除发动机上方影响喷油器拆卸的有关零部件，如进气管、节气门体等，然后按图 4.12 所示顺序拆卸喷油器。

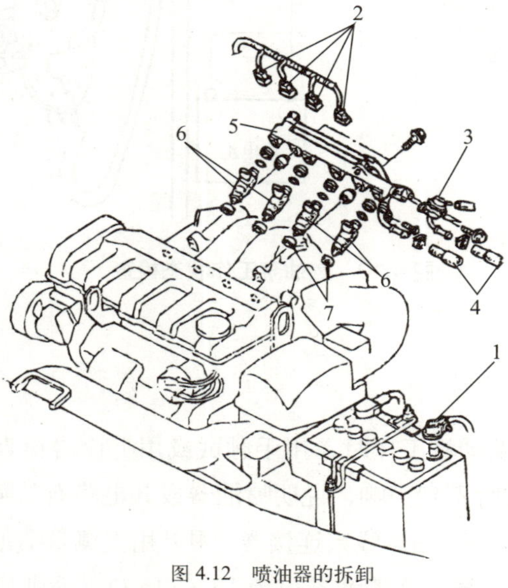

图 4.12　喷油器的拆卸

1—蓄电池负极电缆；2—喷油器线束插头；3—油压调节器；4—进油管和回油管；5—分配油管；6—喷油器；7—橡胶垫圈

3) 喷油器的安装

更换喷油器或清洗喷油器后，应按下述步骤进行安装。

(1) 将喷油器装在分配油管上。安装时应更换所有 O 形密封圈，并在 O 形密封圈上涂少量干净的汽油或机油，如图 4.13(a) 所示。在将喷油器压入分配油管时应不断转动喷油器，以免损坏 O 形密封圈，如图 4.13(b) 所示。

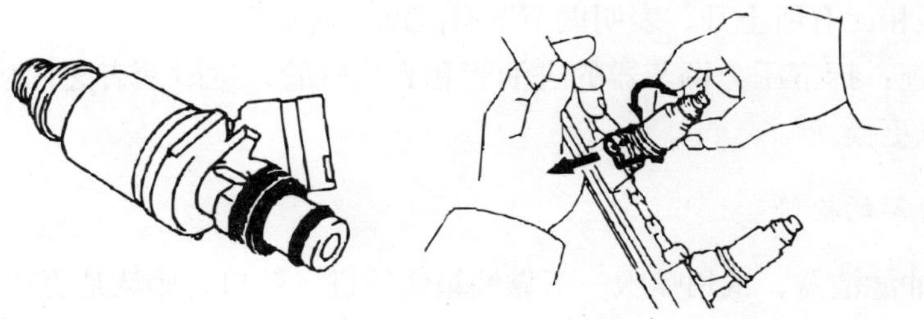

(a)　　　　(b)

图 4.13　将喷油器装入分配油管

(2) 在进气歧管的喷油器孔上安放好橡胶密封圈 (见图 4.14(a))，将喷油器和分配油管一同装在发动机上，拧紧分配油管固定螺栓。

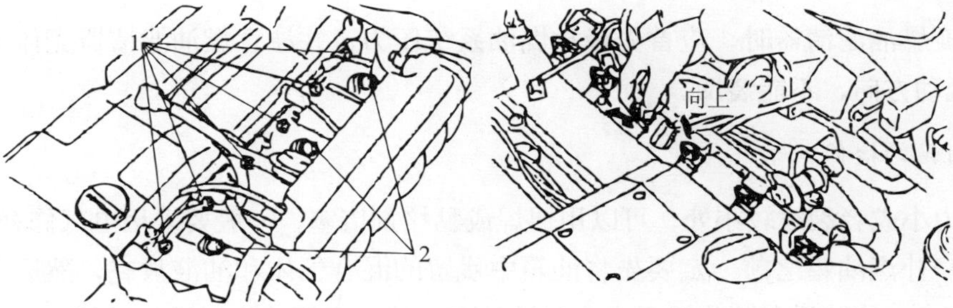

(a)　　　　(b)

图 4.14　喷油器 O 形密封圈的安装与检查

1—橡胶密封圈；2—隔套

(3) 用手转动喷油器，检查是否能平顺地转动。如果喷油器不能用手转动，说明 O 形密封圈安装不当，应拆下喷油器重新安装，如图 4.14(b) 所示。

(4) 安装进油管和回油管，插上油压调节器真空软管，插好各喷油器线束插头。

(5) 按拆卸时相反的顺序安装进气管等其他零件。

(6) 起动发动机后立即熄火，检查喷油器及油管接头有无漏油。

清洗喷油器

4. 电动燃油压力调节器的检测

(1) 工作情况的检查：用油压表测量发动机怠速运转时的燃油压力，然后拆下压力调节器上的真空软管。这时燃油压力应升高 50kPa，否则应予以更换。

(2) 保持压力的检查：打开点火开关，让电动燃油泵运转 10s，然后关闭点火开关取下导线；再将压力调节器的回油管夹紧，5min 后观察油压（保持压力）。如果该油压与不夹紧回油管时的油压相比有所上升，表明调节器有泄漏，应更换。

(3) 拆卸检查：拆下压力调节器的进油管和真空软管，这时两者之间应不通；否则表明有泄漏，应予以更换。

5. 燃油滤清器的检修

(1) 拆下燃油滤清器，试用嘴吹一下靠油箱侧的进气管口，确认是否通气。

(2) 燃油滤清器的阻塞分为两种：一是彻底堵塞不通气；二是用力吹才通气。在汽车上装有的滤清器大多数是不可分解的，一旦堵塞应进行整体更换。

(3) 通常燃油滤清器的更换周期为一年半或四万公里。

(4) 燃油滤清器常出现松动和四周渗漏现象，所以驾驶员应经常紧固检查以免对汽车行驶造成不便。

(5) 更换燃油滤清器时，应首先释放燃油系统压力，并注意燃油滤清器壳体上的箭头标记为燃油流动方向，不能装反。

6. 汽油箱的检修

(1) 受力小或者裂纹较小处，可以用锡焊或黏接剂堵塞，一般要采用电气修补。

(2) 在修补汽油箱之前一定要先将油箱中残留的混合气体和油液放完，然后往汽油箱内加注大半箱水，使胶质和脏物浮于水面并被冲走，然后再用热水清洗汽油箱。

(3) 用压缩空气吹干，以清除其内部的汽油蒸气，以免残留混合气体引起爆炸。如油箱不能修补应及时更换，以免在车辆行驶中造成不便。

7. 油管的检修

油管是燃油供给的运输渠道，其主要检查油管是否有裂纹、管路是否有漏气和硬化等现象，如有此类现象应及时更换油管，以免引起行驶不便。

四、拓展知识

汽油

(1) 汽油由原油分馏及重质馏分裂化制得。汽油重要的特性为蒸发性、抗爆性、安定性、安全性和腐蚀性。

蒸发性指汽油在汽化器中蒸发的难易程度。

抗爆性指汽油在各种使用条件下抗爆震燃烧的能力。车用汽油的抗爆性用辛烷值表示，辛烷值越高，抗爆性越好。汽油抗爆能力的大小与化学组成有关。规定异辛烷的辛烷值为 100，抗爆性好；正庚烷的辛烷值为 0，抗爆性差。汽油的牌号是按辛烷值划分的。例如，97 号汽油指与含 97% 的异辛烷、3% 的正庚烷抗爆性能相当的汽油燃料。标号越大，抗爆性能越好。应根据发动机压缩比的不同来选择不同牌号的汽油，这在每辆车的使用手册上都会标明。压缩比为 8.5 ~ 9.5 的中档轿车一般应使用 90 号 (国 IV) 汽油，压缩比大于 9.5 的轿车应使用 93 号 (国 IV) 汽油。

安定性指汽油在自然条件下，长时间放置的稳定性，用胶质和诱导期及碘价表征。胶质越低越好，诱导期越长越好，国家标准规定，每 100mL 汽油实际胶质不得大于 5mg。碘价表示烯烃的含量。

腐蚀性是指汽油在存储、运输、使用过程中对储罐、管线、阀门、汽化器和气缸等设备产生腐蚀的特性。

安全性是指汽油安全性能的指标，主要是指闪点，国家标准严格规定的闪点值为 ≥ 55℃。闪点过低，说明汽油中混有轻组分，会给汽油储存、运输、使用带来安全隐患，还会导致汽车发动机无法正常工作。

(2) 可燃混合气体浓度：可燃混合气中空气与燃油的比例称为可燃混合气体成分或可燃混合气体浓度，通常用过量空气系数和空燃比表示。

过量空气系数：燃料燃烧时实际供给的空气量与理论空气量之比。比值等于 1 是理想混合气，比值小于 1 为浓混合气，比值大于 1 为稀混合气。

空燃比，是混合气中空气与燃料之间质量的比例，一般用每克燃料燃烧时所消耗的空气的克数来表示。标准值为 14.7，比值等于 14.7 称为理想混合气，比值小于 14.7 称为浓混合气，比值大于 14.7 称为稀混合气。

练习题

一、填空题

1．电动燃油泵一般包括____________式和____________式。

2．汽油供给系统装置包括____________、____________、____________和____________等。

3．燃油滤清器的作用就是清除汽油中的____________，防止燃油系统____________。

4．喷油器按电磁线圈电阻的大小分为____________式和____________式。

5．电动汽油泵的作用供给____________所需要的燃油。

6．油压调节器的功用是调节喷油器的____________，使燃油供给系统的压力与进气管压力之差即喷油压力保持____________。

二、选择题

1. 下列元件不属于发动机燃油系统零件的是 (　　)。

A. 燃油泵　　B. 喷油器　　C. 燃油压力表　　D. 燃油滤清器

2. 喷油器的喷油量与 (　　) 有关。

A. 系统油压　　B. 喷油压力　　C. 喷油器开启持续时间　D. 油泵转速

3. 电控汽油机燃油喷射系统的组成有电子控制系统、燃油供给系统和（ ）。

A. 电控点火系统 B. 信号输入装置 C. 空气供给系统 D. 电控单元

4. 许多电控燃油喷射发动机的电动汽油泵安装在汽油箱内，一旦油箱油量过少，（ ）。

A.ECU 将烧坏 B. 电动汽油泵将烧坏 C. 发动机将烧坏 D. 喷油器将烧坏

三、判断题

1. 过量空气系数 α 为 1 时，不论从理论上还是实际上来说，混合气燃烧最完全，发动机的经济性最好。（ ）

2. 喷油器是燃油喷射系统的执行器。（ ）

3. 更换汽油滤清器前，通常必须将管路中的汽油压力释放掉。（ ）

4. 目前，大部分汽油泵装在汽油箱内部。（ ）

5. 喷油器的喷油量不仅取决于喷油器开启持续时间，还与喷油压力有关。（ ）

四、问答题

1．何谓汽油的抗爆性？汽油的抗爆性用何种参数评价？汽油的牌号与其抗爆性有什么关系？

2．汽车发动机运行工况对混合气成分有什么要求？

3．在电控汽油喷射系统中，喷油器的实际喷油量是如何确定的？试述其过程。

项目二　柴油机燃油供给系统故障的检测与维修

能力目标	知识目标	权重
能够认知柴油机燃油供给系统各部分零件	掌握柴油机燃油供给系统各零部件的作用和构造	10%
能够熟练拆装柴油机燃油供给系统各部分零件	掌握柴油机燃油供给系统各零部件的拆装步骤	30%
能够正确检测和调试喷油器	掌握喷油器检测与调试的方法和要求	30%
能够正确检测和调试喷油泵、输油泵	掌握喷油泵、输油泵检测与调试的方法和要求	30%

项目概述

此项目的任务是熟练拆装和检修柴油机燃油供给系统各部分零件，重点掌握喷油器与喷油泵等零部件检修的方法和要求。

一、情境描述

一部装备柴油机的长城皮卡因不能起动要求施救，快修人员在现场无法排除故障，将车辆拖回修理厂，经车间技术主管检查认为故障在燃料系统，要求检查故障，确定维修方案并进行维修。

二、相关知识

柴油机燃油供给装置由柴油箱、输油泵、低压油管、滤清器、喷油泵、高压油管和喷油器及回油管等组成。柴油箱储有经过沉淀和滤清的柴油，输油泵将柴油从油箱中吸出，并以一定的压力送至柴油滤清器，柴油滤清器滤去杂质后流进喷油泵的低压油腔，喷油泵工作时，燃油从低压油腔进入高压泵腔内并提高压力到 10MPa 以上，打开出油阀经高压油管输送到喷油器，以一定的压力喷入燃烧室与空气混合，形成可燃混合气而燃烧做功。输油泵供应的多余燃油以及喷油器顶部回油孔流出的少量燃油都经回油管流回油箱。

整个供油系统分为两条油路：一条是从柴油箱到喷油泵入口，这段油路中的油压一般为 0.15 ~ 0.3MPa，称为低压油路，主要完成柴油储存、输送和滤清等任务。为保证喷油泵有充分的燃料供应，要求输油泵的供油量大于喷油泵供油量，所以始终有多余的燃油经喷油泵进油室的一端限压阀和回油管流回输油泵的进口或直接流回柴油箱。另一条是从喷油泵到喷油器，其油压一般在 10MPa 以上，这段油路称为高压油路。其作用是增大柴油压力，使柴油呈雾状喷入燃烧室，与空气混合形成可燃混合气。由喷油器针阀偶件的缝隙渗漏的燃油经回油管流回油箱，如图 4.15 所示。

为了在发动机起动时排除整个油路中的空气，将柴油充满喷油泵的低压油路，在输油泵上安装有手动输油泵。

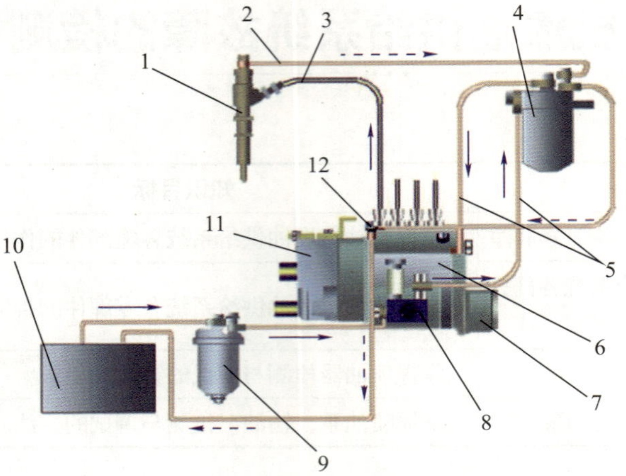

图 4.15 柴油机燃油供给系统示意图

柴油供给系统

1—喷油器；2—回油管；3—高压油管；4—燃油滤清器；5—低压油管；6—喷油泵；7—喷油提前器；8—输油泵；9—油水分离器；10—燃油箱；11—调速器；12—限压阀

1. 输油泵

输油泵的功用是保证低压油路中柴油的正常流动，克服柴油滤清器和管路中的阻力，并以一定的压力向喷油泵输送足够量的柴油，输油量应为全负荷最大油量的 3~4 倍。

输油泵的机构类型很多，常见的有活塞式、转子式、滑片式和齿轮式等几种。活塞式输油泵工作可靠，应用广泛。活塞式输油泵的结构如图 4.16 所示，主要由机械泵总成和手油泵总成组成。

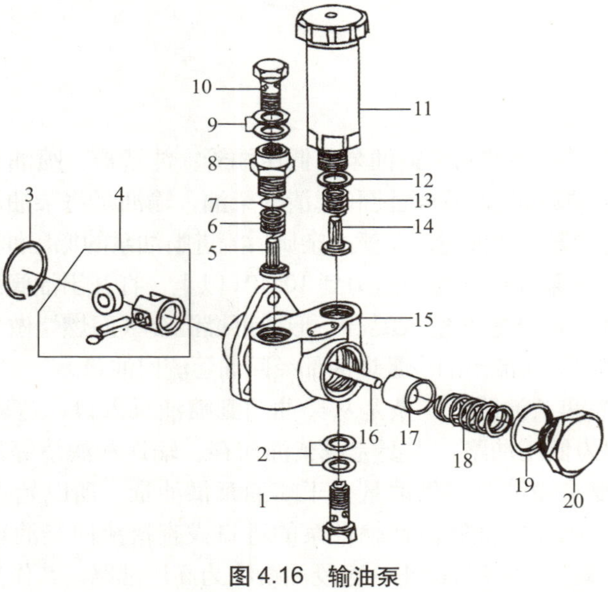

图 4.16 输油泵

1—进油空心螺栓；2，9，19—垫圈；3—弹簧挡圈；4—挺柱总成；5—出油阀；6，13，18—弹簧；7，12—O 形密封圈；8—管接头；10—出油空心螺栓；11—手油泵；14—进油阀；15—输油泵体；16—推杆；17—活塞；20—螺塞活塞式输油泵安装在柱塞式喷油泵的侧面，并由喷油泵凸轮轴上的偏心轮驱动。机械泵总成由挺柱总成、推杆 4、活塞 8 和弹簧 7 等总成，其工作过程如图 4.17 所示。

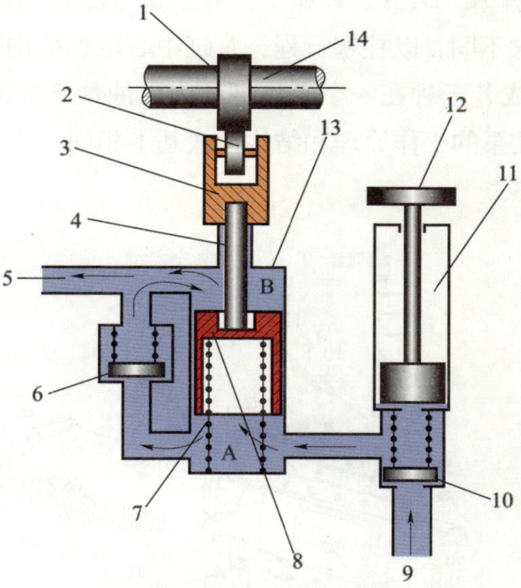

图 4.17　活塞式输油泵工作过程

1—偏心轮；2—滚轮；3—挺杆；4—推杆；5—出油口；6—出油阀；7—活塞弹簧；8—活塞；9—进油口；10—进油阀；11—手油泵；12—手柄；13—泵体；14—喷油泵凸轮轴

当输油泵凸轮轴旋转时，在偏心轮和输油泵活塞弹簧的共同作用下，输油泵活塞在输油泵体的活塞腔内做往复运动。当输油泵活塞由下向上运动时，A 腔容积增大产生真空度，使进油阀开启，柴油经进油口被吸入 A 腔；与此同时，B 腔容积缩小，其中的柴油压力升高，出油阀关闭，燃油被送往滤清器。当输油泵活塞由上向下运动时，A 腔容积减小，油压升高，进油阀关闭，出油阀开启；与此同时，B 腔容积增大，柴油从 A 腔流入 B 腔。

若柴油机负荷减小，需要的柴油量减少，或柴油滤清器堵塞，油道阻力增加时，会使输油泵 B 腔油压增高。当此油压与输油泵活塞弹簧的弹力相平衡时，活塞往 B 腔的运动便停止，活塞的移动行程减小，造成输油泵的输油量减少，实现了输油量的自动调节，而输油压力则基本稳定。

输油泵外侧装有手油泵，柴油机起动前，或柴油机供油系统维修后，为了使低压油路中充满柴油，便于起动，或为了排出低压油路中的空气，使柴油机能够平稳运转，可使用手油泵泵油或排气。操作时，先将燃油滤清器和喷油泵的放气螺钉旋松，再将手油泵拉扭旋开，上下反复拉动手油泵拉扭，使柴油自进油口吸入，经出油阀压出，并充满燃油滤清器和喷油泵前所有低压油路，将其中的空气排除干净。空气排除完毕，应重新拧紧放气螺钉，旋进手油泵拉扭。

输油泵

2. 直列柱塞式喷油泵

喷油泵总成是柴油机燃油供给系中很重要的总成部件，常称为柴油机的心脏。柴油机燃油供给的计量、正时、加压、雾化、分配、控制开始喷射和停止喷射等都是由喷油泵完成的，必须经过精密加工、装配和调试后才可装机使用。

国产系列柱塞泵主要有 A、B、P、Z 和 Ⅰ、Ⅱ、Ⅲ号等系列。系列化是根据柴油机单缸功率范围对供油量的要求不同，以柱塞行程、泵缸中心距和结构型式为基础，再分别配以不同尺寸的柱塞直径，组成若干种在一个工作循环内供油量不等的喷油泵，以满足各种柴油机的需要。国产系列喷油泵的工作原理和结构型式基本相同，A 型泵应用较广泛。图 4.18 所示为 A 型喷油泵分解图。

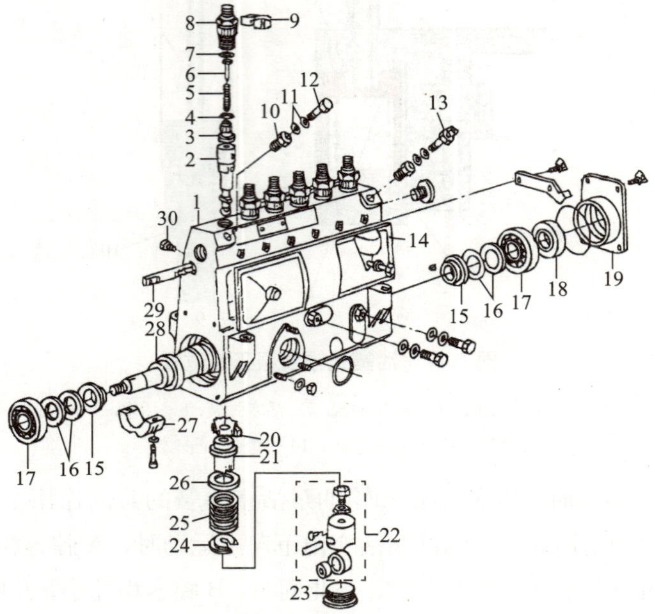

图 4.18　A 型喷油泵分解图

1—泵体；2—柱塞偶件；3—出油阀偶件；4—出油阀垫圈；5—出油阀弹簧；6—减容器；7—“O”形密封圈；8—出油阀压紧座；9—锁夹总成；10—管接头；11—垫圈；12—螺栓；13—回流阀；14—侧盖板；15—凸轮轴挡环；16—调整垫；17—轴承；18—油环；19—轴承盖；20—齿圈；21—控制套筒；22—滚轮传动部件；23—堵塞；24，26—弹簧座；25—柱塞弹簧；27—轴承座；28—凸轮轴；29—控制齿条；30—齿条止动螺钉

1) 直列柱塞式喷油泵的构造

柱塞泵由四大部分组成：分泵、油量调节机构、传动机构和泵体。

(1) 泵体是喷油泵的基础件，多用铝合金铸成。泵体分为组合式和整体式两种。组合式有上下两部分，用螺栓连接在一起。上体安装分泵，下体安装驱动件和油量调节件。泵体中间设有低压油腔，与柱塞套上的进油孔相通。

(2) 分泵由柱塞、柱塞套筒、回位弹簧、弹簧座、出油阀、出油阀座、出油阀弹簧、出油阀压紧螺帽等零件组成，如图 4.19 所示。

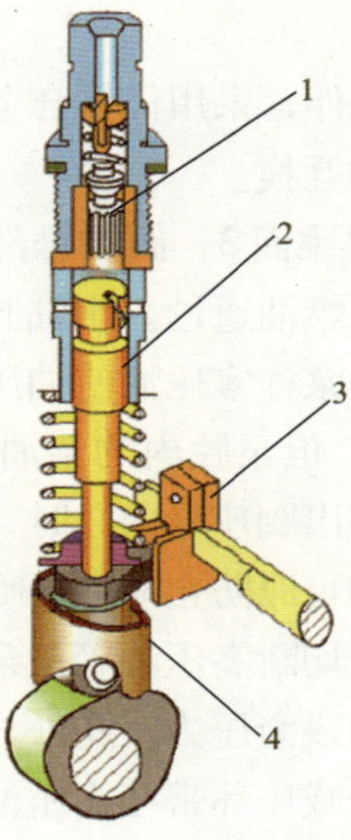

图 4.19 分泵结构

1—出油阀偶件；2—柱塞偶件；3—油量调节机构；4—驱动机构

① 柱塞偶件，如图 4.20 所示。

a. 柱塞 1 为一光滑的圆柱体，在其上部铣有螺旋槽 3，并利用直槽 4 使槽与柱塞上端的泵油室相通。柱塞的下部制有安装弹簧座的圆柱体和十字凸块（或压入调节臂），以便使柱塞能往复运动，调节供油量。

b. 柱塞套筒 2 为光滑的圆柱形长孔，套筒上部开有一个进油和回油用的小孔 5、6，或开有两个径向孔，一孔进油、一孔回油，它们与壳体上的低压进油室相通。

c. 柱塞套筒装在壳体座孔内，并用定位螺钉固定，以防止柱塞套筒转动。

d. 柱塞和柱塞套筒是一对精密的偶件，不能互换。柱塞偶件用耐磨性高的优质合金钢（轴承钢）制成，并进行热处理和时效处理。

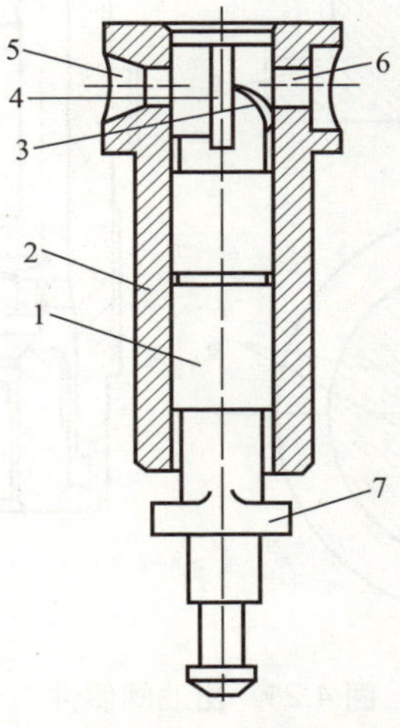

图 4.20 柱塞偶件

1—柱塞；2—柱塞套筒；3—螺旋槽；4—直槽；5，6—油孔；7—榫舌

② 出油阀偶件，如图 4.21 所示。

a. 出油阀座 1 和出油阀 2 是精密偶件，采用优质合金钢制造，其导孔、上下端面及座孔经过精密的加工和研磨，配对以后不能互换。

b. 出油阀的圆锥部是阀的轴向密封锥面 3，阀的锥部在导孔中滑动起导向作用，尾部加工有切槽 6，形成十字形断面，以便使燃油通过。出油阀中部的圆柱面叫减压环带 4，它与密封锥面间形成了一个减压容积。当分泵柱塞压油使油压达到一定值时，泵腔内的油压顶开出油阀，使出油阀密封锥面离开阀座，但泵腔内的柴油并不能立即泵出。只有当减压环带顶开出油阀，使出油阀密封锥面完全移出阀座导向孔时，即出油阀向上移动一段距离 h 后，泵腔内的柴油才能进入高压油管，这样可以防止喷油器喷前滴油。在停止供油、出油阀落座时，减压环带首先进入出油阀导向孔，切断高压油管与泵腔的通道，高压油管内的柴油停止回流，这样可保持高压油管内有一定的残余压力。此外，从减压环带开始进入阀座导向孔，直到出油阀密封面与阀座接触时，由于减压环带在高压油管中让出了其凸缘所占的容积，使高压油管内的油压迅速下降，从而使喷油器停油干脆。由此可见，减压环带具有防止喷油器喷前滴油、保持高压油管内有一定的残余压力和使喷油器停油干脆三方面的功能。

c. 阀座的下端面和柱塞套筒的上端面是精密加工、严密贴合，它是通过压紧螺帽以规定的扭紧力矩来压紧的。压紧螺帽与阀座之间有一定厚度的铜制高压密封垫圈 7，出油阀压紧螺帽和壳体上端面间还有低压密封垫圈。

d. 在出油阀压紧螺帽内腔装有带槽的减容器 8，以减小内腔空间的容积，使喷、停迅速，限制出油阀的最大升程。

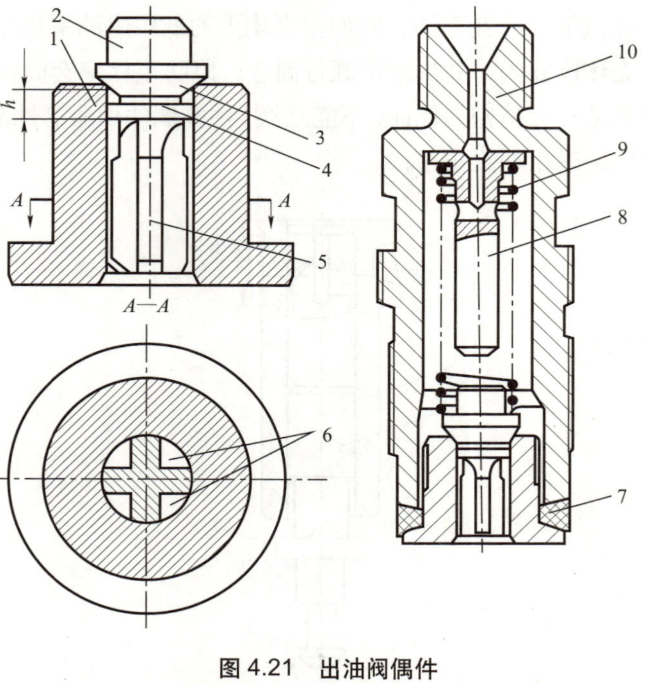

图 4.21　出油阀偶件

1—出油阀座；2—出油阀；3—密封锥面；4—减压环带；5—导向面；6—切槽；7—密封垫圈；8—减容器；9 —出油阀弹簧；10—出油阀紧座

(3) 传动机构由凸轮轴和滚轮传动部件组成，如图 4.22 所示。凸轮轴上每个凸轮驱动一个滚轮部件，再由滚轮部件和柱塞弹簧推动柱塞在柱塞套内做往复直线运动，完成泵油任务。

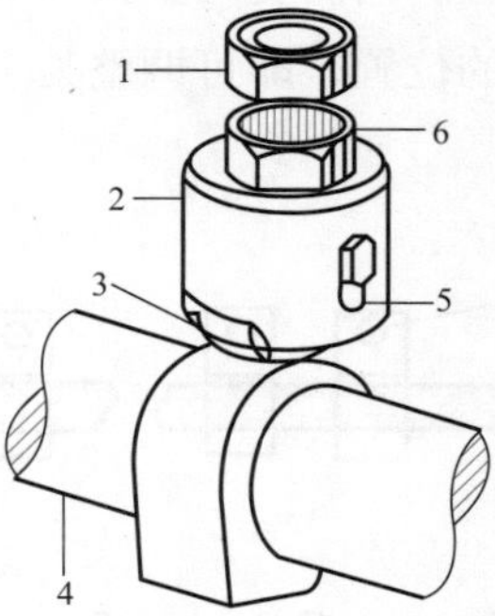

图 4.22　传动机构

1—调节螺栓；2—挺柱体；3—挺柱体滚轮；4—凸轮轴；5—滚轮销；6—锁紧螺母

(4) 油量调节机构一般有齿条式和拨叉式两种。

① 齿条式油量调节机构。

如图 4.23 所示，套筒 6 松套在柱塞套 2 的外面，控制套筒下端的切槽卡住柱塞 5 下端的凸块，齿圈 3 套装在控制套筒上端并用紧固螺钉 4 紧固，各分泵传动套筒上的调节齿圈均与调节齿杆 1 啮合，当驾驶员或调速器推动调节齿杆轴向移动时，调节齿杆带动齿圈和套筒一起相对柱塞套转过一定角度，从而改变喷油泵的供油量。当需要调整某分泵的供油量时，松开齿圈紧固螺钉，然后转动套筒，并带动柱塞相对调节齿圈转过一定角度，可实现对某一分泵供油量的调整，以实现分泵供油均匀。

② 拨叉式油量调节机构。

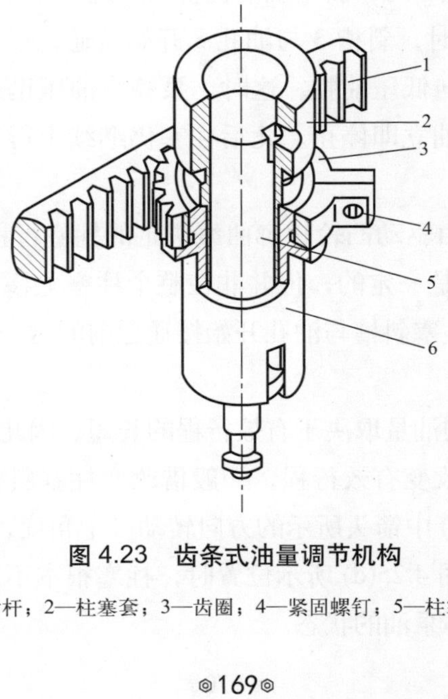

图 4.23　齿条式油量调节机构

1—调节齿杆；2—柱塞套；3—齿圈；4—紧固螺钉；5—柱塞；6—套筒

如图 4.24 所示，调节臂压装在分泵柱塞下端，其端头插入拨叉的凹槽内，拨叉用螺钉固定在供油拉杆上。当供油拉杆移动时，拨叉带动调节臂和分泵柱塞一起相对柱塞套筒转过一定角度，从而改变喷油泵供油量。当需要调整某分泵的供油量时，松开拨叉紧固螺钉，改变某一分泵的拨叉在供油拉杆上的位置，即可调整某一分泵的供油量。

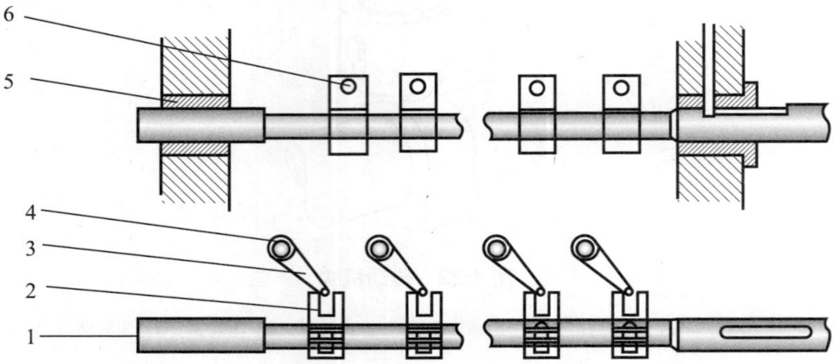

图 4.24　拨叉油量调节机构

1—供油拉杆；2—拨叉；3—调节臂；4—柱塞；5—供油拉杆衬套；6—拨叉固定螺钉

2) 直列柱塞式喷油泵的工作原理

如图 4.25(a) 所示，当柱塞下移到两个油孔 4 和 8 与同柱面上的泵腔相通时，由输油泵经滤清器输送到喷油泵的低压燃油经油孔 4 和 8 被吸入并充满泵腔。在柱塞自下止点上移的过程中，起初有一部分燃油被从泵腔挤回低压油腔，直到柱塞上部的圆柱面将两个油孔 4 和 8 完全封闭为止。此后，柱塞继续上升，如图 4.25(b) 所示，柱塞上部的燃油压力顿时增高到足以克服出油阀弹簧 7 的作用力，出油阀 6 即开始上升。当出油阀 6 上的圆柱形环带离开出油阀座 5 时，高压燃油便自泵腔通过高压油管流向喷油器。当柱塞再上移到如图 4.25(c) 所示位置时，斜槽 3 与油孔 8 开始接通，于是泵腔内的燃油便经柱塞中央的孔道、斜槽和油孔 8 流向低压油腔。这时，泵腔中油压迅速下降，出油阀在弹簧压力作用下立即复位，喷油泵供油立即停止。此后柱塞仍继续上行，直到上止点为止，但不再泵油。

由上述泵油过程可知，由驱动凸轮轮廓曲线决定的柱塞行程 h(柱塞的上、下止点间的距离），如图 4.25(e) 所示，是一定的，但并非在整个柱塞上移行程内都供油。喷油泵只是在柱塞完全封闭油孔之后到柱塞斜槽与油孔开始接通之前的这一部分柱塞行程 h 内才泵油，称为柱塞有效行程。

显然，喷油泵每次泵出的油量取决于有效行程的长短。因此，欲使喷油泵能随发动机工况不同而改变供油量，只需改变有效行程，一般借改变柱塞斜槽与柱塞套油孔的相对角位置来实现。将柱塞朝图 4.25(e) 中箭头所示的方向转动一个角度，有效行程和供油量即增加；反之，则减少。当柱塞转到图 4.25(d) 所示位置时，柱塞根本不可能完全封闭油孔，因而有效行程为零，即喷油泵处于不泵油的状态。

当柱塞上升到封闭柱塞套进油孔时，泵腔内油压升高，克服出油阀弹簧预紧力后，出油阀开始上升，出油阀的密封锥面离开出油阀座，但此时还不能立即供油，直到减压环带完全离开出油阀座的导向孔时，才有燃油进入高压油管，使管路中油压升高；当柱塞下落时，出油阀在出油阀弹簧的作用下开始回位，减压环带一经进入导向孔，泵腔出油孔便被切断，于是燃油停止进入高压油管；出油阀再继续下降直到密封圆锥面贴合时，由于出油阀体本身所让出的容积，使高压油管内的压力迅速降低，喷油就可以立即停止，故可避免喷油器发生滴漏现象。

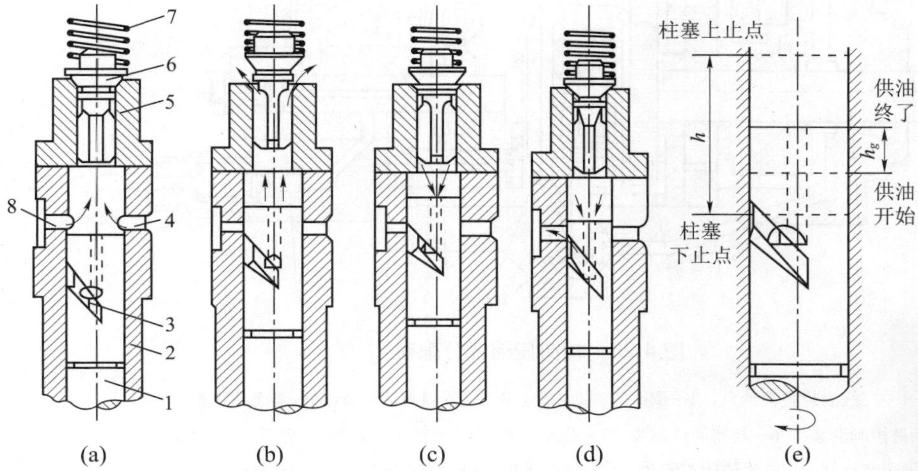

图 4.25 柱塞式喷油泵泵油原理

1—柱塞；2—柱塞套；3—斜槽；4，8—油孔；5—出油阀座；6—出油阀；7—出油阀弹簧

柱塞式喷油泵

3. 分配式喷油泵

分配式喷油泵简称分配泵，有轴向压缩式和径向压缩式。目前应用较为广泛的是轴向压缩式分配泵。

轴向分配泵的结构和工作原理。

轴向压缩式分配泵也称 VE 泵，其结构如图 4.26 所示。该泵主要由联轴器、二级滑片式输油泵、高压泵头、供油提前调节器和调速器等组成。

分配泵驱动机构如图 4.26 所示。驱动轴 20 由柴油机曲轴定时齿轮驱动。驱动轴带动二级滑片式输油泵 1(见图 4.27) 工作，并通过调速器驱动齿轮 2 带动调速器轴旋转。在驱动轴的右端通过联轴器 18 与端面凸轮盘 4 连接，利用端面凸轮盘上的传动销带动分配柱塞 7 旋转。柱塞回位弹簧 6 将分配柱塞压紧在端面凸轮盘上，并使端面凸轮盘压紧滚轮 22。滚轮轴嵌入静止不动的滚轮架 21 上。当驱动轴 20 旋转时，端面凸轮盘与分配柱塞同步旋转，并在滚轮、端面凸轮盘和柱塞回位弹簧的共同作用下带动分配柱塞在分配套筒 9 内做往复运动。分配柱塞一圈内往复移动的次数等于端面凸轮盘的凸轮数，即发动机的缸数。往复运动时柴油机增压，旋转运动进行柴油分配。

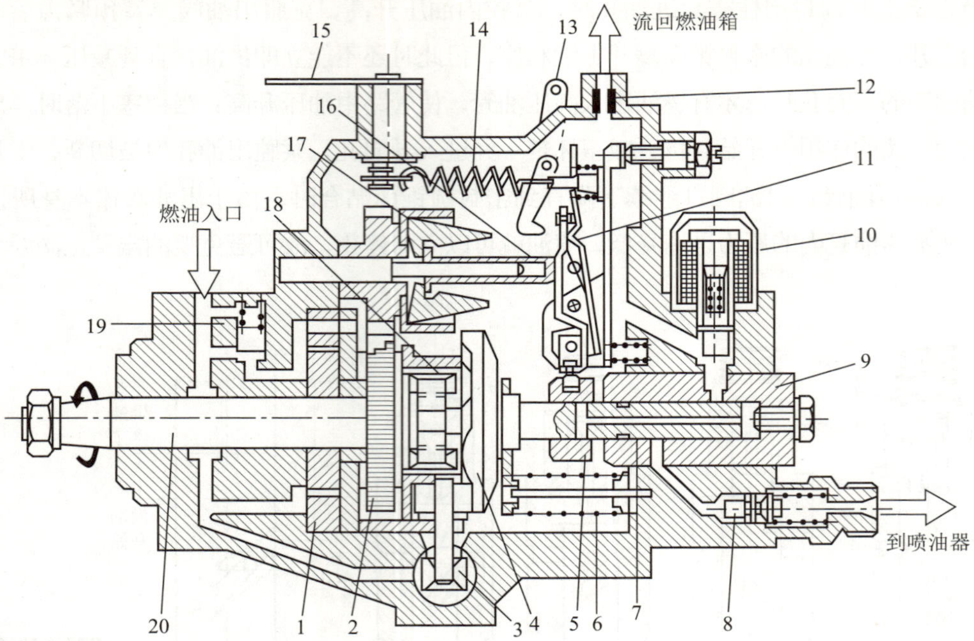

图 4.26　轴向压缩式分配泵

1—二级滑片式输油泵；2—调速器驱动齿轮；3—供油提前调节器；4—端面凸轮盘；5—油量控制滑套；6—柱塞回位弹簧；7—分配柱塞；8—出油阀；9—分配套筒；10—断油阀；11—调速器张紧杠杆；12—溢流阀节流孔；13—停机手柄；14—调速弹簧；15—控制阀；16—调速滑套；17—飞块；18—联轴器；19—调压阀；20—驱动轴

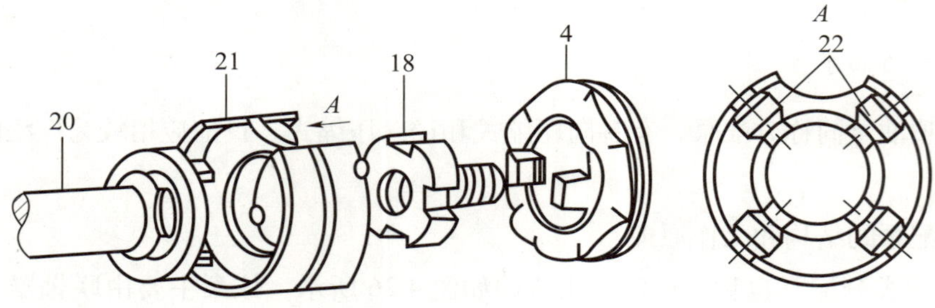

图 4.27　分配泵驱动机构

21—滚轮架；22—滚轮（其余图注通图 4.26）

供油提前调节器安装在泵体下部，其作用是根据发动机转速变化，自动调节分配泵的供油时刻。

VE 泵的工作原理如图 4.28 所示，分配柱塞 1 右端均布四个（四缸机）轴向槽 11，在与出油阀通道 5 相对应的分配柱塞端面上设有分配孔 4。当柱塞轴向槽与泵体进油道 16 相通时，柱塞分配孔则与出油阀通道 5 相隔绝。油量控制滑套 2 在调速器起动杠杆 17 的作用下，可在分配柱塞上滑动。

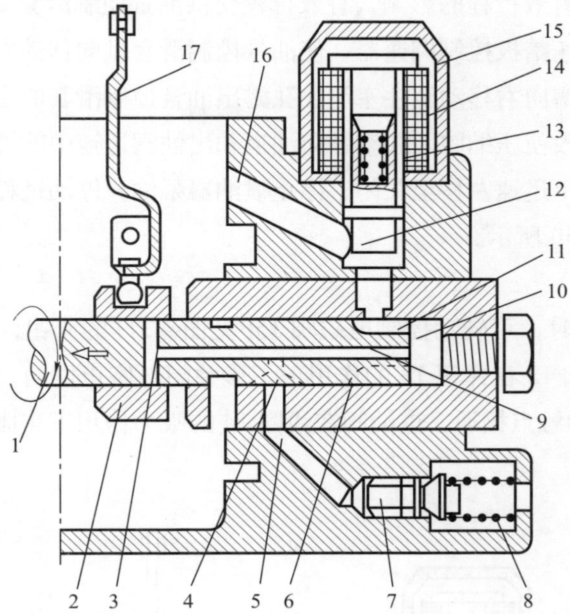

图 4.28　供油过程

1—分配柱塞；2—油量控制滑套；3—柱塞泄油孔；4—柱塞分配孔；5—出油阀通道；6—分配套筒；7—出油阀；8—出油阀弹簧；9—柱塞纵向油道；10—压缩腔；11—柱塞轴向槽；12—进油阀；13—进油阀弹簧；14—线圈；15—电磁阀；16—泵体进油道；17—起动杠杆

1) 供油过程

分配柱塞 1 左移，此时柱塞分配孔 4(见图 4.28) 与出油阀通道 (4 个) 相隔绝，柱塞泄油孔 3 被油量控制滑套 2 封死，压缩腔 10 容积增大，产生真空度，燃油在滑片式输油泵作用下被输送到泵油腔内，经泵体进油道、进油阀、柱塞轴向槽进入压缩腔并充满柱塞纵向油道。

2) 泵油过程

如图 4.29 所示，分配柱塞右移，开始时，柱塞轴向槽与泵体进油道隔绝，柱塞泄油孔 3 仍被封闭，柱塞分配孔与泵体出油阀通道 5 相通。随着分配柱塞的进一步右移，压缩腔的容积不断减小，柴油压力不断升高。当油压升高至足以克服出油阀弹簧力而使出油阀 7 右移开启时，柴油便经出油阀通道、出油阀及油管被送往喷油器。

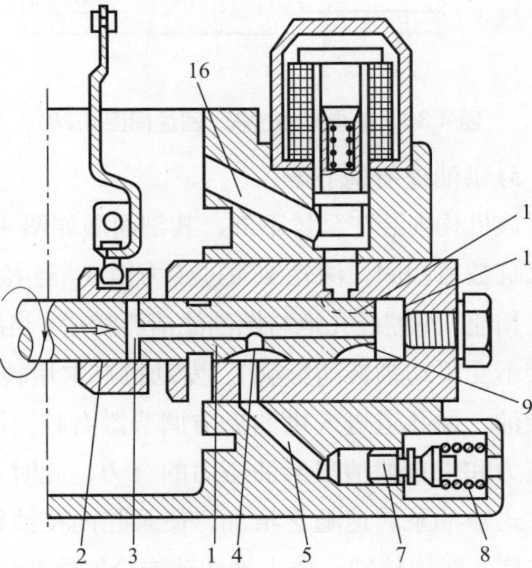

图 4.29　泵油过程 (图注同图 4.28)

3) 停油过程

轴向压缩式分配泵的每循环最大泵油量取决于分配柱塞的直径和最大有效行程。使用中供油量受分配柱塞有效行程的影响，有效行程受供油量控制滑套 2(见图 4.28) 位置的限制。驾驶员可以通过加速踏板控制调速器，使油量控制滑套轴向移动实现供油量的调节。在泵油过程中，当分配柱塞向右移动至柱塞泄油孔露出油量控制滑套的右端面时，被压缩的柴油迅速流向低压泵腔，致使压缩腔、柱塞纵向油道和出油阀通道中的油压骤然降低。出油阀在出油阀弹簧 8 的作用下迅速左移至关闭，停止喷油器泵油。停油过程持续到分配柱塞到达其右行程终点，如图 4.30 所示。

4) 发动机停车

当需要发动机停机时，可转动控制电磁阀 15(见图 4.31) 的旋钮，使电路触点断开，电磁线圈 14 断电，进油阀 12 在弹簧 13 的作用下下移关闭，停止供油，发动机熄火。起动发动机，先将电磁阀 15 的触点接通，进油阀在线圈 14 的吸力作用下克服弹簧力上移，泵体进油道打开，供油开始。

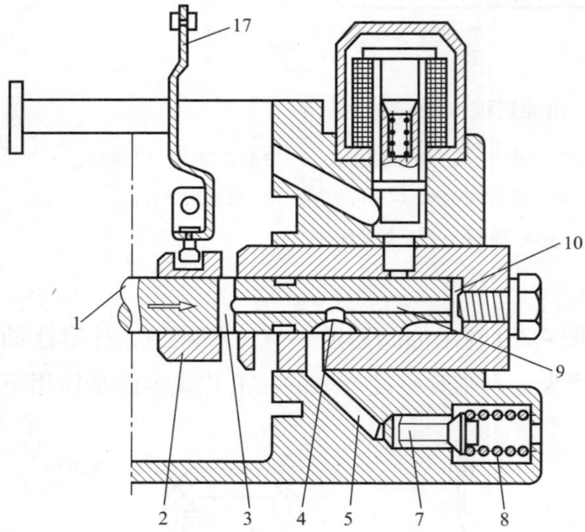

图 4.30　停止泵油过程 (图注同图 4.28)

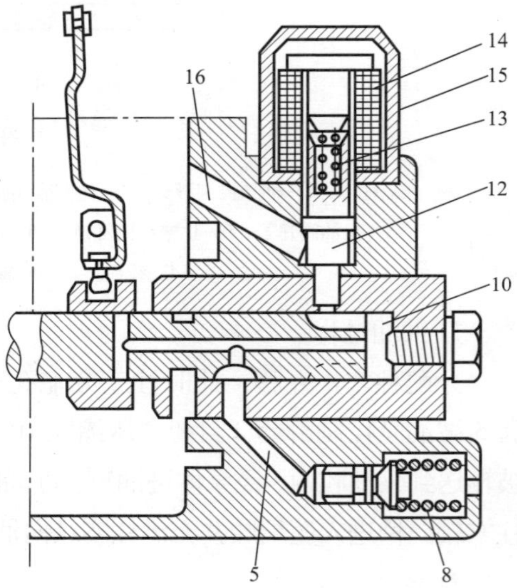

图 4.31　发动机停机 (图注同图 4.28)

5) 供油提前调节器

该机构安装在泵体下部，其剖面图如图 4.32 所示。在滚轮架 6 上安装有滚轮 5，其数目与气缸数目相同。滚轮架通过传力销 3、连接销 2 与油缸活塞 1 连接。调节器右腔经孔道与泵腔相通，左腔经孔道与燃油滤清器相通。当活塞移动时，就会拨动滚轮架绕其轴线转动 (滚轮架不受驱动轴转动影响)。发动机在常用转速下工作时，滑片式输油泵输送到泵腔内的低压柴油，经孔道进入供油提前调节器右腔。油缸活塞右侧受到低压柴油的推力，左侧受到弹簧力和来自滤清器柴油压力的合力，此时，两侧作用力相平衡。当发动机转速升高时，滑片式输油泵转速随之增加，使泵腔内及油缸右侧柴油压力升高，油缸活塞受力失衡，活塞左移，经连接销、传力销推动滚轮架绕其轴线顺时针转动某一角度 (与端面凸轮盘转向相反），使凸轮盘端面凸轮提前某一角度与滚轮抵靠，从而使分配柱塞向右移动时刻提前，实现供油时刻提前的作用。反之，活塞右移，使滚轮架 6 逆时针转动某一角度，则供油迟后，即供油提前角减小。

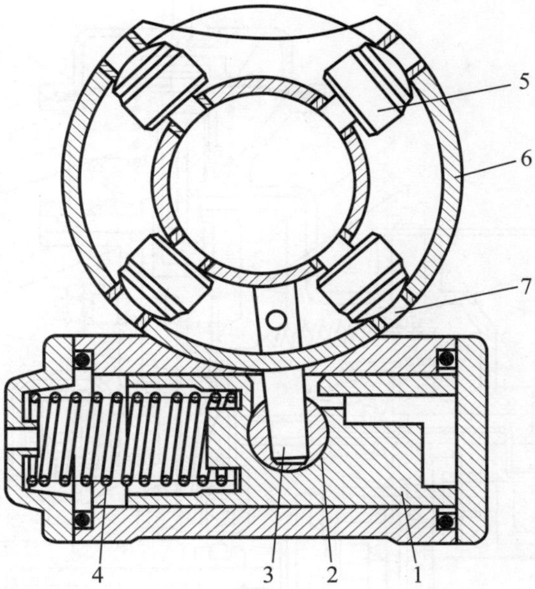

图 4.32　供油提前调节器

1—活塞；2—连接销；3—传力销；4—弹簧；5—滚轮；6—滚轮架；7—滚轮轴

6) 增压补偿器

对于增压柴油机，为了避免发动机在低速运转时，因增压压力低、空气量不足而造成的燃烧不充分、燃料经济性下降及产生有害排放物的弊端，同时使发动机在高速运转时可获得较大功率并提高燃料经济性，在增压发动机上装有增压补偿器。其作用是根据增压压力的大小，自动增加或减少各缸的供油量。

增压补偿器的结构如图 4.33 所示。在补偿器下体 6 和补偿器盖 4 之间装有橡胶膜片 5，膜片把补偿器分成上、下两个腔。上腔由管路与进气管相通，进气管中由废气涡轮增压器所形成的空气压力作用在膜片上表面；下腔经通气孔 8 与大气相通，弹簧 9 向上的弹力作用在膜片下支撑板 7 上。膜片与补偿器阀芯 10 相固连，阀芯 10 下部有一上小下大的锥形体。补偿杠杆 2 上端的悬臂体与锥形体相靠，补偿杠杆下端抵靠在张紧杠杆 11 上。补偿杠杆可绕销轴 1 转动。

当进气管中增压压力升高时，补偿器上腔压力大于弹簧 9 的弹力，使膜片 5 连同补偿器阀芯 10 向下运动。补偿器下腔的空气经通气孔 8 逸入大气中，与阀芯锥形体相接触，补偿杠杆 2 绕销轴 1 顺时针转动，张紧杠杆在调速弹簧 13 的作用下绕其转轴逆时针方向摆动，从而拨动油量调节控制滑套 12 右移，使供油量适当增加，发动机功率加大；反之，发动机功率相应减小。

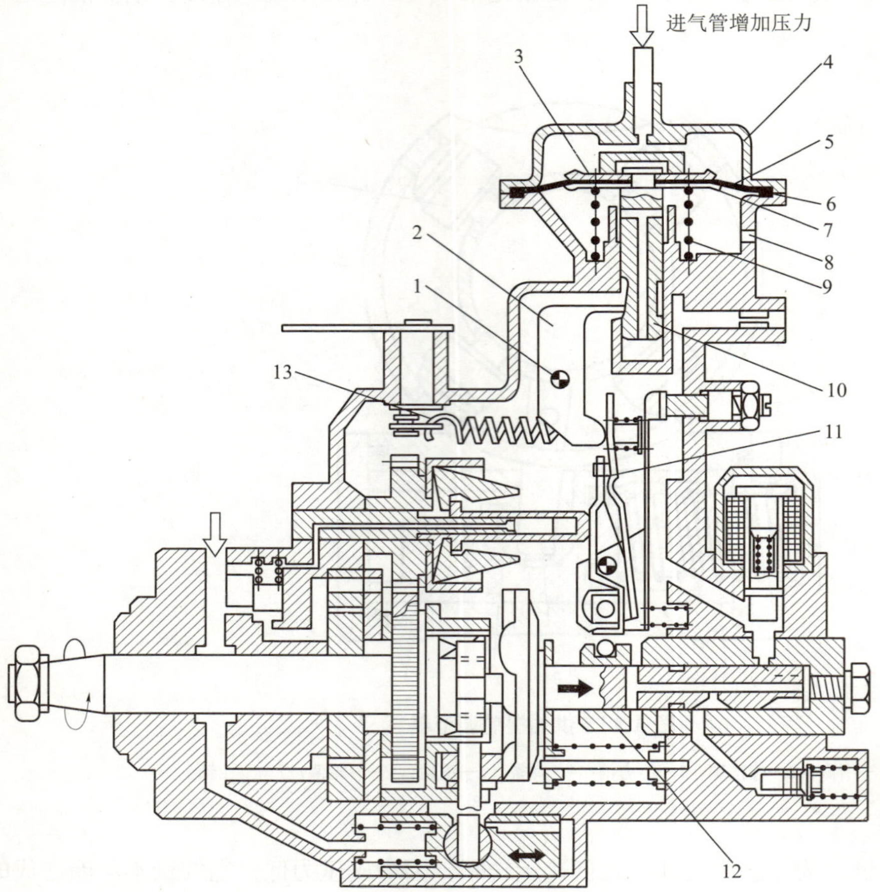

图 4.33　增压补偿器

分配泵

1—销轴；2—补偿杠杆；3—膜片上支撑板；4—补偿器盖；5—膜片；6—补偿器下体；7—膜片下支撑板；8—通气孔；9—弹簧；10—补偿器芯阀；11—张紧杠杆；12—油量调节控制滑套；13—调速弹簧

轴向压缩式分配泵具有零件数目少、结构紧凑、通用性高和污染小等优点，同时由于其分配柱塞兼有泵油和配油作用，使这种泵结构简单、故障率低。另外，由于端面凸轮盘易于加工，精度易得到保证，同时泵体上装有增压补偿器，使其动力性和经济性都比较优异。

4. 调速器

1) 调速器的功用及类型

调速器是一种自动调节装置，它根据柴油机负荷的变化，自动增减喷油泵的供油量，使柴油机能够以稳定的转速运行。

在柴油机上装设调速器是由柴油机的工作特性决定的。汽车柴油机的负荷经常变化，当负荷突然减小时，若不及时减少喷油泵的供油量，则柴油机的转速将迅速增高，甚至超出柴油机设计所允许的最高转速，这种现象称“超速”或“飞车”。相反，当负荷骤然增大时，若不及时增加喷油泵的供油量，则柴油机的转速将急速下降直至熄火。柴油机超速或怠速不稳，往往出自于偶然的原因，汽车驾驶员难以做出响应。这时，唯有借助调速器，及时调节喷油泵的供油量，才能保持柴油机稳定运行，即当柴油机由于某种原因使其转速增高或降低时，调速器能自动控制调速拉杆的位置，减少或增加每循环供油量，使柴油机转速不再继续增高或降低。这样就可使柴油机保持在较小的转速范围内稳定运转。

汽车柴油机调速器按其工作原理的不同，可分为机械式、气动式、液压式、机械气动复合式、机械液压复合式和电子式等多种形式。但目前应用最广的当属机械式调速器，其结构简单、工作可靠、性能良好。

按调速器起作用的转速范围不同，又可分为两极式调速器和全程式调速器。中、小型汽车柴油机多数采用两极式调速器，以起到防止超速和稳定怠速的作用。在重型汽车上则多采用全程式调速器，这种调速器除具有两极式调速器的功能外，还能对柴油机工作转速范围内的任何转速起调节作用，使柴油机在各种转速下都能稳定运转。

2) 两极式调速器

两极式调速器 (以 RQ 型两级式调速器为例) 只在柴油机的最高速和怠速起自动调节作用，在最高速和怠速之间的任何转速都不起作用，而由驾驶员控制柴油机转速的变化。

(1) 两级式调速器的结构。

两极式调速器主要由发动机转速的感应部件、传动部件和附加装置等组成，如图 4.34 所示。 感应部件的作用是感知柴油机转速的变化，并发出相应的信号，它主要由飞锤 3 (也称飞块) 等组成。传动部件的作用是根据感应部件提供的信号调节供油量，它主要由角形杠杆 18、调速套筒 22、调速杠杆 15 和连接杠杆 2 等组成。附加装置的作用是使供油量变化缓和、稳定，以使发动机转速变化缓和。附加装置主要包括怠速稳定弹簧 14、转矩平衡装置 19 和转矩校正装置。

调速器用螺钉固定在喷油泵后端。喷油泵凸轮轴通过半圆键连接一个轴套，轴套上固定两个双头螺栓，在每个螺栓上套装一个飞锤 3，飞锤 3 通过角形杠杆 18、调速套筒 22、调速杠杆 15 和连接杠杆 2 与喷油泵的供油量调节齿杆 1 连接。飞锤 3 内装有内、中、外三个弹簧，其外端均支撑在外弹簧座 10 上。外弹簧 9 的内端支撑在飞锤 3 的内端面上，称为怠速弹簧；中间弹簧 8 和内弹簧 7 的内端支撑在外弹簧座 10 上，称为高速弹簧。当把弹簧安装在弹簧座上时，应有一定的预紧力，预紧力的大小可以调整。

摇杆 17 的一端与调速手柄 24 连接，另一端与圆柱形的滑块 16 铰接，滑块 16 在调速杠杆 15 的长孔中滑动。为保证滑动销 20 移动灵活，设有导向销 21 为滑动销 20 导向。

在调速器壳体 11 的侧面装有停油臂 12，在连接杠杆 2 上固定有挡销 13，转动停油臂 12，拨动挡销，使其向左拉动供油量调节齿杆 1 直至停油为止。

此外，RQ 型调速器在调速器盖上装有怠速稳定弹簧 14，在滑动销内装有转矩平衡装置 19，还可根据需要在飞锤内安装转矩校正装置。

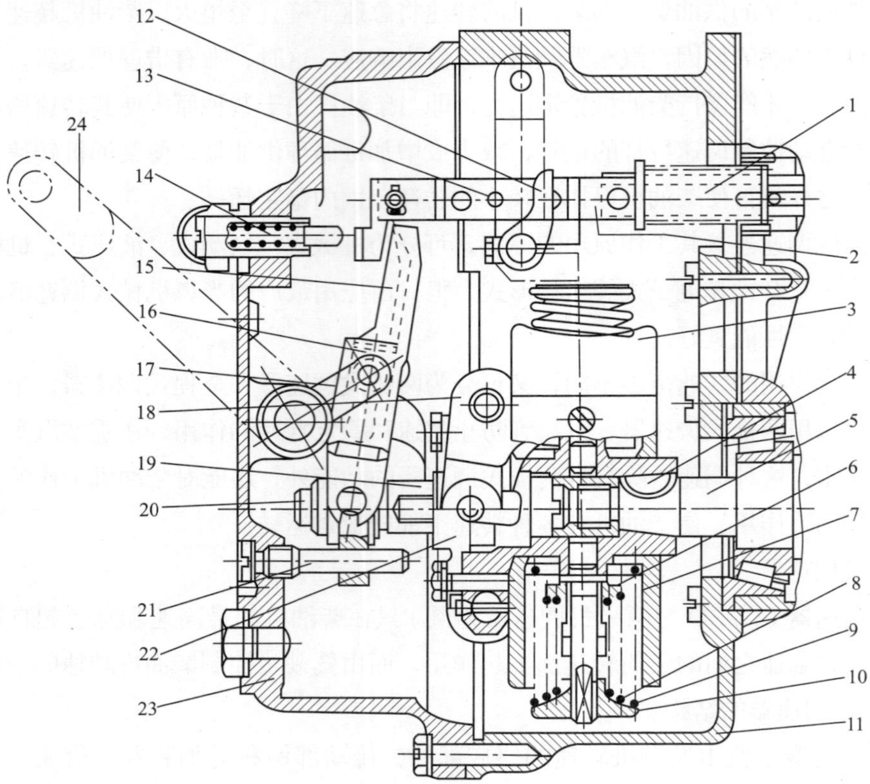

图 4.34　RQ 两级式调速器

1—供油量调节齿杆；2—连接杠杆；3—飞锤；4—半圆键；5—喷油凸轮轴；6—内弹簧座；7—内弹簧；8—中间弹簧；9—外弹簧；10—外弹簧座；11—调速器壳体；12—停油臂；13—挡销；14—怠速稳定弹簧；15—调速杠杆；16—滑块；17—摇杆；18—角形杠杆；19—转矩平衡装置；20—滑动销；21—导向销；22—调速套筒；23—调速器盖；24—调速手柄

(2) 两级式调速器基本工作原理。

RQ 两极式调速器的工作原理如图 4.35 所示。

① 起动。

如图 4.35(b) 所示，将调速手柄 2 从停车挡块 1 移动至最高速挡块 4 上。在此过程中，调速手柄 2 带动摇杆 3，摇杆 3 又带动滑块 5，使调速杠杆 6 以其下端的铰接点 17 为支点向右摆动，并推动喷油泵供油量调节齿杆 7 克服供油量限制弹性挡块 9 的阻力，向右移到起动油量的位置。起动油量多于全负荷油量，旨在加浓混合气，以利于柴油机低温起动。

② 怠速。

如图 4.35(c) 所示，柴油机起动之后，将调速手柄 2 置于怠速位置，这时调速手柄 2 通过摇杆 3、滑块 5 使调速杠杆 6 仍以其下端的铰接点 17 为支点向左摆动，并拉动供油量调节齿杆 7 左移至怠速油量的位置。

怠速时柴油机转速很低，飞锤 11 的离心力较小，只能与怠速弹簧力相平衡，飞锤处于内弹簧座与安装飞锤轴套之间的某一位置。若此时柴油机由于某种原因转速降低，则飞锤离心力小，在怠速弹簧的作用下，飞锤移向回转中心，同时带动角形杠杆 14 和调速套筒 15，使调速杠杆 6 下端的铰接点 17 以滑块 5 为支点向左移动，调速杠杆 6 则推动油量调节齿杆 7 向右移动，增加供油量，使转速回升；反之，当转速增高时，飞锤 11 的离心力增大，飞锤便压缩怠速弹簧而远离回转中心，同样通过角形杠杆 14 和调速套筒 15 使调速杠杆 6 下端的铰接点 17 以滑块 5 为支点向右移动，而供油量调节齿杆 7 则向左移动，减小供油量，使转速降低。可见，调速器可以保证怠速转速稳定。调节螺母 13 用来调节怠速弹簧的预紧力，以达到调节怠速转速的目的。

③ 中速。

如图 4.35(d) 所示，将调速手柄 2 从怠速位置移至中速位置。供油量调节齿杆 7 处于部分负荷位置，柴油机转速较高，飞锤 11 进一步外移直到飞锤底部与内弹簧座接触为止。柴油机在中等转速范围内工作时，飞锤离心力不足以克服怠速弹簧和高速弹簧的共同作用力，飞锤始终紧靠在内弹簧座上而不能移动，即调速器在发动机中等转速范围内不起调节油量的作用。此时驾驶员可根据汽车行驶的需要改变调速器手柄的位置，使调速杠杆 6 以其下端的铰接点 17 为支点转动，并拉动供油量调节齿杆 7 增加或减少供油量。

④ 最高转速。

如图 4.35(e) 所示，将调速手柄 2 置于最高速挡块 4 上。供油量调节齿条相应地移至全负荷位置，柴油机转速由中速升高至最高速。此时，飞锤离心力相应增大，并克服全部调速弹簧的作用力，使飞锤连同弹簧座一起向外移到一个新的位置。此时，飞锤的离心力便超过调速弹簧的作用力，使供油量调节齿杆 7 向减油方向移动，从而防止柴油机超速。

⑤ 停车。

如图 4.35(a) 所示，将调速手柄 2 置于停车挡块 1 上。调速杠杆 6 以其下端的铰接点 17 为支点向左摆动，并带动供油量调节齿杆 7 向左移到停油位置，柴油机停车，调速器飞锤在调速弹簧的作用下抵靠在安装飞锤的轴套上。

综上所述，RQ 型两级式调速器对柴油机转速的调节，是通过一套杠杆系统把飞锤的位移转变为供油量调节齿条的位置，以增加喷油泵的供油量来实现的。由于 RQ 型两级式调速器采用了摇杆和滑块机构，在怠速和最高转速时调速器的杠杆比是不同的，调速套筒 15 与供油量调节齿杆 7 位移之比，等于调速杠杆 6 被滑块 5 分成两段后的长度 m 与 n 之比，如图 4.35(c) 所示，当调速手柄位于怠速位置时，仅为 1∶1.35，即当调速套筒产生一定位移时，供油量调节齿条的位移量变化相对高速时较小，喷油泵的供油量变化也相对高速时较小，使怠速转速不至于有较大的波动，从而提高了怠速的稳定性。另一方面，较小的杠杆比可以在离心力发生较小的变化时就能使供油量调节齿条移动，从而提高了调速器在怠速时的调速敏感性。当调速手柄位于最高速位置时，杠杆比为 1∶3.23，这时飞锤的离心力很大，柴油机转速发生较大的变化时，较大的离心力便立即使供油量调节齿条移动并产生较大的位移，从而迅速地稳定柴油机转速，限制转速。

柴油机燃油供给系统
调速器喷油器喷油泵

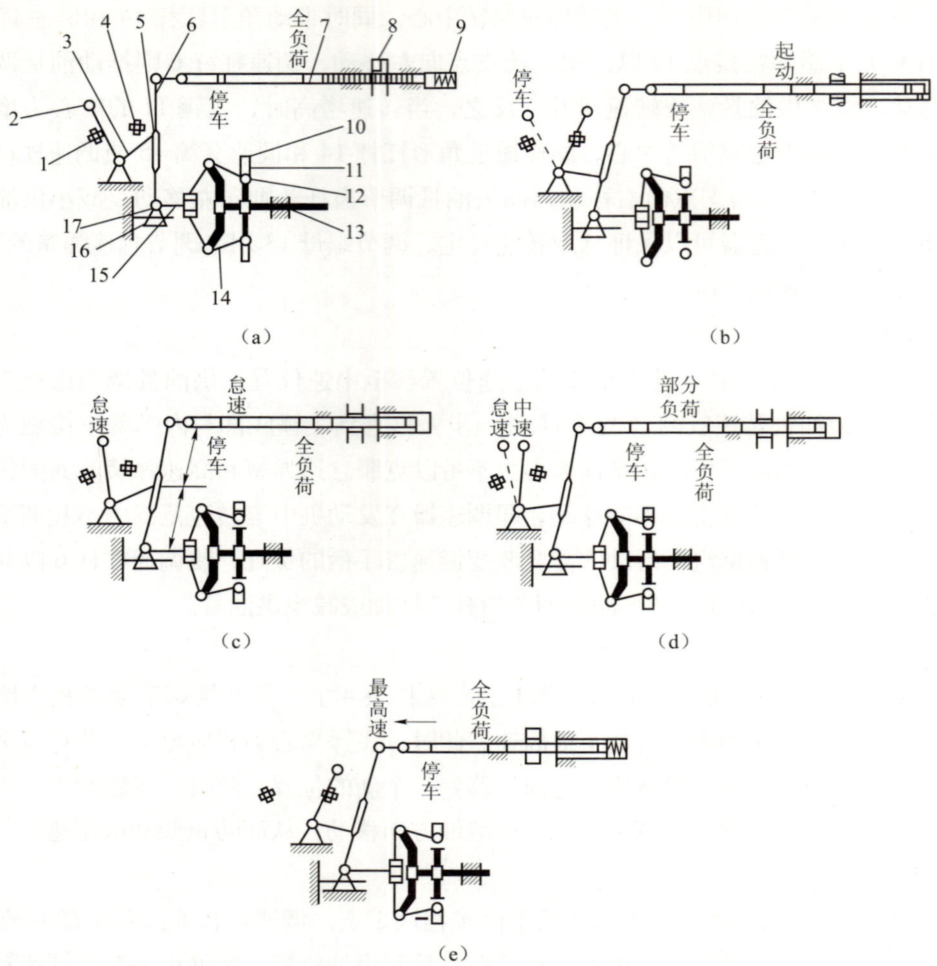

图 4.35　RQ 型调速器工作原理示意图

1—停车挡块；2—调速手柄；3—摇杆；4—最高速挡块；5—滑块；6—调速杠杆；
7—供油量调节齿杆；8—喷油泵柱塞；9—供油量限制弹性挡块；10—喷油泵凸轮轴；11—飞锤；
12—调速弹簧；13—调节螺母；14—角形杠杆；15—调速套筒；16—导向销；17 —铰接点

5. 喷油器

喷油器是柴油机燃油供给系统中实现燃油喷射的重要部件，其功用是根据柴油机混合气形成的特点，将燃油雾化成细微的油滴，并将其喷射到燃烧室特定的部位。喷油器应满足不同类型的燃烧室对喷雾特性的要求。一般说来，喷注应有一定的贯穿距离和喷雾锥角，以及良好的雾化质量，而且在喷油结束时不发生滴漏现象。喷油器分为开式和闭式两种，车用柴油机大多采用闭式喷油器，其常见的形式有两种：孔式喷油器和轴针式喷油器。

1) 孔式喷油器

(1) 孔式喷油器的结构。

孔式喷油器用于直喷式燃烧室柴油机上，其结构如图 4.36 所示，由针阀和针阀体构成的精密偶件通过拧紧紧固螺栓套与喷油器体紧固在一起。为了保证结合面的密封，针阀体的上端面与喷油器体的下端面都经过精细研磨。调压弹簧的预紧力通过顶杆作用在针阀上，将针阀压紧在针阀体内密封面的锥面上，使喷油嘴关闭。调压弹簧的预紧力由调压螺钉调节。

针阀的上锥面称为承压锥面，用来承受油压产生的轴向推力，使针阀升起。针阀下端的锥面称为密封锥面，与针阀体内的密封锥面配合，以实现喷油器内腔的密封。针阀的密封锥面与针阀体内的密封锥面都是在精加工之后再配对研磨，以保证其配合精度的。

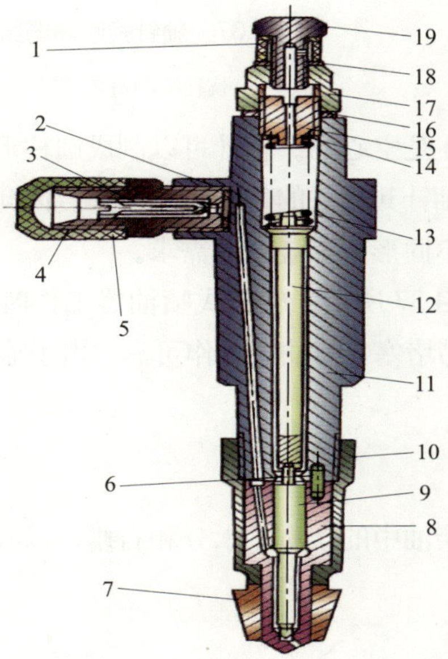

图 4.36 孔式喷油器

1—保护套；2，18—衬垫；3—喷油器滤芯；4—进油管接头；5—进油管接头保护螺母；6—定位销；7—垫块；8—针阀体；9—针阀；10—喷油嘴拧紧螺母；11—喷油器体；12—顶杆；13—调压弹簧；14,16—垫圈；15—调压螺钉；17—调压螺钉保护螺母；19—回油管接头

孔式喷油器的喷油嘴头部加工有 1 个或多个喷孔，有 1 个喷孔的称单孔喷油器，有两个喷孔的称双孔喷油器，有 3 个以上喷孔的称多孔喷油器。一般喷孔数目为 1 ~ 7 个，喷孔直径为 0.2 ~ 0.5mm。喷孔直径不宜过小，否则既不易加工，还容易在使用中被积炭堵塞。

(2) 孔式喷油器的工作原理。

当柴油机工作时，来自喷油泵的高压柴油通过高压油管送到喷油器，经进油管接头、喷油器体和针阀体内的油道进入喷油嘴内的压力室。油压作用在针阀的承压锥面上，产生向上的推力，当此推力超过调压弹簧的预紧力时，针阀升起并将喷孔打开，高压柴油经喷孔喷入燃烧室。针阀升起的最大高度（针阀升程）由喷油器体（或结合座）的下端面限制。当喷油泵停止供油时，喷油嘴压力室的油压迅速下降，针阀在调压弹簧的作用下及时落座，将喷孔关闭，终止喷油。

在喷油泵工作期间，有少量柴油从针阀与针阀体配合表面之间的间隙漏出，并沿顶杆周围的缝隙上升，最后通过回油管螺栓进入回油管，流回燃油滤清器。这部分柴油在漏过针阀偶件时对偶件起润滑作用。

2) 轴针式喷油器

轴针式喷油器与孔式喷油器的工作原理相同，结构相似，只是喷油嘴头部的结构不同而已。在轴针式喷油器中，针阀密封锥面以下有一段轴针，它穿过针阀体上的喷孔且稍凸出于针阀体之外，使喷孔呈圆环形。因此，轴针式喷油器的喷注是空心的。轴针可以制成圆柱形或截锥形，圆柱形轴针其喷注的喷雾锥角较小，而截锥形轴针其喷注的喷雾锥角较大。因此，轴针制成不同形状，可以得到不同形状的喷注，以适应不同形状燃烧室的需求。

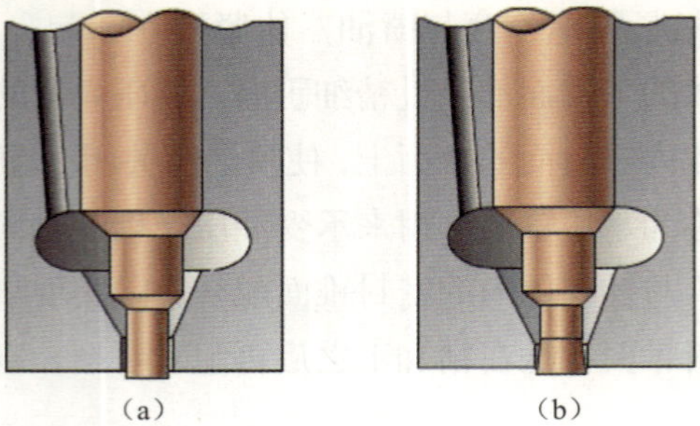

图 4.37　轴针式喷油器结构

(a) 圆柱形；(b) 截锥形

喷油器

轴针式喷油器的结构如图 4.37 所示。轴针式喷油器工作时，轴针在喷孔内往复运动，能清除喷孔中的积炭，喷孔不易堵塞，喷油器工作可靠。由于喷孔较大，一般为 1 ～ 3mm，因此加工方便。

6. 柴油滤清器

柴油滤清器的功用是滤除柴油中的杂质、水分和石蜡，以减小喷油泵和喷油器各精密偶件的磨损。目前车用柴油机装用的柴油滤清器主要有单级和双级两种。

纸质滤芯具有质量轻、体积小、成本低、滤清效果好等优点，被广泛用于轻型汽车上。在轿车柴油机上多使用一次性纸质滤芯燃油滤清器。纸质滤芯燃油滤清器的结构如图 4.38 所示。来自输油泵的柴油从进油口进入滤清器壳体 6 与纸质滤芯 7 之间的空隙，然后经过滤芯过滤之后，由中心杆 8 经出油口 3 流出。在滤清器盖上设有限压阀 2，当油压超过 0.1 ～ 0.15MPa 时，限压阀开启，多余的柴油自进油口经限压阀直接返回燃油箱。

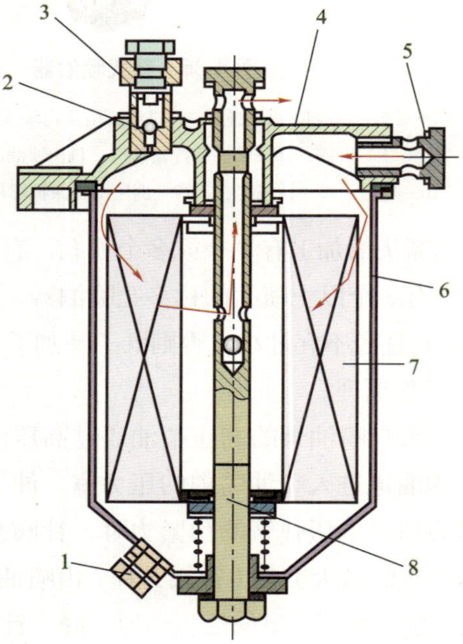

图 4.38　柴油滤清器

1—放油螺塞；2—限压阀；3—出油口；4—盖；5—进油口；6—壳体；7—滤芯；8—中心杆

柴油机燃油滤清器

三、项目实施

（一）项目实施环境

现场设备、工量具等准备，见表4.2。

表4.2　现场设备、工量具等准备

名称	准备演示	讲解	说明
发动机实训室		干净整洁的发动机实训室	
维修手册（长城维修手册）	 长城风骏维修手册	当出现问题时，及时查阅维修手册	
工量具	常用及专用工具，喷油泵专用拆装工具及常用拆装工具，喷油器试验器	实训前、后对工量具进行清洁	

（二）项目实施步骤

1. 喷油器的检修

1) 清洗

针阀和针阀体是配对研磨加工而成的精密偶件，不能互换，在清洗时不能混放，要一对、一对地分别清洗。当针阀卡在针阀体中，用手抽不出来时，可在干净的柴油中浸泡一段时间后再抽，千万不能用手钳硬抽。经浸泡后用手还抽不出时，说明针阀已卡死在针阀体内，应予更换。

针阀和针阀体的积炭，可在柴油中用浸湿的硬质木片刮除，不得使用金刚砂纸或其他金属擦拭或刮拭。任何时候，都不要用手去摸针阀的研磨表面，以免表面生锈。针阀体喷孔的积炭，可用专用工具通针来剔除，针阀体头部内的烟渣也可用专用工具剔除，但需要特别小心，不要碰伤针阀体内的配合面。

柴油机喷油器

2) 检验

(1) 将喷油器安装在测试器 (见图 4.39) 上，压动手柄排净系统内的空气。

(2) 快速压动手柄几次，清除喷油器内的积炭。

(3) 慢慢压动手柄同时观察压力表读数。

(4) 记录当喷油器喷射时压力表的读数。

(5) 对比此值是否符合标准值。若油压低，则拧入喷油器油压调节螺钉；反之，则退出油压调节螺钉。

(6) 调节完后，将锁止螺母锁紧后重试。

(7) 调整后，再将压力保持在低于喷油压力 1 ～ 2MPa 的状态下，保持 10s，喷油嘴处不应有油滴流出。

(8) 观察喷油的油束，油束应细小均匀，不偏斜，如图 4.40 所示；各孔各自形成一个雾化良好的燃油雾束，如图 4.41 所示；喷射时可听到断续、清脆的声音。

(9) 观察喷油后，压力表指示压力下降是否超过 10% ～ 15%，若压力下降过多，则喷雾质量差。

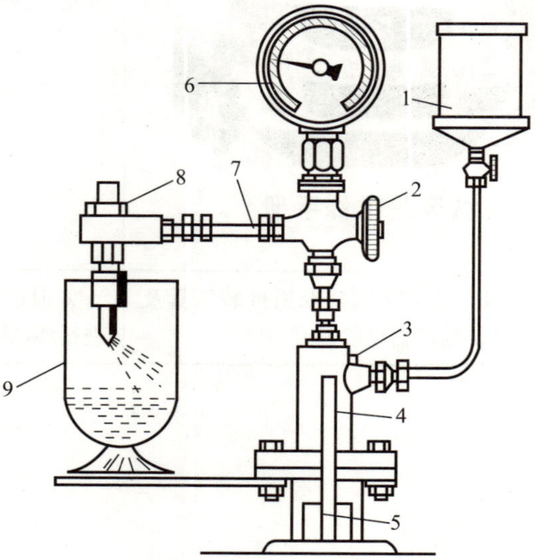

图 4.39　喷油器测试器

1—储油罐；2—开关；3—放气螺钉；4—手动油泵；5—压油手柄；6—油压表；7—高压油管；8—喷油器；9—接油杯

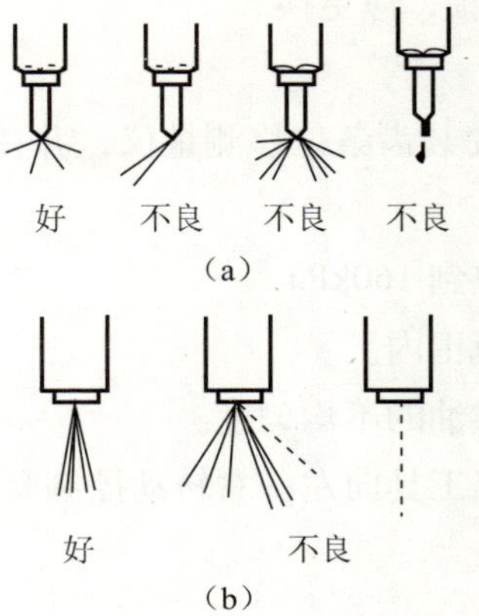

图 4.40　喷油器喷油质量检查

(a) 孔式；(b) 轴针式

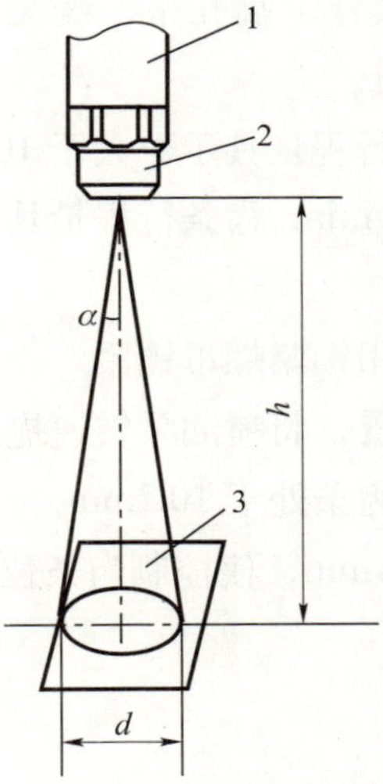

图 4.41　喷雾锥角检查

1—喷油器；2—喷油嘴；3—白纸

喷油器试验

2. 喷油泵的检查

1) 喷油泵主要零件的检查

(1) 检查柱塞偶件配合工作表面是否有发暗或磨损痕迹，有则更换。

(2) 将柱塞偶件置于柴油中清洗。

(3) 将柱塞拉出 1/3，看能否借其自身重力缓慢滑下；若急剧滑下，则表明偶件磨损严重，需要更换。

(4) 检查出油阀偶件配合工作表面的磨损情况及部位，若磨损严重，则更换。

(5) 用手指堵住油阀大端孔口，反复拉动出油阀，若封堵的手指上无吸力或吸力微弱，则可判断出油阀配合表面严重磨损，应更换。

2)A 型喷油泵的调试

(1) 拆去供油齿条的盖帽，安装齿条位移测量仪，并在齿条上的记号与泵体平齐位置将百分表对零。

(2) 将喷油泵低压腔压力调整到 160kPa。

(3) 将供油齿条调整到规定范围内。

(4) 操作实验台，测量各缸供油的不均匀度。

(5) 若不在规定值，则用适当工具向左、右转动控制套筒来调节喷油量的大小。

3. 调速器的检查与调整

(1) 把负荷控制杆靠住怠速限位螺钉，使喷油泵转速为 600r/min。

(2) 旋动怠速限位螺钉，使齿条行程量具示数为 6.5mm。

(3) 降低喷油泵转速到 250 r/min。

(4) 把怠速弹簧总成重新拧入张紧杆下端孔中，缓缓旋入，直到齿条行程量具示数为 9.1mm 为止，用专用扳手拧紧锁紧螺母。

(5) 使喷油泵停止转动，验证齿条行程量具示数大于 10.6mm，如果不对，须重新调整。

(6) 缓慢地提高喷油泵转速至 500 r/min，齿条行程量具示数应在 5.6mm ± 0.5mm 范围内。如果不对，也须重新调整。

(7) 完成调整后，将怠速限位螺钉用锁紧螺母锁紧。

(8) 将负荷固定杆固定在全负荷位置，将喷油泵转速提高到 1 475 ～ 1 485r/min。

(9) 调整调速杆限位螺钉，使控制齿条处于 10.2mm。

(10) 继续提高喷油泵转速到 1 570r/min，使控制齿条位置处于 8.7mm 以下。

四、拓展知识

柴油及燃烧

1. 柴油

柴油的主要性能指标如下：

(1) 发火性：衡量燃油的自燃能力，又叫自燃性，用“十六烷值”大小来表示，一般车用柴油机的十六烷值常为 40 ～ 50。

(2) 蒸发性：蒸发性的好坏通过燃油的蒸馏温度高低来衡量。

(3) 黏度：用于衡量柴油的流动性能，不能太大也不能太小。

黏度大：润滑条件好，零件之间磨损小，但流动阻力大、雾化效果差。

黏度小：磨损、润滑性变差，但流动蒸发性好。

(4) 凝点：柴油冷却到开始失去流动性时的温度。我国柴油牌号是用凝点来规定的，如柴油凝点为 0 ℃，则此柴油牌号为 0 ＃。

选用柴油的依据是使用地区的环境温度。在选择时，所选柴油牌号应比最低环境温度低约 5℃。车用柴油机应选用十六烷值较高、蒸发性较好、黏度和凝点合适、不含水分和机械杂质的柴油。

2. 柴油机混合气的形成与燃烧

柴油机可燃混合气的形成和燃烧都是直接在燃烧室内进行的。当活塞接近压缩上止点时，柴油喷入气缸，与高温高压的空气接触、混合，经过一系列的物理、化学变化才开始燃烧。之后便是边喷射、边燃烧。其混合气的形成和燃烧是一个非常复杂的物理化学变化过程。

1) 柴油机混合气的燃烧过程

(1) 备燃期。

从喷油开始至开始着火燃烧为止。喷入气缸中的雾状柴油并不能马上着火燃烧，柴油在高温空气的影响下吸收热量，温度升高，逐层蒸发而形成油气，向四周扩散并与空气均匀混合（物理变化）。随着柴油温度升高，少量的柴油分子首先分解，并与空气中的氧分子进行化学反应，具备着火条件而着火，形成了火源中心，为燃烧做好了准备。这一时期很短，一般仅为 0.000 7 ~ 0.003s。

(2) 速燃期。

从燃烧开始至气缸内出现最高压力点为止。火源中心已经形成，已准备好了的混合气迅速燃烧，在这一阶段由于喷入的柴油几乎同时着火燃烧，而且是在活塞接近上止点、气缸工作容积很小的情况下进行燃烧的，因此，气缸内的压力迅速增加，温度升高很快。

(3) 缓燃期。

从出现最高压力点至出现最高温度点为止。这一阶段喷油器继续喷油，由于燃烧室内的温度和压力都高，做柴油的物理和化学准备时间很短，几乎是边喷射、边燃烧。但因为气缸中氧气减少、废气增多，燃烧速度逐渐减慢，气缸容积增大。所以气缸内压力略有下降，当温度达到最高值时，通常喷油器已结束喷油。

(4) 后燃期。

缓燃期以后的燃烧。这一时期虽然不喷油，但仍有一少部分柴油没有燃烧完，随着活塞下行继续燃烧。后燃期没有明显的界限，有时甚至延长到排气冲程还在燃烧。后燃期放出的热量不能得到充分利用，很大一部分热量将通过缸壁散至冷却水中，或随废气排出，使发动机过热、排气温度升高，造成发动机动力性和经济性下降。因此，要尽可能地缩短后燃期。

2) 柴油机燃烧室

柴油机燃烧室一般分为统一式燃烧室和分隔式燃烧室两大类，如图 4.42 所示。

(1) 统一式燃烧室是由凹顶活塞顶部与气缸盖底部所包围的单一内腔，几乎全部容积都在活塞顶面上。燃油自喷油器直接喷射到燃烧室中，借喷出油注的形状和燃烧室形状的匹配，以及燃烧室内空气涡流运动，迅速形成混合气，所以又叫作直接喷射式燃烧室，有 ω 型和球型。

(2) 分隔式燃烧室由主、副燃烧室构成。

① 主燃烧室：位于活塞顶与缸盖的底平面之间。

② 副燃烧室：在缸盖中加工而成，有通道与主燃烧室相通，喷油器设置在副燃烧室。分隔式燃烧室的常见形式有涡流室燃烧室和预燃室燃烧室两种。

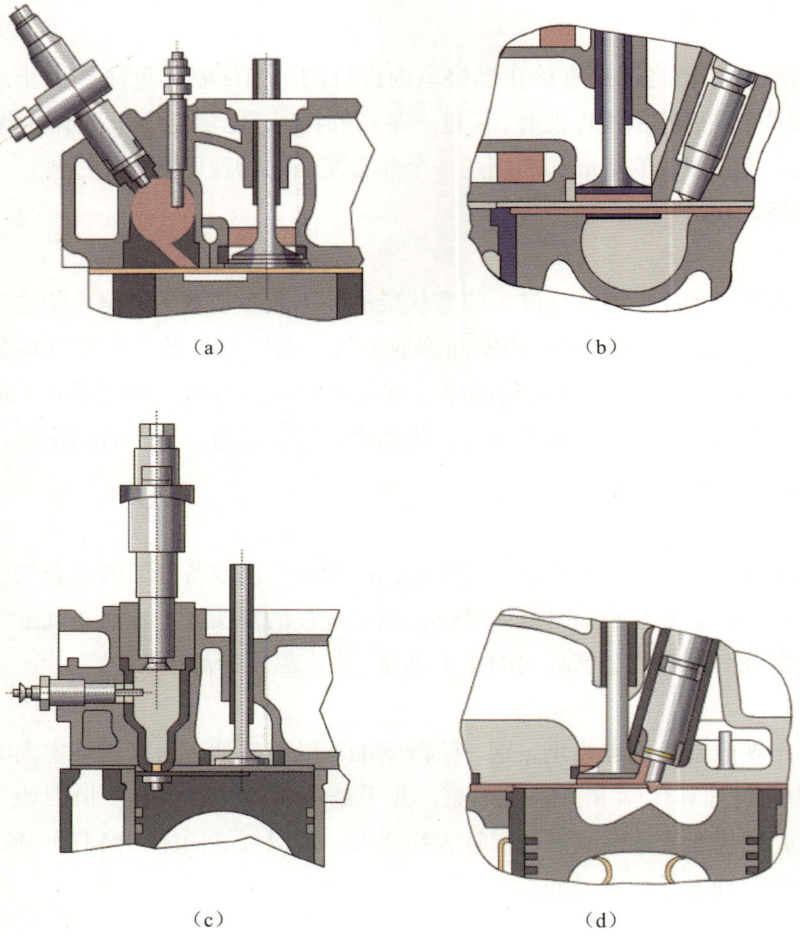

图 4.42　柴油机燃烧室

(a) 涡流室燃烧室；(b) 球形燃烧室；(c) 预燃室式燃烧室；(d) ω 型燃烧室

柴油机燃烧室

练习题

一、填空题

1. 柴油的使用性能有____________、____________、____________和____________。

2. 柴油机混合气的形成和燃烧过程可按曲轴转角划分为____________、____________、____________和____________四个阶段。

3. 直列柱塞式喷油泵由____________、____________、____________和____________组成。

4. 柴油机燃料供给系统的__________与__________，__________与__________，__________与__________，称为柴油机燃料供给系的“三大偶件”。

5. 孔式喷油器由__________、__________和__________三大部分组成。__________是喷油器的主要部件，它由__________和__________组成，二者合称为针阀偶件。针阀上部通过顶杆承受__________的预紧力，使针阀处于__________状态。该预紧力决定针阀的开启压力，即__________。

6. 柴油机供油系统主要装置由__________、__________、__________、__________、__________、__________和__________等组成。

7. 分隔室式燃烧室的常见形式有__________和__________两种。

8. 按结构形式，柴油机燃烧室分成两大类，即__________燃烧室和__________燃烧室。

9. 柴油机油量调节机构有两种，即__________和__________。

二、选择题

1. 柴油机混合气是在（　　）内完成的。

A. 进气管　　B. 燃烧室　　C. 化油器

2. 柴油机燃烧过程中，气缸内温度达到最高时是在（　　）。

A. 后燃期　　B. 速燃期　　C. 缓燃期

3. 喷油泵每次泵出的油量取决于柱塞有效行程的长短，而改变有效行程可（　　）。

A. 改变喷油泵凸轮轴与柴油机曲轴的相对角位移　　B. 改变滚轮挺柱体的高度

C. 改变柱塞斜槽与柱塞套筒油孔的相对角位移

4. 喷油器工作间隙漏泄的极少量柴油经（　　）流回柴油箱。

A. 回油管　　B. 高压油管　　C. 低压油管

5. 柴油机燃烧过程中，气缸内压力达到最高时是在（　　）。

A. 后燃期　　B. 速燃期　　C. 缓燃期

6.A 型喷油泵各缸供油量不均匀时，可调整（　　）来改善。

A. 出油阀弹簧的预紧度　　B. 滚轮挺柱体高度

C. 调节供油齿圈与控制套筒的相对角位移

三、判断题

1. 汽油机形成混合气在气缸外已开始进行，而柴油机混合气形成是在气缸内进行的。（　　）

2. 速燃期的气缸压力达最高，而温度也最高。（　　）

3. 所谓柱塞偶件是指喷油器中的针阀与针阀体。（　　）

4. 柱塞的行程是由驱动凸轮的轮廓曲线的最大齿径决定的，在整个柱塞上移的行程中，喷油泵都供油。（　　）

5. 孔式喷油器的喷孔直径一般比轴针式喷油器的喷孔大。（　　）

6. 滚轮挺柱传动部件高度的调整，实际上是调整该缸的供油量。（　　）

四、简答题

1. 柴油发动机燃料供给系统的油路流向是怎样的？

2. 请描述输油泵的工作原理。

3. 请简述喷油器的调整事项。

模块五 冷却系统故障的检测与维修

概述

冷却系统的作用是保持发动机在最适宜的温度（80℃～90℃）范围内工作，既要防止发动机夏季过热，又要防止发动机冬季过冷。在冷起动时，冷却液还要保证发动机迅速升温，尽快达到正常的工作温度，不正常的冷却会对发动机造成危害。

学习要求

能力目标	知识目标	权重
能够认知冷却系统各部分零件	掌握冷却系统零件的作用	20%
能够熟练拆装冷却系统各部分零件	掌握冷却系统零件的构造和原理	50%
能够正确检修冷却系统的各部分零件	掌握冷却系统各零部件的检修过程	30%

项目一　冷却系统故障的检测与维修

项目概述

此项目的任务是能够认知和熟练拆装冷却系统各零部件，并能对其进行检测和维修，其中重点是各零部件的拆装和检修。

一、情境描述

一辆现代悦动轿车，车主介绍，轿车不能在道路上长时间行驶，最多跑 15min 左右，水温表就达到了 115° 左右，且水温报警灯报警。请进行检测并进一步确认故障原因。

二、相关知识

发动机工作时，由于燃料的燃烧，气缸内气体温度高达 2 200K ～ 2 800K(1 927℃ ～ 2 527℃)，使发动机零部件温度升高，特别是直接与高温气体接触的零件，若不及时冷却，则难以保证发动机正常工作。冷却系统的功用就是使发动机在所有的工况下都保持在适当的温度范围内。

冷却系统按照冷却介质的不同可以分为风冷和水冷，把发动机中高温零件的热量直接散入到大气中而进行冷却的装置称为风冷系统；把这些热量先传给冷却液后再散入到大气而进行冷却的装置称为水冷系统。由于水冷系统冷却均匀、效果好，而且发动机的运转噪声小，因此目前在汽车发动机上广泛采用的是水冷系统。

目前汽车发动机上采用的水冷系统大多是强制循环式水冷系统，即利用水泵强制水在冷却系统中进行循环流动。图 5.1 所示为汽车发动机冷却系统组成示意图。

冷却液在水冷系统中的循环路径如图 5.2 所示。通常，冷却液在冷却系统内的循环流动路线有两条，一条为大循环，另一条为小循环。所谓大循环，是指水温高时，水经过散热器而进行的循环流动；而小循环就是水温低时，水不经过散热器而进行的循环流动，从而使水温升高。冷却液在水泵中增压后经分水管进入发动机的机体水套。冷却液从水套壁周围流过，并从水套壁吸热而升温；然后向上流入气缸盖水套，从气缸盖水套壁吸热之后经节温器或直接流回水泵 (小循环)，或经散热器进水软管流入散热器，在散热器中，冷却液向流过散热器周围的空气散热而降温；最后，冷却液经散热器出水软管返回水泵 (大循环)，如此循环。在汽车行驶或冷却风扇工作时，空气从散热器周围高速流过，以增强对冷却液的冷却。不论是铜制或不锈钢制的分水管，还是直接铸在机体上的分水道，都沿纵向开有出水孔，并与机体水套相通。离水泵越远，出水孔越大，其数目通常与气缸数相同。分水管或分水道的作用是使多缸发动机各气缸的冷却强度均匀一致。

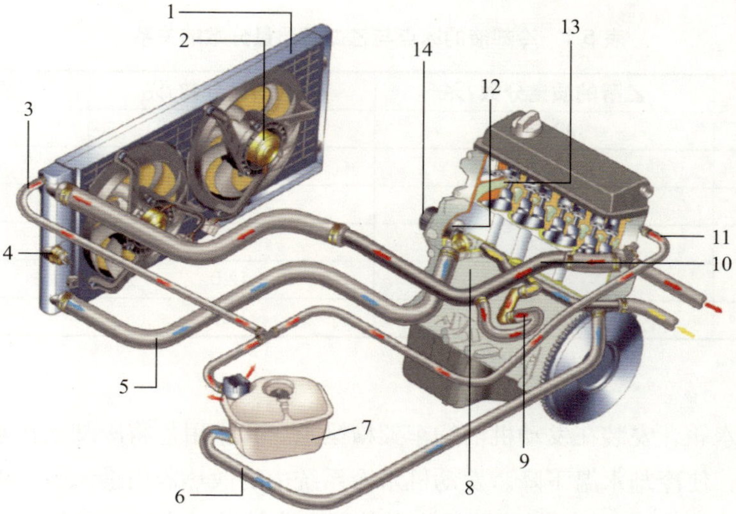

图 5.1　发动机冷却系统组成示意图

1—散热器；2—电动风扇；3—过热蒸气排出管；4—电动风扇双速热敏开关；5—发动机进水管；6—冷却液下橡胶软管；7—冷却液膨胀箱；8—气缸体水套；9—节气门热水管；10—冷却液上橡胶软管；11—过热蒸气排出管；12—水泵；13—气缸盖水套；14—齿形带带轮

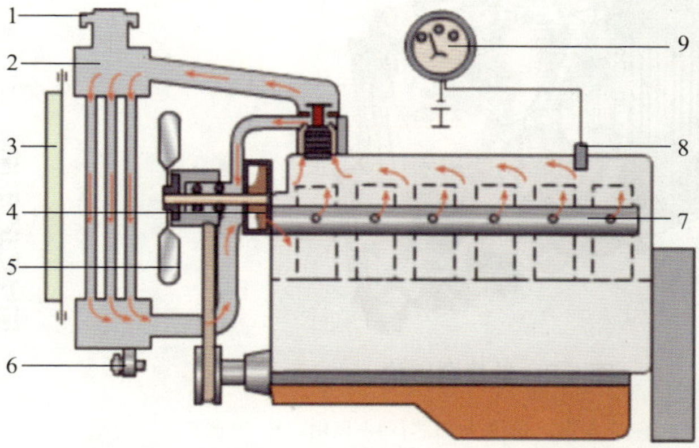

图 5.2　冷却液在强制循环水冷却系统中的流动

1—散热器盖；2—散热器；3—百叶窗；4—水泵；5—风扇；6—放水阀；7—分水管；8—水温传感器；9—水温表

冷却系

1. 冷却液

冷却液是水与防冻剂的混合物。冷却液用水最好是软水，否则将在发动机水套中产生水垢，使传热受阻，易造成发动机过热。纯净水在 0℃时结冰，如果发动机冷却系统中的水结冰，将使冷却水终止循环而引起发动机过热，更严重的是水结冰时体积膨胀，可能将机体、气缸盖和散热器胀裂。为了适应冬季行车的需要，常在水中加入防冻剂制成冷却液，以防止循环冷却水冻结。最常用的防冻剂是乙二醇。冷却液中水与乙二醇的比例不同，其冰点也不同，见表 5.1。

表 5.1　冷却液的冰点与乙二醇质量分数的关系

冷却冰点 /°C	乙醇的质量分数 /%	水的质量分数 /%	密度 /(kg·m^{-3})
-10	26.4	73.6	1.0340
-20	36.4	63.8	1.0506
-30	45.6	54.4	1.0627
-40	52.6	47.7	1.0713
-50	58.0	42.0	1.0780
-60	63.1	36.9	1.0833

2. 散热器

散热器俗称水箱，安装在发动机前的车架横梁上。其作用是将冷却水在水套中吸收的热量传给外界大气，使冷却水温下降。发动机水冷系统中的散热器由进水室、出水室及散热器芯等三部分组成，如图 5.3 所示。冷却液在散热器芯内流动，空气在散热器芯外通过。热的冷却液由于向空气散热而变冷，冷空气则因为吸收冷却液散出的热量而升温，所以散热器是一个热交换器。

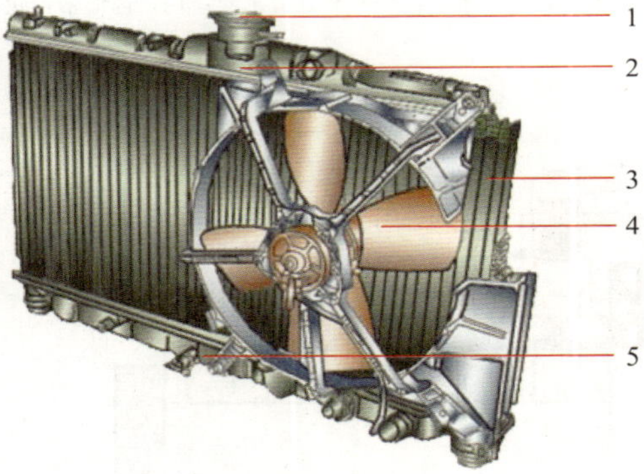

图 5.3　散热器结构

1—散热器盖；2—上水室；3—散热器芯；4—风扇；5—出水室

散热器

按照散热器中冷却液流动的方向，可将散热器分为纵流式和横流式两种。纵流式散热器芯竖直布置，上接进水室，下连出水室，冷却液由进水室自上而下地流过散热器芯后进入出水室。横流式散热器芯横向布置，左、右两端分别为进、出水室，冷却液自进水室经散热器芯到出水室，横向流过散热器。大多数新型轿车均采用横流式散热器，这可以使发动机罩的外廓较低，有利于改善车身前端的空气动力性。

散热器芯的常见结构型式有管片式散热器芯和管带式散热芯两种，如图 5.4 所示。

(1) 管片式散热器芯由若干扁形冷却管构成，也有使用圆管的。散热片套装在扁形冷却管周围以增大散热面积及增加整个散热器的刚度和强度。管片式散热器散热面积大、气流阻力小、结构刚度好；但制造工艺较复杂，成本较高。

(2) 管带式散热器芯由扁平冷却管及波纹状薄金属散热带焊接成蜂巢状。水管与散热带相间排列，在散热带上常开有形似百叶窗的孔，以破坏气流在散热带表面上附面层，提高散热能力。管带式散热器的优点是散热能力强、制造工艺简单、质量小、成本较低，但结构刚度差。

散热器芯多采用导热性、焊接性和耐腐蚀性较好的黄铜制造。为减小质量、节约铜材，近年来铝制散热器芯广泛用于许多使用条件较好的轿车上，而且有些散热器的进、出水室由复合塑料制成。也有些汽车发动机的散热器芯，其冷却管仍用黄铜，而散热片则改用铝锰合金材料制成。

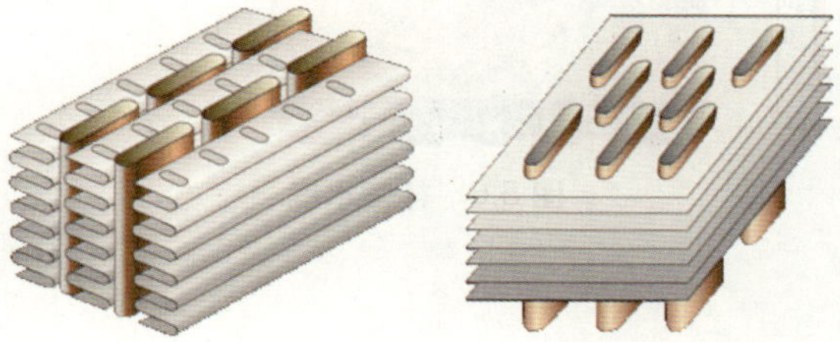

(a)　(b)

图 5.4　散热器芯示意图

(a) 管带式；(b) 管片式

现代汽车发动机强制循环水冷系统都用散热器盖严密地盖在散热器加冷却液口上，使水冷系统成为封闭系统，防止冷却液溅出和蒸汽逸出。这种冷却系统的散热器盖装有自动阀门，发动机热态工作正常时，阀门关闭，将冷却系统与大气隔开，以防止水蒸气逸出，使冷却系统内的压力稍高于大气压力，从而增高冷却液的沸点。当冷却液系统内压力过高或过低时，自动阀门将开启，以使冷却系统与大气相通。目前闭式水冷系统广泛采用具有空气、蒸汽阀的散热器盖，如图 5.5 所示。一般情况下，两阀借助弹簧关闭，当散热器内部压力达到 126 ~ 137kPa 时，蒸汽阀开启而使水蒸气从通气孔排出；当水温下降，冷却系内部的真空度低于 10 ~ 20kPa 时，空气阀打开，空气从通气孔进入冷却系统，以防散热器及芯管被大气压瘪。

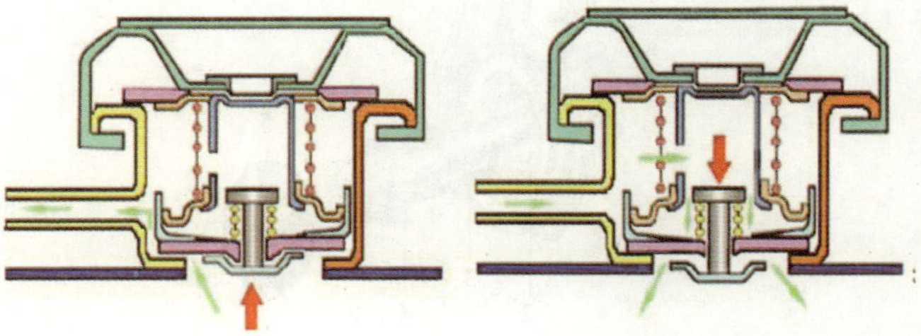

(a)　(b)

图 5.5　散热器盖

(a) 蒸汽阀开启；(b) 空气阀开启

为防止防冻液损失，需要采用补偿水桶对散热器内的防冻液起自动补偿的作用。补偿水桶的结构如图 5.6 所示。补偿水桶设置于散热器一侧，通过橡胶水管与散热器加水口处的出气口相连。当冷却液受热膨胀至散热器盖的蒸汽阀打开时，部分冷却液随着高压蒸汽通过水管进入补偿水桶；而当温度降低、散热器内产生真空时，补偿水桶内的冷却液及时回流到散热器。

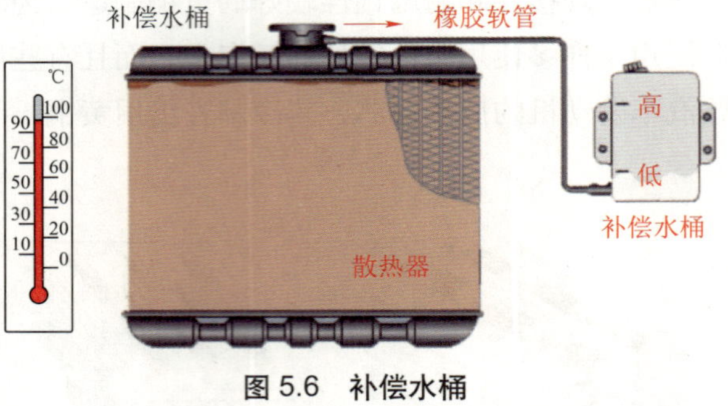

图 5.6　补偿水桶

3. 水泵

水泵安装在发动机前端，通常与风扇一起用带轮同轴驱动。水泵的作用是对冷却液加压，使之在冷却系统中循环流动。汽车发动机广泛采用离心式水泵，如图 5.7 所示，主要由水泵壳体、叶轮、泵盖、水泵轴、支承轴承、衬垫、水封等组成，其中水泵与风扇同轴，通过 V 带传动。离心式水泵的工作原理如图 5.8 所示。当水泵叶轮按图 5.8 所示方向旋转时，水泵中的冷却液被叶轮带动一起旋转，并在离心力的作用下被甩向水泵壳体的边缘，同时产生一定的压力，然后从出水管流出。在叶轮的中心处，由于冷却液被甩出而压力下降，散热器中的冷却液在水泵进口与叶轮中心的压差作用下，经进水管流入叶轮中心。

水泵

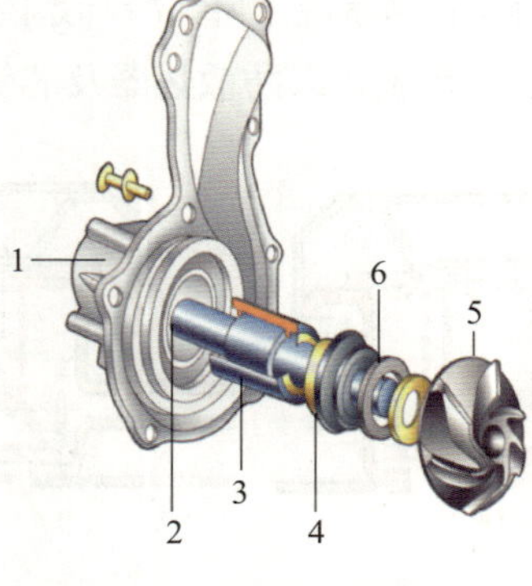

图 5.7　离心式水泵的结构

1—外壳；2—水泵轴；3—支承轴承；4—水封；5—叶轮；6—挡水圈

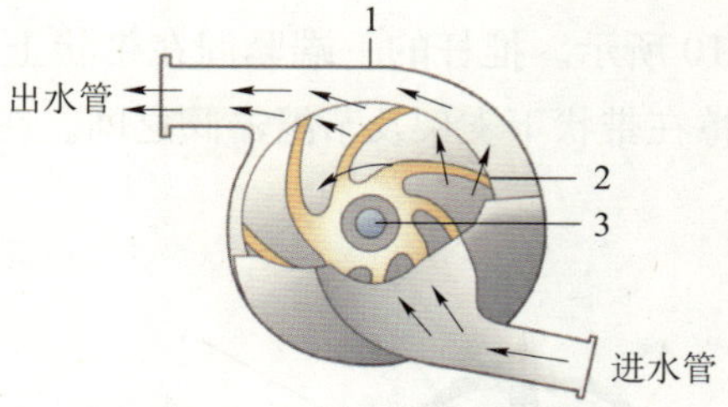

图 5.8　离心式水泵工作原理

1—水泵壳体；2—叶轮；3—水泵轴

4. 风扇

风扇的作用是提高通过散热器芯的空气流速，增加散热效果，以加速水的冷却。风扇通常安装在散热器后面，并与水泵同轴。当风扇旋转时，对空气产生抽吸作用，使之轴向流动。空气流由前向后通过散热器芯，使流经散热器芯的冷却液加速冷却。

汽车用发动机的风扇有两种形式，即轴流式和离心式。轴流式风扇所产生的风，其流向与风扇轴平行；离心式风扇所产生的风，其流向为径向。轴流式风扇有三种形式，如图 5.9 所示，其效率高、风量大、结构简单、布置方便，因而在车用发动机上得到了广泛的应用。

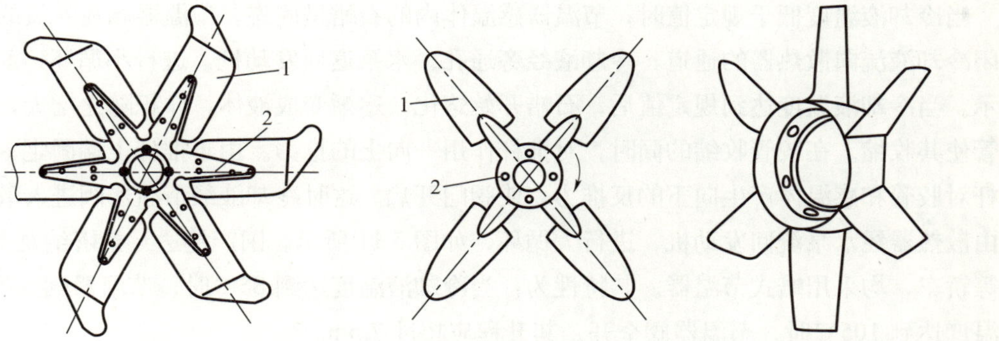

图 5.9　轴流式风扇的三种形式

(a) 叶尖前弯风扇；(b) 尖窄根宽风扇；(c) 尼龙压铸肢体风扇

5. 节温器

1) 节温器的功用

节温器是控制冷却液流动路径的阀门，它根据冷却液温度的高低，打开或关闭冷却液通向散热器的通道。当起动冷态的发动机时，节温器关闭冷却液流向散热器的通道，这时冷却液经水泵入口直接流回机体及气缸盖水套，使冷却液迅速升温。如果不装节温器，则温度较低的冷却液经过散热器冷却后返回发动机，其温度将长时间不能升高，发动机也将长时间在低温下运转。

2) 节温器的结构及工作原理

蜡式节温器结构如图 5.10 所示。推杆的一端紧固在带状上支架上，而另一端则插入感温体内的胶管中。感温体支撑在带状下支架及节温器阀之间。在感温体外壳与胶管中间充满精制石蜡。

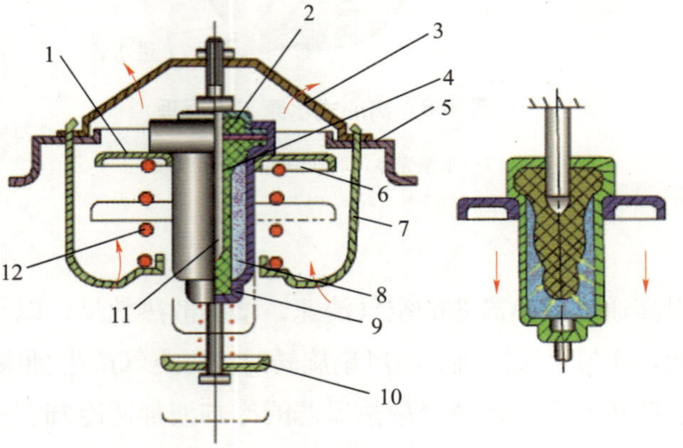

图 5.10　蜡式节温器结构

1—主阀门；2—盖和密封垫；3—上支架；4—胶管；5—阀座；6—通气孔；7—下支架；
8—石蜡；9—感应体；10—旁通阀；11—中心杆；12—弹簧

当冷却液温度低于规定值时，节温器感温体内的石蜡呈固态，节温器阀在弹簧的作用下关闭冷却液流向散热器的通道，冷却液经旁通孔、水泵返回发动机，进行小循环，如图 5.11 所示。当冷却液温度达到规定值后，石蜡开始熔化，逐渐变成液体，体积随之增大，并压迫胶管使其收缩。在胶管收缩的同时，对推杆作用一向上的推力。由于推杆上端固定，因此，推杆对胶管和感温体产生向下的反推力，使阀门开启。这时冷却液经节温器阀进入散热器，并由散热器经水泵流回发动机，进行大循环，如图 5.11 所示。国产捷达、桑塔纳及奥迪 100 型等轿车，均采用蜡式节温器。其特性为：当冷却液温度达到 85℃时，节温器阀开始打开；当温度达到 105℃时，节温器阀全开，其升程应超过 7mm。

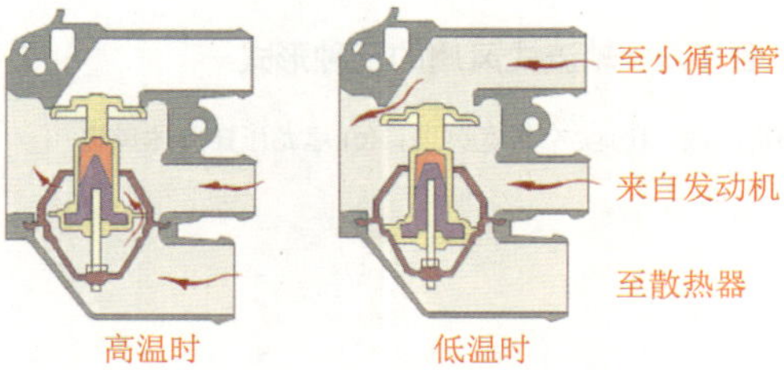

(a)　　(b)

图 5.11　节温器的工作原理

(a) 高温时；(b) 低温时

节温器

3) 节温器的布置

一般水冷系统的冷却液都是由机体流进，从气缸盖流出。大多数节温器布置在气缸盖出水管路中。这种布置方式的优点是结构简单，容易排除水冷系统中的气泡；其缺点是节温器在工作时会产生振荡现象。例如，在冬季起动冷发动机时，由于冷却液温度低，节温器阀关闭，冷却液在进行小循环时，温度很快升高，节温器阀开启。与此同时，散热器内的低温冷却液流入机体，使冷却液又冷了下来，节温器阀重新关闭。等到冷却液温度再度升高，节温器阀又再次打开，直到全部冷却液的温度稳定之后，节温器阀才趋于稳定，不再反复开闭。节温器阀在短时间内反复开闭的现象，称为节温器振荡。当出现这种现象时，将增加汽车的燃油消耗量。

节温器也可以布置在散热器的出水管路中。这种布置方式可以减轻或消除节温器振荡现象，并能精确地控制冷却液温度，但其结构复杂、成本太高，多用于高性能及在冬季经常高速行驶的汽车上。

三、项目实施

（一）项目实施环境

现场设备、工量具等准备，见表5.2。

表5.2　现场设备、工量具等准备

名称	准备演示	讲解	说明
发动机实训室		干净整洁的发动机实训室	
维修手册（北京现代维修手册）		当出现问题时，及时查阅维修手册	
工量具	常用及专用工具，烧杯，热水，温度计，散热器盖测试仪	实训前、后对工量具进行清洁	

（二）项目实施步骤

1. 节温器的检修

将节温器置于水中加热，用温度计检测水温（见图 5.12），当水温达到时，阀门开始开启，使阀门全开达到最大升程（见图 5.13），并与维修手册中的数据进行比较，其中有一项不符合规定值，则应更换节温器。

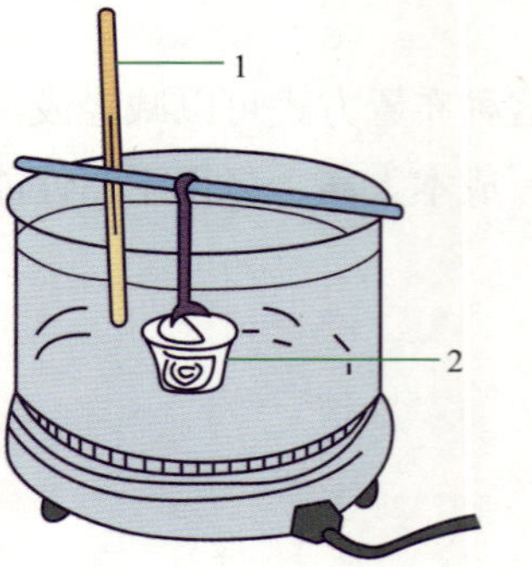

图 5.12　节温器开启温度的检查

1—温度计；2—节温器

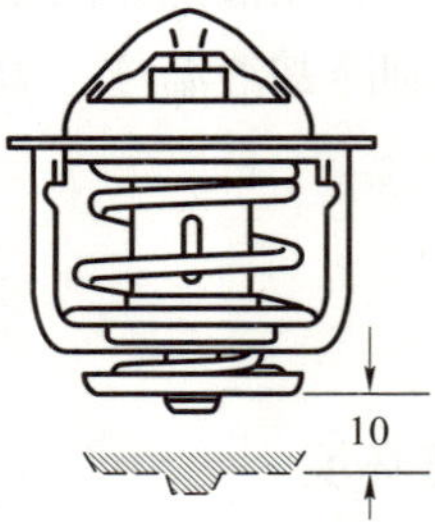

图 5.13　节温器升程的检查

2. 散热器的检修

1) 散热器的清洁

(1) 冷车时，打开散热器的排放塞，排除冷却液，拆下散热器，并用清水冲洗或用压缩空气将外部尘埃吹干净。

(2) 将散热器置于含有苛性纳水容器内，加热并保证温度在 80℃ ~90℃，将散热器浸煮 30min 后，取出散热器，用清水冲洗，将水加压（水压为 3 ～ 4 倍的大气压力），从散热器的出水口导入，同时加入压缩空气，让水和压缩空气从散热器的进水口流出。

2) 散热器盖的检查方法

将散热器盖旋装在测试器上，用手推测试器，直至蒸汽阀打开为止。蒸汽阀应在压力为 0.026~0.037 MPa 时打开，若在压力低于 0.026MPa 时打开（见图 5.14），则应更换散热器盖。

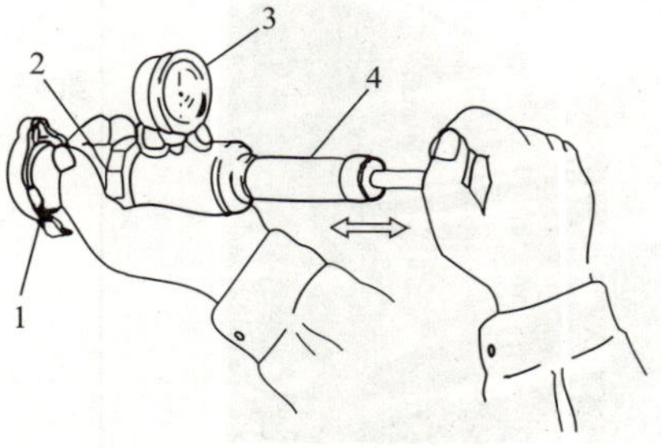

图 5.14　密封性的检查

1—散热器盖；2—接头；3—压力表；4—测试仪

3. 水泵的检修

(1) 检查水泵渗漏。水封失效时会有大量的冷却水从检视孔处流出。水泵壳体（见图 5.15）若有裂纹，也会发生渗漏。

(2) 检查带轮的转动和轴向、径向窜动量。用手转动带轮，应运转灵活，无卡滞现象；否则，泵轴可能弯曲或轴承浸水锈蚀。

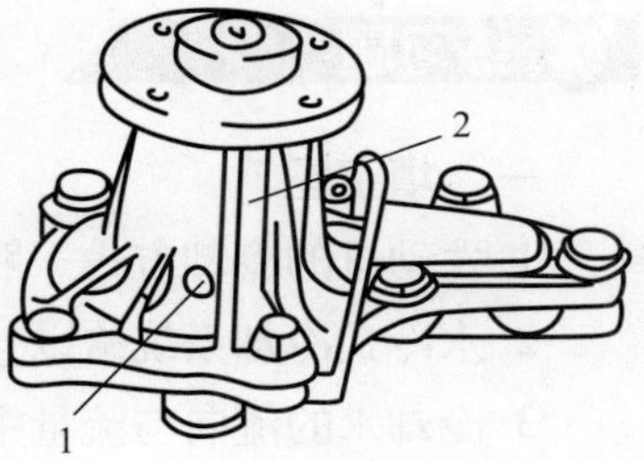

图 5.15 水泵壳体

1—泄水孔；2—泵壳

四、拓展知识

冷却液的更换

更换发动机冷却液

在冷却液中含有添加剂和抗泡沫添加剂，这些添加剂会在使用过程中逐渐地丧失应有的功能，以至于无法对冷却系统内部进行很好的保护，也就是说，在冷却系统不发生泄漏的前提下，冷却液对于温度的控制基本不变，但由于添加剂失效，特别是抗泡沫添加剂，在水泵叶轮的搅动下，会使冷却液产生气泡，大大削弱冷却液的效果。所以，冷却液最好能按期更换。

(1) 着车至完全热车，目的是让发动机进入到大循环状态，水路全通，以达到更高的更换率，熄火，用厚毛巾覆盖住膨胀水箱盖，慢慢拧松至气压泄尽方能完全取下水箱盖。

(2) 举升车辆，拆卸下水管最低的一端（即相对于整车来说最低端的一根水管，这样才能放得更干净），流尽发动机内的防冻液，注意防止烫伤。

(3) 如果有条件，用压缩空气吹枪 + 厚毛巾在膨胀水箱加水口处加压以尽可能排除发动机体内的防冻液。

(4) 装复下水管（卡子一定要压住原来的压痕，否则可能会漏）。

(5) 在膨胀水箱处添加防冻液（要有耐心，添加流量尽可能小些，避免系统内存在过量空气）。

(6) 添加防冻液至水位上限，不要盖水箱盖，由另一人发动发电机，一人继续补充防冻液至最高水位，注意添加量是否和放出来的量有差异，如果差不多就执行下一步。

(7) 盖上水箱盖，起动发动机至完全热车并观察水位，用厚毛巾盖住膨胀水箱盖慢慢拧松，排除系统内空气，这时可能会有防冻液流出，如果可能，打开水箱盖添加防冻液至水位上限。

(8) 盖上水箱盖，起动发动机，打开鼓风机并选择最热，检查热风温度是否达标、发动机舱内拆卸水管处是否渗漏，并检查水位，要着车至散热器风扇的启停循环至少运行 2 次以上。

(9) 发动机冷却后用清水冲洗防冻液飞溅到的部位。

(10) 更换完成。

练习题

一、填空题

1. 发动机的冷却方式一般有____________和____________两种。

2. 水冷式冷却系统给以____________为介质。

3. 冷却水的流向与流量主要由____________来控制。

4. 离心式水泵主要由____________、____________和____________等组成。

5. 散热器芯的结构形式有____________和____________两种。

6. 冷却液是____________、____________的混合物。冷却液用水最好是____________，否则将在发动机水套中产生____________，使传热受阻，易造成发动机____________。

7. 发动机水冷系统中的散热器由____________、____________和____________等三部分组成。

二、选择题

1. 使冷却水在散热器和水套之间进行循环的水泵旋转部件叫作（　）。

A. 叶轮　　B. 风扇　　C. 壳体　　D. 水封

2. 节温器中使阀门开闭的部件是（　）。

A. 阀座　　B. 石蜡感应体　　C. 支架　　D. 弹簧

3. 如果节温器阀门打不开，发动机将会出现（　）的现象。

A. 温升慢　B. 热容量减少　C. 不能起动　D. 怠速不稳定

4. 加注冷却水时，最好选择（　）。

A. 井水　　B. 泉水　　C. 雨雪水　　D. 蒸馏水

5. 发动机冷却系统中锈蚀物和水垢积存的后果是（　）。

A. 发动机温升慢　B. 热容量减少　C. 发动机过热　D. 发动机怠速不稳

三、判断题

1. 发动机在使用中，冷却水的温度越低越好。（　）

2. 风扇工作时，风是向散热器方向吹的，这样有利于散热。（　）

3. 任何水都可以直接作为冷却水加注。（　）

4. 发动机工作温度过高时，应立即打开散热器盖，加入冷水。（　）

5. 蜡式节温器失效后，发动机易出现过热现象。（　）

6. 蜡式节温器的弹簧，具有顶开节温器阀门的作用。（　）

7. 膨胀水箱中的冷却液面过低时，可直接补充任何牌号的冷却液。（　）

8. 风扇离合器失效后，应立即修复后使用。（　）

模块六　润滑系统故障的检测与维修

概述

发动机工作时，各运动零件均以一定的力作用在另一个零件上，很多传动零件都是在很小的间隙下做高速相对运动的，如曲轴主轴颈与主轴承，曲柄销与连杆轴承，凸轮轴颈与凸轮轴承，活塞、活塞环与气缸壁面，配气机构各运动副及传动齿轮副等，有了相对运动，零件表面必然要产生摩擦，加速磨损，尽管这些零件的工作表面都经过精细的加工，但放大来看这些表面却是凹凸不平的。因此，为了减轻磨损、减小摩擦阻力和延长使用寿命，发动机上都必须有润滑系统。

学习要求

能力目标	知识目标	权重
能够认知润滑系统各零部件	掌握润滑系统的作用	15%
能够熟练拆装润滑系统各零部件	掌握润滑系统的零件构造	25%
能够正确检测润滑系统主要零部件	掌握润滑系统零部件的特点和检测方法	30%
能够分析润滑系统故障并排除	掌握润滑系统的故障分析和排除方法	30%

润滑系统的油路如图 6.1 所示。

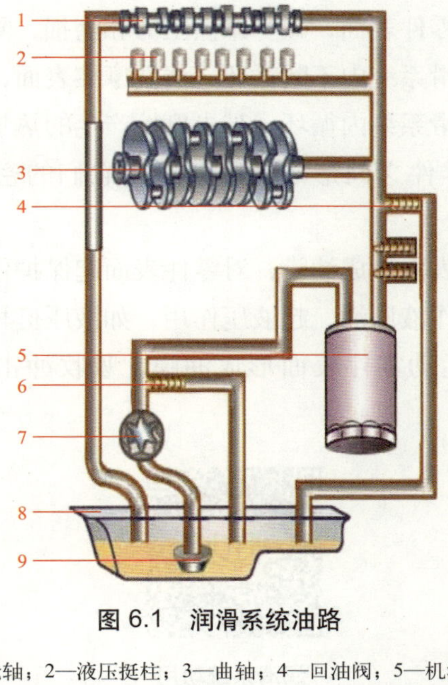

图 6.1　润滑系统油路

1—配气凸轮轴；2—液压挺柱；3—曲轴；4—回油阀；5—机油滤清器；6—限压阀；7—机油泵；8—油底壳；9—集滤器

润滑系

项目一　润滑系统的拆装

能力目标	知识目标	权重
能够认知润滑系统各零件	掌握润滑系统零件的作用和构造	15%
能够熟练拆装润滑系统各零件	掌握拆装步骤	25%
能够正确检测润滑系统主要零部件	掌握测量方法和要求	30%
能够分析润滑系统故障并排除	掌握润滑系统故障分析和排除方法	30%

一、情境描述

李小姐在驾驶北京现代悦动轿车时发现，发动机运转正常，行驶加速时机油压力报警灯闪亮。为避免严重后果，将车辆送至维修企业，经初步检测确定机油压力过低。

二、相关知识

（一）润滑系统的功用

润滑系统的功用就是在发动机工作时连续不断地把数量足够、温度适当的洁净机油输送到全部传动件的摩擦表面，并在摩擦表面之间形成油膜，实现液体摩擦，从而减小摩擦阻力、降低功率消耗、减轻机件磨损，以达到提高发动机工作可靠性和耐久性的目的。

(1) 润滑作用：润滑运动零件表面，减少摩擦阻力和磨损，降低发动机的功率消耗。

(2) 清洗作用：机油在润滑系统内不断循环，清洗摩擦表面，带走磨屑和其他异物。

(3) 冷却作用：机油在润滑系统内循环，带走摩擦产生的热量，起到冷却的作用。

(4) 密封作用：在运动零件之间形成油膜，提高它们的密封性，有利于防止漏气或漏油。

(5) 防锈蚀作用：在零件表面形成油膜，对零件表面起保护作用，防止腐蚀生锈。

(6) 液压作用：机油可用作液压油，起液压作用，如液压挺杆。

(7) 减震缓冲作用：在运动零件表面形成油膜，吸收冲击并减少振动，起减振缓冲作用。

润滑系统功用

（二）润滑系统的润滑方式

由于发动机传动件的工作条件不尽相同，因此，对负荷及相对运动速度不同的传动件采用不同的润滑方式。

润滑方式

1. 压力润滑

压力润滑是以一定的压力把机油供入摩擦表面的润滑方式。这种方式主要用于主轴承、连杆轴承及凸轮轴承等负荷较大的摩擦表面的润滑。

压力润滑

2. 飞溅润滑

利用发动机工作时运动件溅起来的油滴或油雾润滑摩擦表面的润滑方式，称飞溅润滑。该方式主要用来润滑负荷较轻的气缸壁面和配气机构的凸轮、挺柱、气门杆以及摇臂等零件的工作表面。

飞溅润滑

3. 润滑脂润滑

通过润滑脂嘴定期加注润滑脂来润滑零件的工作表面，如水泵和发电机轴承等。

（三）润滑系统的组成

各类型汽车发动机润滑系统的组成大体相同，一般包括以下几个基本装置：

(1) 油底壳、机油泵、油管、油道、限压阀等。油底壳用于封闭曲轴箱作为储油槽的外壳，防止杂质进入，并收集和储存由发动机各摩擦表面流回的润滑油，散去部分热量，防止润滑油氧化。油底壳多由薄钢板冲压而成，形状较为复杂的一般采用铸铁或铝合金浇铸成型。

(2) 滤清装置。集滤器、机油滤清器等，用来清除机油中的杂质，保证机油清洁度。

(3) 冷却装置。机油散热器、机油冷却器等，用来冷却机油，保持油温正常，保证润滑可靠。

(4) 仪表装置。油温表、油压表等，用来检测润滑系统的工作情况。

（四）润滑系统的润滑油路

汽车发动机润滑系统组成及油路布置方案大致相同，只是由于润滑系统工作条件和具体结构的不同而稍有区别。

如图 6.2 所示，北京现代悦动轿车 1.6L 汽油发动机润滑油路：发动机工作时，机油经集滤器→机油滤清器；① 主油道→主轴承→连杆轴承→活塞销喷溅至活塞；② 主油道的垂直油道→凸轮轴轴颈→气缸盖回油孔→曲轴箱。

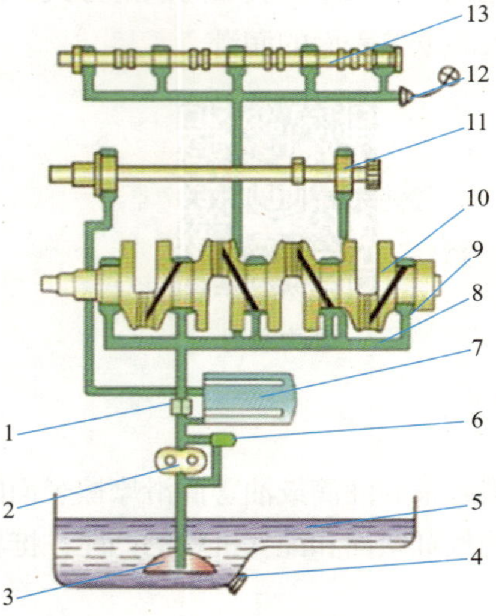

图 6.2　发动机润滑油路

机油油路

1—旁通阀；2—机油泵；3—集滤器；4—放油塞；5—油底壳；6—安全阀；7—机油滤清器；8—主油道；9—分油道；10—曲轴；11—中间轴；12—限压阀；13—凸轮轴

三、项目实施

（一）初步分析故障原因

(1) 油底壳中的机油量不足。

(2) 机油滤清器堵塞。

(3) 机油牌号选用不对。

(4) 限压阀、回油阀弹簧折断或者弹力减弱。

(5) 机油泵损坏或者吸油口堵塞。

(6) 机油泵主油道堵塞。

(7) 曲轴轴颈与轴承间隙过大。

（二）项目实施环境

现场设备、工量具等准备，见表 6.1。

表 6.1　现场设备、工量具等准备

名称	准备演示	讲解	说明
发动机实训室		干净整洁的发动机实训室	
维修手册（北京现代维修手册）		当出现问题时，及时查阅维修手册	
工量具	汽车 1 辆，发动机台架 1 个，举升机，车身挡块，四件套，工具车 1 台，世达工具 (150 件)1 套，拆装专用工具 1 套，百分表及磁力表座 1 套，维修手册 1 份，手锤，扭力扳手，预置力扳手，活络扳手，卡簧钳，尖嘴钳，虎口钳，斜口钳，大力钳，抹布，手套，黄油，机油，齿轮油，机油壶，棉纱，网络资源等	实训前、后对工量具进行清洁	

（三）项目实施步骤

经初步诊断、排查，确定为机油油路堵塞导致机油压力过低，现进行润滑系统拆卸。

1. 润滑系统的拆装

北京现代悦动汽车润滑系统分解图如图 6.3 所示。

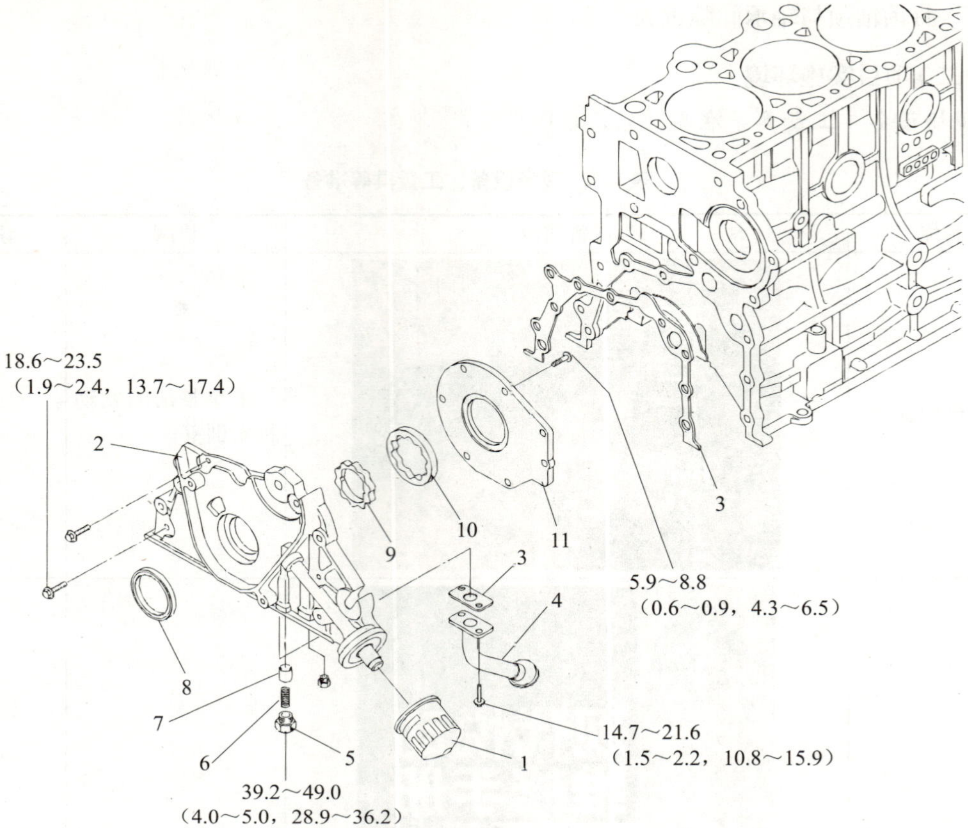

图 6.3　北京现代悦动汽车润滑系统分解图

(1) 泄放发动机机油。

(2) 拆卸驱动皮带。

(3) 转动曲轴，使曲轴皮带轮上的白色导槽与下壳上的标记对齐。

(4) 拆卸正时皮带。

(5) 拆卸油底壳和滤油网。

(6) 拆卸前壳，如图 6.4 所示。

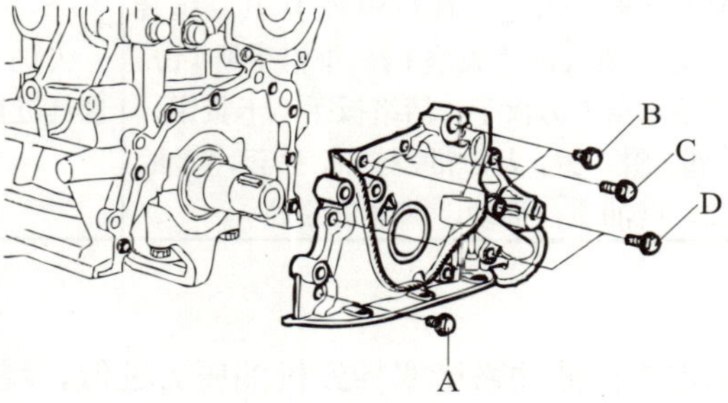

图 6.4　拆卸前壳

① 从泵壳上拆卸螺钉 (B)，然后分离壳和盖，如图 6.5 所示。

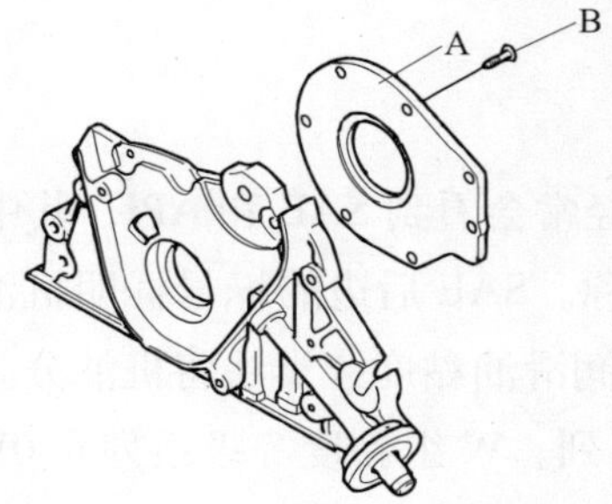

图 6.5　分离壳和盖

② 拆卸内转子 (A) 和外转子 (B)，如图 6.6 所示。

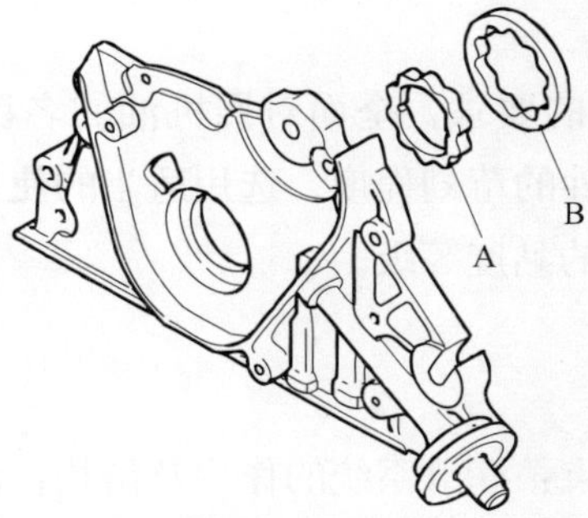

图 6.6　拆卸内转子 (A) 和外转子 (B)

(7) 拆卸减压柱塞。

拆卸塞 (A)、弹簧 (B) 和减压柱塞 (C)，如图 6.7 所示。

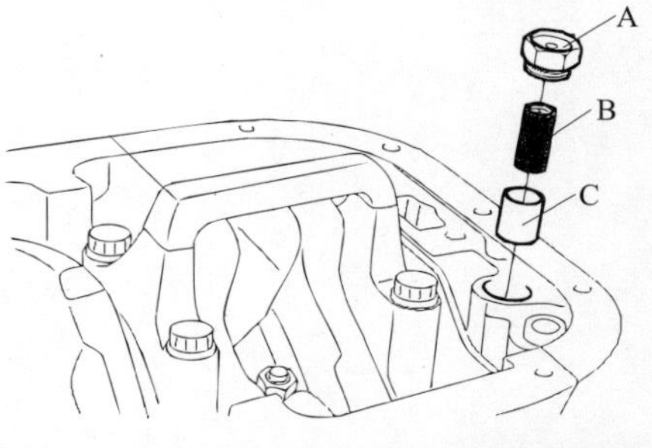

图 6.7　拆卸塞 (A)、弹簧 (B) 和减压柱塞 (C)

2. 复装润滑系统

根据拆卸顺序，逆装。

注意事项：

(1) 安装机油泵后，检查油泵是否转动自由。

(2) 在气缸体上安装机油泵。将新前壳衬垫放在气缸体上，在油泵的油封唇处涂抹发动机油，然后在曲轴上安装油泵。把油泵置于适当位置，清除曲轴上的过多油并确定油封唇部没有变形。

四、拓展知识

(一) 机油黏度等级划分

在机油的外包装上，我们都经常会看到SAE和API，其中SAE是美国汽车工程协会的简称，API是美国石油协会的简称。SAE后边的标号标明机油的黏度值，而API后边的标号则标明机油的质量级别。SAE润滑油黏度分类法将机油分为两组黏度等级系列：W组黏度等级系列和非W组黏度等级系列。W组黏度等级系列有0W、5W、10W、15W、20W、25W六个低温黏度等级，W前的数字越小，其低温黏度越小，低温流动性越好，适用的最低气温越低；非W组黏度等级系列有20、30、40、50和60五个高温黏度等级，数字越大，其黏度越大，适用的最高气温越高。

(二) 机油的选用

使用时，应根据汽车说明书的要求，全面对照机油的名称，既看品种又看牌号，合理选择使用。其原则：根据工作条件的苛刻程度，选用适当的使用等级。根据地区季节气温，结合发动机的热负荷，选用适当的黏度等级。

五、项目总结

学习本项目要求掌握的知识点：润滑系统的作用及结构；润滑系统的润滑油路；润滑系统拆装的操作规范和技术要求。

要求掌握的技能点：能够准确说出润滑系统各组成零件的名称和安装位置；能够使用拆装工具正确拆装润滑系统。

项目二　润滑系统主要部件的拆检

一、情境描述

一辆北京现代悦动轿车在行驶过程中，发动机运转正常，行驶加速时机油压力报警灯闪亮。为避免严重后果，客户将车辆送至维修企业，初步确定机油压力过低。

二、相关知识

(一) 机油泵

1. 机油泵的作用

保证机油在润滑系统中循环流动，并在发动机任何转速下都能以足够高的压力向润滑部位输送足够数量的机油。

2. 机油泵的结构类型

机油泵的结构形式一般分为齿轮式和转子式两类。齿轮式机油泵又分为内啮合式齿轮泵和外啮合式齿轮泵两种，如图 6.8 和图 6.9 所示。转子式机油泵如图 6.10 所示。

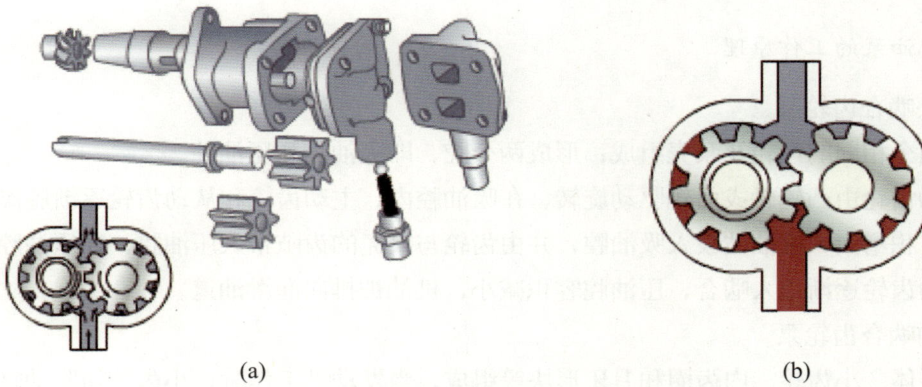

(a)　　(b)

图 6.8　外啮合式齿轮泵

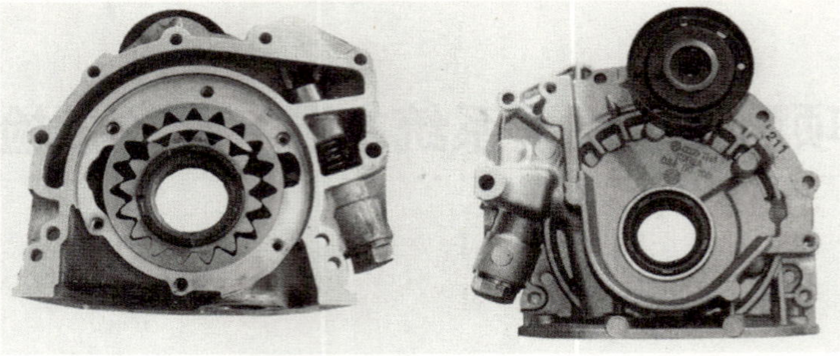

(a) (b)

图 6.9 内啮合式齿轮泵

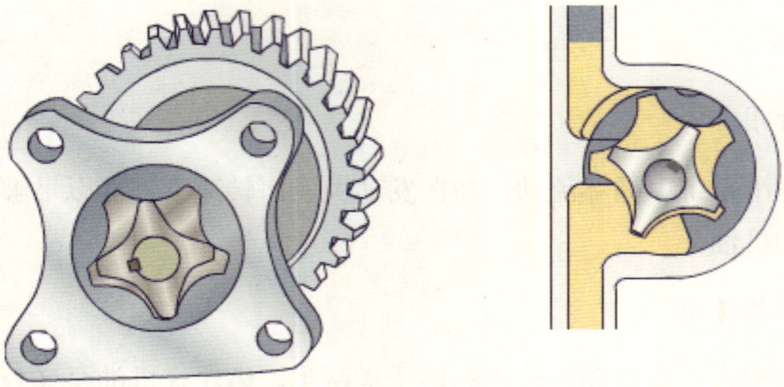

(a) (b)

图 6.10 转子式机油泵

3. 机油泵的工作原理

1) 外啮合齿轮泵

由两个相同的齿轮及泵壳组成；形成两个腔，即吸油腔和压油腔。

主动齿轮由凸轮轴或曲轴驱动旋转，在吸油腔内，主动齿轮和从动齿轮逐渐脱离啮合，吸油腔容积增大，机油被吸入吸油腔，并由齿轮与泵壳的齿隙带入压油腔，在压油腔内，主动和从动齿轮逐渐进入啮合，压油腔容积减小，机油被排向润滑油道。

2) 内啮合齿轮泵

由泵体、小齿轮、内齿圈和月牙形块等组成，当发动机工作时，小齿轮随驱动轴一起转动并带动内齿圈以相同的方向旋转。内、外齿轮在转到进油口处时开始逐渐脱离啮合，并沿旋转方向两者形成的空间逐渐增大，产生一定的真空度，将机油从进油口吸入。随着齿轮的继续旋转，月牙块将内、外齿轮隔开，齿轮旋转时把齿间所存的机油带往出油口。在靠近出油口处，内、外齿轮间逐渐减少，油压升高，机油从机油泵的出油口送往发动机油道中，内、外齿轮又重新啮合。

齿轮式机油泵

3) 转子式机油泵

转子式机油泵由壳体、内转子、外转子和泵盖等组成。内转子用键或销子固定在转子轴上，由曲轴齿轮直接或间接驱动，内转子和外转子中心不同心而存在偏心距，内转子带动外转子一起沿同一方向转动。内转子有 4 个凸齿，外转子有 5 个凹齿，内、外转子同向不同步的旋转。转子齿形齿廓使转子转到任何角度时，内、外转子每个齿的齿形廓线上总能互相成点接触，这样内、外转子间形成 4 个工作腔，随着转子的转动，这 4 个工作腔的容积总是不断变化的。在进油道的一侧空腔，由于转子脱开啮合，容积逐渐增大，产生真空，机油被吸入；转子继续旋转，机油被带到出油道的一侧，这时，转子正好进入啮合，使这一空腔容积减小、油压升高，机油从齿间挤出并经出油道压送出去。这样，随着转子的不断旋转，机油便不断地被吸入和压出。

转子式机油泵

（二）机油滤清器

发动机工作过程中，金属磨屑、尘土、高温下被氧化的积炭和胶状沉淀物、水等不断混入润滑油。机油滤清器的作用就是滤掉这些机械杂质和胶质，保持润滑油的清洁，延长其使用期限。机油滤清器应具有滤清能力强、流通阻力小、使用寿命长等性能。一般润滑系统中装用几个不同滤清能力的滤清器——集滤器、粗滤器和细滤器，分别并联或串联在主油道中（与主油道串联的叫全流式滤清器，发动机工作时润滑油全部经滤清器滤清；与之并联的叫分流式滤清器）。其中粗滤器串联在主油道中，为全流式；细滤器并联在主油道中，为分流式。 现代轿车发动机上普遍只设有集滤器和一个全流式机油滤清器。粗滤器滤除机油中粒径为 0.05mm 以上的杂质，细滤器则用来滤除粒径为 0.001mm 以上的细小杂质。

1. 集滤器

集滤器装在机油泵之前，防止颗粒大的杂质进入机油泵，一般采用滤网式，有浮动式和固定式两种结构形式，如图 6.11 所示。

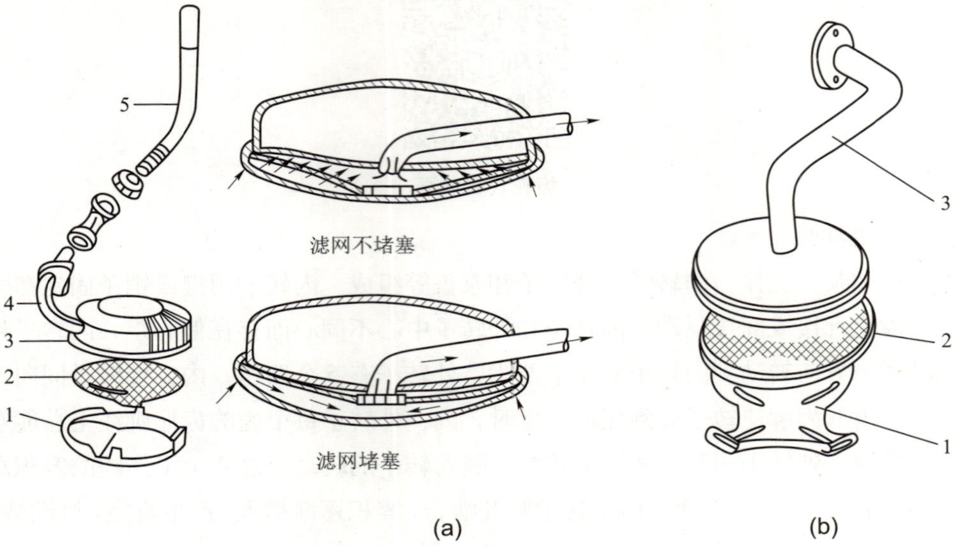

图 6.11　集滤器结构形式

(a) 浮动式集滤器；(b) 固定式集滤器

2. 全流式机油滤清器 (见图 6.12)

对进入系统的全部机油进行过滤。分流式滤清器只过滤机油泵供油量的 5% ~ 10% 的机油。分流式机油滤清器都是精滤器，一般与全流式联用。小功率的发动机大多只采用全流式滤清器，功率较大的柴油机多采用全流加分流过滤装置。

集滤器

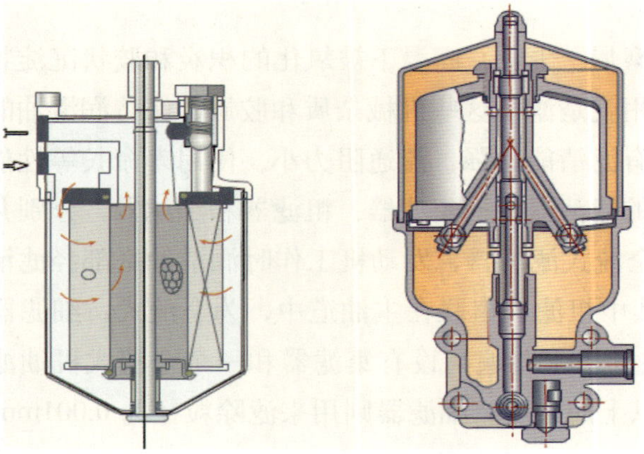

(a)　　(b)

图 6.12　机油滤清器

(a) 全流式机油滤清器；(b) 离心式机油滤清器

机油滤清器

三、项目实施

(一)初步分析故障原因

(1) 油底壳中的机油量不足。

(2) 机油滤清器堵塞。

(3) 机油牌号选用不对。

(4) 限压阀、回油阀弹簧折断或者弹力减弱。

(5) 机油泵损坏或者吸油口堵塞。

(6) 机油泵主油道堵塞。

(7) 曲轴轴颈与轴承间隙过大。

(二)项目实施环境

现场设备、工量具等准备，见表 6.2。

表 6.2 现场设备、工量具等准备

名称	准备演示	讲解	说明
发动机实训室		干净整洁的发动机实训室	
维修手册(北京现代维修手册)		当出现问题时，及时查阅维修手册	
工量具	油盆，软毛刷，铲刀，汽油，抹布，刀口尺，塞尺，游标卡尺，千分表	实训前、后对工量具进行清洁	

(三)项目实施步骤

经初步诊断、排查，确定为机油油泵损坏导致机油压力过低，现进行机油油泵拆卸并检验。

1. 机油泵的拆卸

参考本模块项目一中润滑系统的拆装。

2. 齿轮式机油泵的检修

(1) 齿轮的检查与修理：检查主、从动齿轮的啮合间隙。用塞尺在互成 120° 的三点上进行测量，啮合间隙一般为 0.05 ~ 0.25mm，各点测量误差不应超过 0.1mm，如图 6.13 所示。

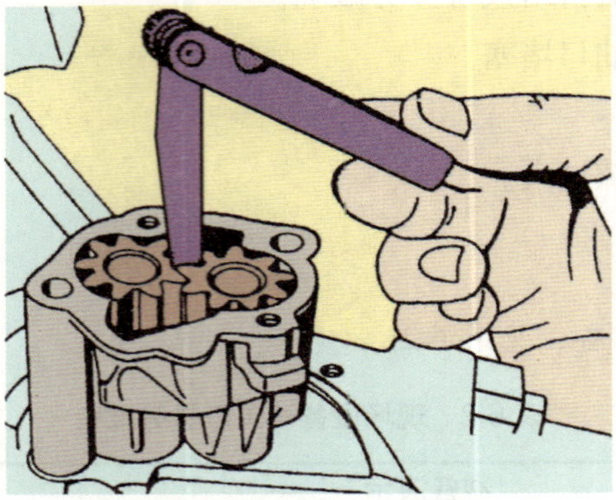

图 6.13 检查主、被动齿轮啮合间隙

(2) 泵轴的检查与修理：用千分表检查泵轴是否弯曲，指针摆差不应超过规定值，否则应进行校正。主动轴与轴套孔的配合间隙一般为 0.03 ~ 0.08mm，最大值不得超过 0.16mm。从动齿轮的轴向间隙一般为 0.02 ~ 0.05mm，超过 0.05mm 时，应修复或更换。

(3) 泵壳的检修：泵盖与齿轮的间隙不得超过 0.05 ~ 0.25mm，若间隙不符合要求，可增减垫片或磨削泵壳与盖的接合面，如图 6.14 所示。

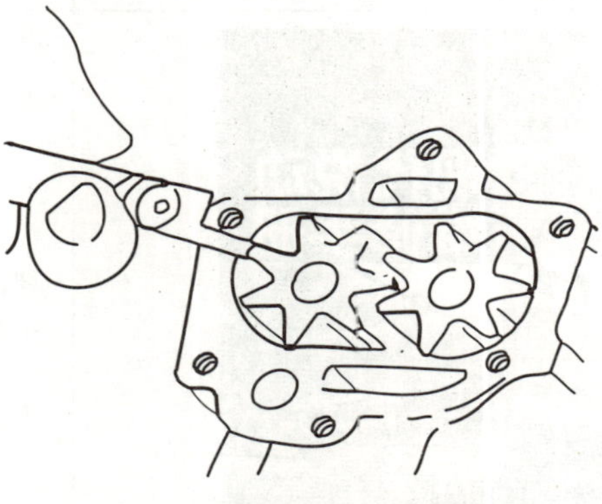

图 6.14 检查泵盖与齿轮的间隙

(4) 泵盖的检修：检查机油泵盖端面间隙，测量泵盖平面度误差，若误差超过 0.10mm，可在机床上磨平或者车平，如图 6.15 所示。

图 6.15　检查机油泵盖端面间隙

3. 转子式机油泵的检修 (见图 6.16)

(1) 用塞尺测量内转子齿顶与外转子内廓面间的径向间隙，间隙应小于 0.15mm，极限值为 0.25mm。

(2) 检查外转子与泵体之间的径向间隙，标准值为 0.10 ～ 0.16mm，允许使用极限为 0.30mm。

(3) 检查泵体与转子之间的轴向间隙，用刀口尺与塞尺或游标卡尺测轴向间隙，标准值为 0.03 ～ 0.09mm，允许极限为 0.20mm。

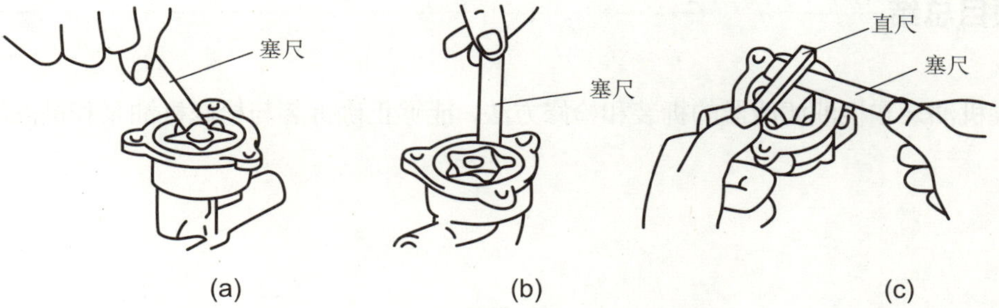

图 6.16　转子式机油泵的检修

(a) 测量内转子齿顶与外转子内廓面间的径向间隙；(b) 检查外转子与泵体之间的径向间隙；
(c) 检查泵体与转子之间的轴向间隙

4. 机油滤清器的拆卸

1) 机油粗滤器的拆卸

(1) 松开紧固螺母，分解底座和外壳推杆总成；

(2) 取出密封垫圈、滤芯压紧弹簧垫圈和弹簧；

(3) 松开阀座，取出旁通阀弹簧和钢球，仔细观察旁通阀的工作情况。

2) 离心式机油细滤器的拆卸

(1) 松开外罩上盖形螺母，取下密封垫圈、外罩、推力弹簧和推力片；

(2) 将转子转动到喷嘴对准挡油盘缺口时，取出转子体总成；

(3) 松开转子罩上紧固螺母，分解转子总成，仔细观察转子的工作情况；

(4) 松开进油阀座，拆卸阀座垫圈、进油阀弹簧和进油阀柱塞。

5. 机油滤清器的检修

集滤器的损坏形式有：油管和滤网堵塞，浮子破损下沉。

机油滤网堵塞，应用柴油或煤油清洗后用压缩空气吹干。浮子有破损，应进行焊修。一般汽车每行驶 12 000km，应更换一次滤芯。无特殊情况不得拆卸和调整旁通阀，以免开启压力发生变化。向气缸体上安装滤清器时，应该在滤清器内充满机油。

将测量数据填入表 6.3 中。

表 6.3 测量数据

序号	测量位置	测量数据
1	齿轮啮合间隙	
2	散热器盖密封性的检查	
3	水泵检查	
处理意见		

项目总结

掌握机油泵和机油滤清器的拆装和检修方法，能够正确拆装与检修机油泵和机油滤清器。

项目三　润滑系统常见故障及诊断

一、情境描述

一辆北京现代悦动轿车在冷车时，发动机机油压力报警灯闪亮，并且蜂鸣器报警。

二、相关知识

(一)润滑系统常见故障

1. 机油压力过低

1) 故障现象

(1) 发动机起动后，机油压力迅速降低。

(2) 发动机在正常温度和转速下，机油压力低于规定值。

2) 故障原因

(1) 机油油量不足。

(2) 机油黏度过低。

(3) 减压阀或旁通阀弹簧过软和折断。

(4) 机油泵齿轮等磨损，导致供油压力过低。

(5) 机油滤清器堵塞。

(6) 曲轴主轴承、连杆轴承及凸轮轴承配合间隙过大而泄漏。

(7) 机油压力表或传感器失效。

(8) 润滑系内、外管路或管接头泄漏。

2. 机油压力过高

1) 故障现象

(1) 发动机在正常温度和转速下，机油压力表读数高于规定值。

(2) 发动机运转中，机油压力表读数突然升高。

2) 故障原因

(1) 机油黏度过大。

(2) 限压阀卡住或调整不当。

(3) 气缸体主油道堵塞。

(4) 机油滤清器芯堵塞，旁通阀不开启。

(5) 机油压力表或与油压传感器工作不良。

(6) 曲轴主轴承、连杆轴承间隙过小。

3. 机油消耗过多

1) 故障现象
(1) 机油消耗量逐渐增多。
(2) 排气管冒蓝烟。
2) 故障原因
(1) 活塞与气缸间隙过大。
(2) 扭曲活塞环方向装反。
(3) 活塞环抱死，或其开口转到一起。
(4) 活塞环磨损严重或弹力不足。
(5) 活塞环端隙、侧隙或背隙过大。
(6) 气门杆油封损坏。
(7) 进气门导管磨损过多。
(8) 润滑系统各零部件的外渗漏。

4. 机油变质

1) 故障现象
(1) 机油变黑并有杂质。
(2) 机油含水时呈乳浊状，并有泡沫。
2) 故障原因
(1) 机油高温氧化，含有酸性物质、胶质铁屑和沥青等杂质。
(2) 外部灰尘渗入曲轴箱，因与机油搅动而形成油泥。
(3) 燃烧室油废气和未燃混合气漏入曲轴箱，使机油稀释。
(4) 机油滤清器性能不佳。
(5) 选用的机油品质不佳或牌号不符。

5. 机油渗漏

1) 故障现象
(1) 机油消耗量过大。
(2) 发动机外表面有明显的机油油渍痕迹。
2) 故障原因
(1) 燃油泵密封垫失效或错位。
(2) 气门室盖罩密封失效或位置不当。
(3) 机油口盖渗漏。
(4) 机油滤清器密封垫失效或位置不当。

(5) 油底壳油封失效或位置不当。

(6) 曲轴强制通风阀节流产生额外油压。

(7) 正时齿轮盖油封失效或位置不当。

三、项目实施

润滑系统常见故障的诊断。

(一) 项目实施环境

现场设备、工量具等准备，见表 6.4。

表 6.4　现场设备、工量具等准备

名称	准备演示	讲解	说明
发动机实训室		干净整洁的发动机实训室	
维修手册（北京现代维修手册）		当出现问题时，及时查阅维修手册	
工量具	油盆，软毛刷，机油压力表，抹布，百分表，外径千分尺，万用表等	实训前、后对工量具进行清洁	

(二)项目实施步骤

1. 机油油压过低

(1) 观察机油压力表或报警灯，发现机油压力过低或为0时，拔出机油尺，检查油底壳的机油量和机油品质。若油量低于最低刻度线，应及时添加；若机油含水或燃油，应通过拆卸检查出渗漏部位；若黏度过小，应更换合适牌号的机油。

(2) 若机油量充足，再检查机油压力传感器的导线是否松脱。若连接良好，在发动机运转时，拧松机油压力传感器或主油道螺塞，若机油从连接螺纹孔处喷出有力，则为机油压力表或传感器、高低压开关或连接线路故障。为准确测量机油压力，可使用机油压力表进行检查。

(3) 若机油喷出无力，应立即熄火，检查集滤器、机油泵、限压阀、粗滤器滤芯是否堵塞且旁通阀无法打开，各进出油管、油道及油堵是否漏油。

(4) 若以上检查都正常，则检查曲轴轴承、连杆轴承或凸轮轴轴承间隙是否过大。

2. 机油油压过高

发现机油压力过高，应熄火排除故障，否则容易冲裂机油滤清器盖或机油传感器。

(1) 检查机油黏度是否过大、限压阀是否调整不当。对于大修过后的发动机应检查主轴承、连杆轴承或凸轮轴轴承是否间隙过小。

(2) 若机油压力突然增高，而未见其他异常现象，应检查机油压力传感器及导线是否有搭铁故障，检查机油压力表、传感器是否完好。

3. 机油消耗过多

(1) 检查外部是否有漏油，特别注意曲轴前端和后端、凸轮轴后端油堵是否漏油。

(2) 若发动机气缸盖罩、气门室盖、油底壳衬垫和发动机前、后油封等多处有机油渗漏，应检查曲轴箱通风装置。清理曲轴箱管道，尤其是通风控制阀处的积炭和结胶。

(3) 若排气管明显冒蓝烟，则为烧机油造成。当发动机大负荷、高转速运转时，排气管大量冒蓝烟，同时机油加注口也冒蓝烟，则为活塞、活塞环与气缸壁磨损过甚，活塞环三隙过大、活塞环端隙口转在一起、扭曲环装反等，导致机油窜入燃烧室。

(4) 若发动机大负荷运转，排气管冒蓝烟，但机油加注口无烟，则为气门杆油封损坏、气门导管磨损过甚，导致机油被吸入燃烧室。若短时间冒蓝烟后停止，而油底壳机油未见减少，则是油浴式空气滤清器内油面过高。

(5) 对于采用气压制动的汽车，若从储气筒的放污螺塞处放出较多的机油，则为空气压缩机的活塞、活塞环与气缸壁磨损过甚。

4. 机油变质

(1) 按照使用说明书规定牌号更换机油。

(2) 检查机油滤清器滤芯，更换或清洗。

(3) 清理曲轴箱通风管嘴，保证强制通风正常。

(4) 检查活塞环的密封性，密封性不好应更换。

(5) 检查汽油泵膜片是否有漏油现象，有应更换，与此同时更换新机油。

(6) 检查气缸垫是否损坏，可以打开散热器盖，观察冷却液中是否有机油痕迹，若有应更换气缸垫，与此同时更换新机油。

(7) 检查缸体、缸盖是否有变形而造成漏气、漏水和漏油，必要时更换新件，与此同时更换新机油。

5. 机油渗漏

(1) 检查缸体与燃油泵之间的密封垫、机油滤清器或其与缸体之间的衬垫、气门室罩密封垫与密封材料是否有扭曲和裂缝现象，若有应更换新衬垫。

(2) 检查油底壳边缘是否扭曲变形，若有应更换油底壳。

(3) 检查机油盘后油封凸缘。检查后主轴承盖是否有裂纹、回油油路堵头或密封槽是否扭曲，若有应更换。

(4) 检查曲轴箱强制通风阀是否堵塞，若有应更换。

项目总结

润滑系统技术状况恶化的明显标志是机油压力过低，除此之外润滑系统还有机油压力过高、机油消耗量过大、机油变质、机油渗漏等现象。要想排除故障，首先要根据故障现象分析故障原因，进而排除故障。

练习题

一、填空题

1. 发动机润滑系统主要有____________、____________、____________、____________和____________等作用。

2. 现代汽车发动机多采用____________和____________相结合的综合润滑方式，以满足不同零件和部位对润滑强度的要求。

3. 润滑系统一般由__________装置、__________装置、__________装置和__________装置等组成。

4. 根据与主油道的连接方式的不同，机油滤清器可以分为____________和 ____________两种。

二、选择题

1. 正常工作的发动机，机油泵的限压阀应该是（ ）。

   A. 经常处于关闭状态　　B. 热机时开，冷机时关

   C. 经常处于溢流状态　　D. 热机时关，冷机时开

2. 发动机的活塞与气缸壁间多采用（ ）。

   A. 压力润滑　　B. 定期润滑　　C. 飞溅润滑

3. 转子式机油泵工作时（ ）。

   A. 外转子转速低于内转子转速　　B. 外转子转速高于内转子转速

   C. 内、外转子转速相等

4. 机油浮式集滤器滤网的中心有一圆孔，其作用是（ ）。

   A. 便于拆装　　B. 防止滤网堵塞时中断供油

   C. 增大供油量　　D. 便于进油流畅

5. 粗滤器滤芯堵塞时，旁通阀打开，（ ）。

   A. 使机油不经滤芯，直接流回油底壳　　B. 使机油直接进入细滤器

   C. 使机油直接流入主油道　　D. 使机油流回机油泵

三、简答题

1. 简述润滑油油面的检查过程。
2. 机油变质的诊断方法有哪些？
3. 如何更换发动机机油？
4. 润滑系统中的限压阀与旁通阀各起什么作用？
5. 简述从车上拆下机油泵的过程。
6. 发动机润滑系统常见的故障有哪些？如何解决？

模块七　发动机调试与磨合

概述

发动机修理时对零件进行了更换或修复，虽然这些零件都有较高的加工、装配精度，但是零件表面仍有微小的不平和几何误差，各配合件的实际接触面积小，若发动机装合后立即投入使用，单位面积上压力很大，在零件的接触面上将产生剧烈磨损和高温，甚至产生黏着磨损，导致零件接触面出现烧伤或拉缸等事故。因此，发动机经大修装复后必须进行磨合，通过磨合提高零件摩擦表面的质量、耐磨性、疲劳强度和抗腐蚀性，使零件摩擦表面做好承受负荷的准备，及时发现可消除修理和装配中的一些缺陷，最终达到延长发动机使用寿命的目的。

项目一　发动机整体拆装与检验

能力目标	知识目标	权重
能够执行发动机大修的操作规程	掌握发动机大修的操作规程	40%
能够根据维修手册和其他资源分析发动机的故障原因	掌握发动机的故障原因和分析方法	30%
能够描述发动机的检查项目和技术要求	掌握发动机的检查项目和技术要求	30%

一、情境描述

王先生在驾驶北京现代悦动轿车时发现，汽车在行驶时发动机功率不足，伴随发动机异响，机油消耗量加剧，排气管冒蓝烟，发动机需要大修。

二、相关知识

汽车整车大修或发动机大修，汽车经外部清洗后，进入拆卸工位，放出所有润滑油和冷却液，将发动机总成从汽车上拆下，然后再将总成拆成零件进行检修。

发动机总成的拆装从工作本身来看，并不需要很高的技术，也不需要复杂的设备。但是往往由于不重视这项工作，在拆装工作中会造成零件的变形和损伤，甚至无法修复。发动机总成拆装的工作质量，将直接影响汽车和发动机总成的修理质量、修理速度和修理成本，所以应注意拆装工艺要求。

拆装工艺的一般原则如下。

（一）按拆卸工艺程序拆卸

拆卸前应熟悉被拆总成的结构，有必要时，可以查阅一些资料，按拆卸工艺程序进行，严防拆卸工艺程序倒置，造成不应有的零件损伤。

（二）清洁

要保持装配场地、零配件和工具的清洁。装配工作最好在专用装配车间使用专用的装配工作台架进行。

装配前的零部件必须进行认真清洗并用压缩空气吹干，经过检验和试验，质量必须合格。对于不同的零件和不同的污垢要采用不同的方法清除，零件清洗工作可分为清除油污和清除积炭。

(1) 清除水垢和清除锈蚀等。钢铁零件清除油污一般采用碱溶液进行清洗，还可以用工业汽油、煤油和柴油等有机溶剂清洗，清洗的效果比碱溶液好。

(2) 铝合金零件一般不得在碱溶液中清洗，常采用有机溶液来清洗。

(3) 非金属零件的清洗。

① 橡胶类零件，如皮碗、皮圈等，应用酒精或制动液清洗，不得用煤油、汽油和柴油等有机溶剂或碱溶液清洗，以防发胀变形。

② 离合器摩擦片和制动蹄摩擦片不能用碱溶液煮洗，应用少许汽油擦洗后，再用砂纸擦干净。

③ 皮质零件一般用肥皂水擦洗，再用清水冲洗，最后用干布擦干，亦可用皮件清洁剂清除污物。

（4）清除积炭。可用手工法清除积炭或用化学溶剂配合以机械作用清除积炭。

（三）使用专用机具和工具

使用专用机具和工具是为了保证装配质量，防止零件损坏。拆卸时所选用的工具要与被拆卸的零件相适应，如拆卸螺母、螺栓应根据其六角尺寸，选取合适的固定式扳手或套筒扳手，尽可能不用活动扳手。不能在拆卸过程中为图省事，随便使用手锤、錾子、焊枪等工具猛敲、乱錾，焊、割螺栓和螺母；不能乱扔、乱放零件，造成一些零件的不必要损害和浪费。对于过盈配合零件，如衬套、齿轮、带轮和轴承等，应尽可能使用专用拉器或压力机。如无专用工具，也可用尺寸合适的铳头或铜棒，用手锤敲击，但不能盲目用手锤直接敲打零件的工作面。

（四）注意按原装配位置和记号装复的零配件

(1) 不可互换的零件和组合件，如连杆大头轴承盖与连杆、主轴承盖与缸体轴承孔、气缸体与飞轮壳、活塞连杆组与对应的气缸等。

(2) 相互位置有要求的，如经过平衡的曲轴、飞轮、离合器组合件、活塞与连杆、曲轴正时齿轮与凸轮轴正时齿轮等。

（五）零件分类存放

同一总成或组合件的零件拆开后应尽量放在一起，对于精度和清洗方法不同的零件应分类存放（如钢铁件、铝质件、橡胶件、皮质件等）。

（六）注意重要螺栓、螺母的拧紧力矩

重要的螺栓、螺母（如连杆、主轴承盖、气缸盖螺栓等）必须按规定的拧紧力矩分次拧紧。气缸盖、进排气歧管等多螺栓螺母、紧固件的拧紧，应从中央起按交叉顺序逐渐向外，分次进行，最后一次的拧紧力矩应符合标准规定。各螺栓、螺母的锁止装置（如销、保险垫片、金属锁线、弹簧垫片等）应按原厂要求装配齐全有效。

（七）要满足各种配合副的不同要求

(1) 间隙配合件之间，应确保其间隙符合原厂规定或维修标准要求，如活塞裙部与气缸壁间隙、轴颈与轴承间隙、气门脚间隙等。

(2) 部分过盈配合的零件应保证其有足够的过盈量，如气门座圈和缸盖座孔、飞轮和齿圈、干式气缸套与承孔等。在装配过盈配合组件时，应使用专用压力机和工、夹具。

(3) 有相对运动的零件，如活塞与气缸、曲轴颈与滑动轴承、凸轮轴颈与轴承等，装配时应在其工作表面上涂一层干净的润滑油，以防止冷磨合初期零件间的剧烈磨损。

(4) 装配过程中应随时注意检查各运动件之间是否有干扰或不协调的现象，例如：活塞顶部与气门是否有相顶碰的现象、气缸与活塞连杆组件是否相捆等。

(八) 各密封部位应密封可靠

各种衬垫、油封等要完好，重要部位应涂以密封胶。安装油封时，应在唇口和外圆涂抹润滑油后再用压具压入。装配时，应防止油封歪斜、唇口损坏、弹簧出槽等现象。安装油封壳(盖)时，应注意定位装置，以确保油封与轴的同轴度要求。

(九) 防止对工件表面造成破坏

装配过程中不得直接用锤子锤击零件的工作表面，确实需要时可以垫以铜棒、铜垫等并尽量敲击其非工作表面，以防对工作表面造成破坏。

三、项目实施

(一) 项目实施环境

现场设备、工量具等准备，见表 7.1。

表 7.1 现场设备

名称	准备演示	讲解	说明
发动机实训室		干净整洁的发动机实训室	
维修手册(北京现代维修手册)		当出现问题时，及时查阅维修手册	

续表

名称	准备演示	讲解	说明
工量具	汽车 1 辆，发动机台架 1 个，举升机，车身挡块，四件套，工具车 1 台，世达工具 (150 件)1 套，拆装专用工具 1 套，百分表及磁力表座 1 套，维修手册 1 份，手锤，扭力扳手，预置力扳手，活络扳手，卡簧钳，尖嘴钳，虎口钳，斜口钳，大力钳，抹布，手套，黄油，机油，齿轮油，机油壶，棉纱，网络资源等	实训前、后对工量具进行清洁	

(二)项目实施步骤

(1) 发动机从车架上拆下时，必须在完全冷却状况下进行，否则会造成某些零件的变形。拆卸原则：由副件到主件，由外部到内部。

(2) 发动机从车架上拆下的步骤。

① 放掉水箱内的水和机油，关闭油箱的开关，拆下油泵的油管接头。

② 拆下电源线，取下发电机上的线。拆下水箱的进水管及各处的螺母、连接栓及销等，拿下水箱及架框。

③ 拆下发动机罩、翼子板，拆下发动机上各附件的总成：空气滤清器、化油器、机油滤清器、汽油泵、水泵分电器、发电机、起动机、空气压缩机和机油压力传感器等。

④ 在驾驶室内，拆卸变速器与飞轮壳及变速器后手制动、凸缘与传动轴连接的螺母等，用吊具拆除变速器总成。

⑤ 拆下离合器拉杆及分离叉、传动轴，拆下发动机支撑杆及前后支撑架螺母。用绳索捆牢发动机，用吊具抬下或吊下。

(3) 发动机的解体。

① 拆下进、排气管及缸盖出水管。

② 拆下气门室盖，拆下摇臂轴支座紧固螺母。把摇臂连轴一块拿出来，取下所有推杆，并作好顺序标记，以便安装时保持原摩擦副。

③ 拆下缸盖、气缸垫。拆卸时，应从两端向中间均匀地拆卸。

15T 发动机拆解视频

注意：严禁用起子撬缸盖，以防损坏缸盖及垫。

④ 把发动机侧放，有气门的一边向上。检查离合器盖与飞轮上有无记号。如无记号，加上记号然后对称地拆下离合器固定螺栓，取下离合器的总成。

⑤ 拆下油底壳、衬垫，同时拆下机油泵的一些附件。

⑥ 转动曲轴最方便的位置，检查活塞顶、连杆大头的记号。如无记号，应在活塞顶、连杆大头按顺序作上记号。拆下连杆轴承座及衬垫，并按顺序放好。用手式木棒，从缸体上部取下活塞连杆总成。应将连杆盖与连杆、衬垫按原样装固。

⑦ 拆下气门组，在气门完全关闭下拆下气门卡簧及气门。

⑧ 拆下起动爪，取下锁片。用拉器拆下皮带轮及扭转减震器。

⑨ 拆下正时齿轮盖及衬垫。

⑩ 检查正时齿轮上有无标记。如无记号，应在两轮工作处作上记号。

⑪ 将发动机倒置在工作台上，拆下主轴承，并依次把轴承放在各自的盖内，拿下曲轴，再把轴承及垫装回原位，并固定一下。

⑫ 拆下曲轴后油封及飞轮壳。

⑬ 分解活塞连杆组。

⑭ 拆下活塞销，发动机解体后，应视零件情况加以清洗、检验和修理。

⑮ 发动机主要零件的检验：缸盖、缸体、活塞、活塞环、缸套、曲轴、凸轮轴、气门等。

(4) 修理的零件的步骤及方法。

① 缸盖：是否平整，用水压检验。

② 缸体：检验油道水道、底座是否平整。

③ 活塞：检验第一道环槽。

④ 活塞环：检验弹性，不能一直换环。

⑤ 气缸套：检验失圆度。

⑥ 曲轴：检验是否弯曲，是否有裂缝。

⑦ 凸轮轴：检验凸轮。

⑧ 气门：检验其工作面。

⑨ 连杆：拆发动机时，检查是否有偏缸现象。若有，则可能是铜套松旷或弯曲导致。

⑩ 润滑正时齿轮的小油管，清洗时一定要清洗干净。

⑪ 连杆铜套的铰削：选择配套的铰具。用油标长尺测一下连杆小头的内径与铜套的外径。铰削时，反、正都铰一次，用销在里面试了再削铰。连杆必须放在平态，再开始铰削，所铰削的角度、圈数一定要平衡。标准：铰削好的销在铜套内活动自如，没有旷量。

⑫ 轴承的手工刮配（刮瓦）。

a. 刮配连杆轴承：将装合好的连杆套在连杆轴颈上，拧紧连杆使轴承合金面与轴颈摩擦几次后拆下，根据轴承合金面与轴径摩擦印痕情况进行铰削。

b. 刮削方向：刮削时，第一刀刮削方向与瓦片中心线成 45° 角，第二次刮削仍与中心线成 45°，但方向相反。刮削过程中，应刮大留小、刮重留轻，持刀、起刀、落刀要平稳，应保持铰刀锋利，最后保证有 70% 的工作面。达到的标准：转动自如，没有旷量，工作面多。如出现工作面只有半瓦，此时要检查修理曲轴。如此时装上，会出现泻油。

c. 主轴承的铰削：首先将各道主轴承装入主轴承座孔内，然后在所有主轴颈上涂上一层红丹，将曲轴装上去转动数圈后抬下。若各道轴承的印痕都在曲轴两端稍下，说明各主轴承的轴心线与主轴承座孔轴心线同轴。如印痕都在两端附近且各有差异，可略加修刮，使其一致。如仅在某些轴承上有印痕，而个别没有印痕，则说明轴承的厚薄不均，应进行更换。

轴中心线校好后：装上轴承盖，每拧一道转动曲轴数转后，松开螺栓，再拧一道。转动数圈后，再松、再拧，依次类推，直到进行完毕。达到的标准：主轴承修完以后，把轴固定在气缸体上，按标准力矩拧紧，开始转动曲轴，感到有一定阻力，转动起来后应灵活自如，无阻滞现象。切记：主轴颈与轴承表面应涂机油。

气门座的铰削工艺：发动机的进、排气门与气门座的密封锥角基本上都是 45°，因此可采用 45°、15° 和 75° 三种铰刀铰削气门座来恢复气密性，其中，45° 铰刀又分为粗刃和细刃两种。铰削前应根据气门座及气门导管孔的尺寸选择合适的铰刀和刀杆。45° 铰刀铰削过程如下：

(1) 用砂轮（砂纸）打磨气门座圈表面硬化层，用 45° 粗刃铰刀对气门座进行粗铰。由于气门座存在硬化层，在铰削时铰刀可能会打滑，此时可将粗砂布垫在铰刀下面对密封锥面砂磨后再铰。

(2) 用修理好的气门或新气门进行试配，根据气门密封锥面接触环带的位置和宽度调整铰削。

接触环带偏向气门杆部，应用 75° 的铰刀铰削；接触环带偏向气门顶部，应用 15° 的铰刀修正。铰削好的气门座工作面宽度应符合规定，接触环带应处在气门密封锥面中部偏气门顶的位置。当密封锥面过宽时，可用 15° 或 75° 铰刀铰削气门座来调整密封锥面宽度及位置。

气门座密封锥面的宽窄将直接影响气门的使用寿命。若密封锥面过宽，则单位密封锥面上的压力减小，将降低硬化层的形成能力，导致气门座耐磨性降低；若密封锥面过窄，则气门与气门座的接触面容易磨出沟槽，且气门头散热能力差，容易导致气门烧蚀。

(3) 用 45° 细刃铰刀对气门座密封锥面进行精铰。为改善密封锥面的质量和表面粗糙度，可在铰刀下垫抛光砂布光磨密封锥面。45° 铰刀铰削气门密封锥面的过程：用 45° 粗刃铰刀粗铰 45° 斜面；用 75° 铰刀铰削上斜面；用 15° 铰刀铰削下斜面；用 45° 细刃铰刀精铰 45° 斜面。

注意：铰削时，两手握住手柄垂直向下用力，并只做顺时针方向转动，不允许倒转或只在小范围内转动。

(4) 最后用 45° 的细铰刀精铰气门座工作锥面，并在铰刀下面垫上细砂布修磨。

四、发动机总装工艺

发动机的装合包括发动机、各组件的装配和发动机总装配两部分。安装的步骤随发动机的类型及结构的不同而异。但总装原则：以气缸体为装配基础，由内向外逐段装配。

（一）发动机在装合之前的准备工作

发动机在装合前应认真清洗各零件，并吹干擦净，确保清洁。各零件不得有毛刺、擦伤、积炭和污垢，特别应检查并清洗缸体。润滑曲轴上各油道并用压缩机吹净。同时，还要做好场地的清洁工作，并准备好必要的专用工具及配件。

（二）发动机装合过程中的注意事项

(1) 准备安装的各零件及总成应经过试验台试验或检验后，保证质量合格。

(2) 不可互换的组合件，应换原位安装，不得错乱。对相互有记号的零部件，必须按方向、记号对正，不得装错。

(3) 对有扭紧力矩要求的螺栓螺母，应按规定力矩拧紧。

(4) 各部螺栓、螺母的锁止件，大修时，应全部换新。

(5) 关键部位的重要配合，应符合标准规定。如活塞与缸壁、轴径与轴承的配合间隙，曲轴、凸轮轴的轴向间隙等。

(6) 滑动轴承与轴径以及有相对运动的摩擦表面，装配时须涂机油，防止冷磨时加剧部件的磨损。

(7) 在装配过程中，应严格检查各部件（活动部件）之间有无运动不协调现象，并予以调整。

（三）发动机总装工艺

(1) 装曲轴。

(2) 装凸轮轴，对好正时标记。

(3) 安装活塞连杆组。

(4) 安装气门组成：气门与座先配研，装时涂机油。

(5) 安装机油泵、油底壳。

(6) 安装气缸盖（注意气缸垫的反正；上缸盖螺栓注意事项）。

(7) 安装进、排气歧管。

(8) 安装飞轮壳和离合器总成。

(9) 安装其他附件，安装后加注机油、冷却液，并进行全面检查和冷磨。

五、拓展知识

中华人民共和国发动机大修质量检查评定标准简介。

1. 评定内容

汽车大修检验基本技术文件评定：

(1) 汽车发动机大修进厂检验单；

(2) 汽车发动机大修工艺过程检验单；

(3) 汽车发动机大修竣工检验单；

(4) 汽车发动机大修合格证。

汽车发动机大修竣工质量评定：

汽车发动机大修竣工后质量评定应包括起动运转检查，动力性、经济性测定，发动机四漏及涂漆等。

2. 评定规则

汽车大修检验基本技术文件评定是参与评定的基本条件，缺一不可。

汽车发动机大修竣工质量评定是评定汽车发动机大修质量的基本内容，评定项目按其重要程度分为“关键项”和“一般项”。

发动机大修质量的评定，采用综合项次合格率来衡量，分为优等、一等、合格和不合格四级。

3. 评定办法

发动机大修基本检验技术文件评定：按评定技术要求规定执行。

发动机大修竣工质量评定：按评定技术要求规定执行。

项目总结

发动机送修标准：

(1) 发动机气缸磨损，其失圆度大于 0.10mm(汽油机) 或 0.125mm(柴油机)，圆柱磨损大于 0.35mm(汽油机) 或 0.50mm(柴油机) 时，发动机应大修。

(2) 发动机的动力下降，加速性能下降，严重丧失工作能力。

(3) 发动机各运动部件发生异响、工作状况发生恶化，均应大修。

项目二　发动机磨合与调试

一、情境描述

王先生在驾驶北京现代悦动轿车时发现，汽车在行驶时，发动机功率不足，伴随发动机异响，机油消耗量加剧，排气管冒蓝烟，发动机需要大修，根据要求，大修后需要磨合。

二、相关知识

大修的发动机组装后，为改善零件磨损表面质量和性能，检验维修质量而进行的运转过程称为磨合，其本质是人为控制磨损过程。

（一）发动机磨合的目的

(1) 形成适应工作条件的配合性质。

① 扩大配合表面的实际接触面积。

摩擦副工作面经过有控制的磨损处理，使实际接触面积不断扩大，可在短期内形成适应正常工作条件的配合表面，延长发动机使用寿命。

② 改善零件的表面粗糙度。

③ 消除在加工、装配过程中的误差。

④ 改善配合性质。磨合磨损修正了零件工作表面的几何形状，使配合间隙增大到适应正常工作条件的配合间隙，改善了润滑油的泵送性能和配合副的润滑效能。

(2) 提高发动机的可靠性和耐久性。

(3) 全面检查发动机修理质量。通过磨合及时发现并排除故障，以提高发动机工作的可靠性。

（二）发动机的磨合

发动机的磨合必须按照技术规范进行，磨合技术规范的主要内容是磨合时发动机转速、负荷、在某一转速和负荷下的运行时间及润滑油性能。一般发动机磨合分冷磨合和热磨合两个过程。

1. 发动机冷磨合

冷磨合是用其他动力带动发动机以不同的转速运转进行磨合的过程。冷磨合主要是对气缸、活塞环和曲轴轴承等主要配合表面的磨合。

2. 发动机的热磨合

热磨合是以发动机本身产生的动力进行磨合的过程，发动机经冷磨合后，装上发动机的全部附件，起动发动机，利用发动机本身产生的动力进行热磨合。热磨合又分为无负荷热磨合和有负荷热磨合两个阶段。

(1) 无负荷热磨合。无负荷磨合的目的是对发动机的油、电路进行必要的检查和调整，排除故障。

(2) 有负荷热磨合。有负荷磨合是用试验台的加载装置对发动机加载增速进行磨合。一般增加的载荷为发动机额定负荷的 10% ~ 15%，不但可以进一步磨合和试验发动机大修后的功率大小、油耗高低，而且可以发现某些在无负荷磨合时无法发现的故障。

（三）发动机检修后的试运转

(1) 检查有无润滑油、燃油和冷却液，以及蓄电池是否充电。

(2) 如果燃油系统分解了，燃油只能在发动机用起动器转几转后流向化油器。

(3) 在发动机起动后，使其迅速怠速转动至工作温度。

(4) 随着发动机的加热，可听见异乎寻常的噪声，甚至可能冒烟。可检查发动机泄漏冷却液和机油的情况（严重泄漏时立刻就能看见）。还应检查排气管和排气歧管，因为其连接多半需要拉紧。这项工作应在发动机断开后进行。

(5) 发动机达到正常的工作温度后，调整怠速转数。

(6) 切断发动机，等几分钟，以证实不泄漏机油或冷却液。

(7) 检查风扇和发电机皮带的紧度，必要时调整。

(8) 使汽车磨合运转，以检查点火配电器和发动机的工作。

三、项目实施

发动机磨合。

（一）项目实施环境

现场设备、工量具等准备，见表 7.2。

表 7.2　现场设备、工量具等准备

名称	准备演示	讲解	说明
发动机实训室		干净整洁的发动机实训室	

续表

名称	准备演示	讲解	说明
维修手册（北京现代维修手册）		当出现问题时，及时查阅维修手册	
工量具	汽车 1 辆，发动机台架 1 个，举升机，车身挡块，四件套，工具车 1 辆，世达工具 (150 件)1 套，拆装专用工具 1 套，百分表及磁力表座 1 套，维修手册 1 份，手锤，扭力扳手，预置力扳手，活络扳手，卡簧钳，尖嘴钳，虎口钳，斜口钳，大力钳，抹布，手套，黄油，机油，齿轮油，机油壶，棉纱，网络资源等	实训前、后对工量具进行清洁	

（二）项目实施步骤

1. 发动机的冷磨合（见图 7.1）

(1) 发动机冷磨合时需拆除汽油机的火花塞或柴油机的喷油器。

(2) 在冷磨合过程中，通常用 20 号机械油作为发动机的润滑油。

(3) 发动机冷磨合的起始转速一般为 400 ～ 600r/min ，然后以 200 ～ 400r/min 的级差逐级增加转速，冷磨合终了转速一般为 1 000 ～ 1 200r/min。冷磨合的总时间一般为 1.5 ～ 2h。

(4) 冷磨合时冷却水一般不要循环（拆除水泵传动带，使水泵不转动），水温最好控制在 70℃左右，若水温达到 90℃，应及时使用风扇冷却。

(5) 冷磨合时注意检查机油压力是否正常，发现异常现象，应立即停机检查，排除故障后才能继续磨合。

(6) 检查各机件工作情况是否正常，及时查找原因，予以排除。

(7) 冷磨合后应将发动机进行部分分解，检查活塞、活塞环或气缸内壁的接触情况及各轴承与轴颈的磨合是否正常。

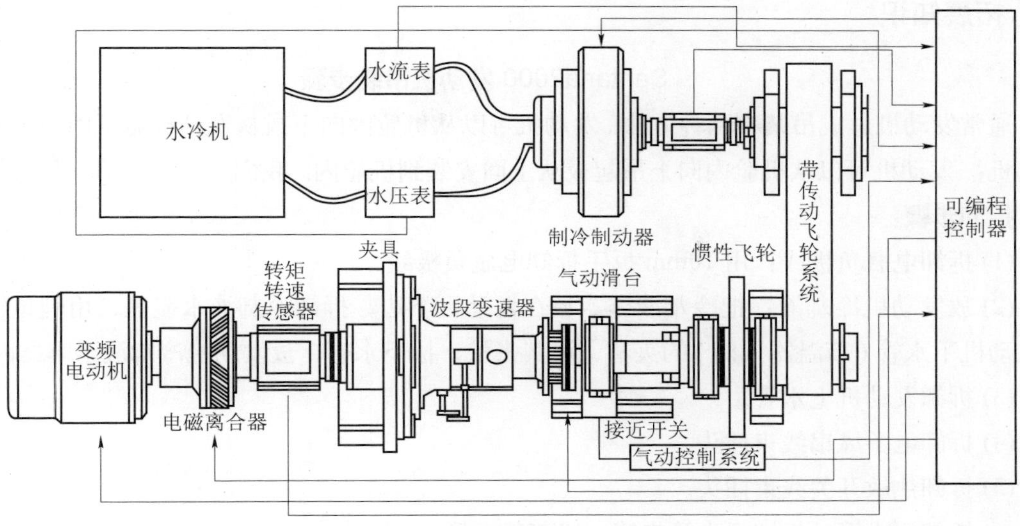

图 7.1 发动机磨合

表 7.3 发动机冷磨合的条件

发动机额定转速 /(r·min^{-1})	磨合转速 /(r·min^{-1})	磨合时间 /min	总时间 /h
≤ 3 200			
≥ 3 200			

2. 发动机热磨合

1) 无负荷热磨合。

(1) 采用该发动机冬季用机油。

(2) 在空载情况下，以规定转速 600 ~ 100 0r/min 运转 1 小时。

(3) 调整润滑性、燃料系统、冷却系统和点火正时等，使其符合标准和达到最佳状态。

(4) 检查机油压力是否正常，否则应立即停机排除故障。

(5) 检查发动机水温、机油温度是否正常，否则应检查排除。

(6) 若发现异响，尤其是在发动机运转阻力增大时，应立即停机检查。

(7) 发动机热磨时，各部位应无漏水、漏油、漏气和漏电等现象。

2) 有负荷热磨合

(1) 观察水温、油压和油温应符合原厂规定。

(2) 发动机在各种工况下应运转平稳、无异响。

(3) 及时调整点火提前角至最佳值。

发动机热磨合结束后，还必须拆检主要机件。检查气缸压力应符合大修规定；抽出活塞连杆组，检查气缸有无拉伤或偏磨；检查活塞裙部的接触面是否磨合正常，活塞环的外表面与气缸磨合痕迹不小于外表面积的 90%，环的开口间隙不大于装配间隙的 25%；检查主轴承和连杆轴承的磨合情况；拆除凸轮轴，检查轴承、凸轮及挺杆等各摩擦副的配合情况。

四、拓展知识

Santana2000 发动机吊装步骤

通常发动机总成吊装有两种方法：发动机可以从机舱内向下或从发动机舱下面向上安装发动机；发动机可以从机舱内向上吊起或从上面安装到机舱内。我们主要介绍第一种方法。

拆卸步骤：

(1) 拆卸电瓶负极线：用 10mm 扳手拆卸电瓶负极线。

(2) 放发动机冷却液：把冷却液容器放在发动机下边，拆卸冷却液水壶盖，用鲤鱼钳夹住发动机下水管（节温器一侧）的夹箍，让其张松，拔下水管，放发动机冷却液至容器内。

(3) 拆卸发动机上水管。

(4) 拆卸电子风扇线束插头。

(5) 拆卸热敏开关线束插头。

(6) 拆卸回水管：拆卸回水管夹箍，拔下回水管。

(7) 拆卸水箱总成：用 10mm 套筒拆卸水箱固定架螺栓 2 只，取下固定架 2 只。

(8) 拆卸发动机进气软管及空气滤盖：用一字起子拆卸进气软管夹箍，拆卸空滤上盖 8 个卡子，取下空滤上盖及进气软管。

(9) 拆卸发动机节气门线束插头及橡胶软管。

(10) 分别拆卸 4 个喷油器线束插头、水温传感器、水温感应塞、机油压力传感器、分电盘插头、车速传感器插头、前后氧传感器插头和倒车灯开关插头。

(11) 拆卸点火线圈连接插头。

(12) 拆卸车身搭铁线 。

(13) 拆卸线束固定架，使发动机线束离开发动机 。

(14) 拆卸暖气水管：用鲤鱼钳拆卸两只暖气水管。

(15) 拆卸冷却水壶液位传感器插头及下水管 。

(16) 拆卸汽油软管：用鲤鱼钳 2 根汽油软管夹箍及定位夹，让软管离开发动机 。

(17) 拆卸左右前车轮：用一字起子拆卸左右前轮轮罩，用 17mm 套筒、短接杆、扭力扳松卸两前轮螺栓，将车身升高约 1m 高，拆卸两前轮螺栓，取下两前轮。

(18) 拆卸左右转向拉杆球头螺母，取下球头：用 17mm 套筒 L 形扳手拆卸球头螺母，用专用拉拔器拆卸球头。

(19) 拆卸左右前减震器上螺母（用专用工具，活络扳手拆卸）。

(20) 升起车辆 。

(21) 拆卸 A/C 压缩机：拆卸电磁离合器连接插头，用 13mm 套筒、8mm 内六角拆卸压缩机调节螺栓及定位螺栓，使 A/C 压缩机离开发动机，用扎带或铁丝把压缩机固定在车身某处（不要影响发动机上下）。

(22) 拆卸起动马达连接线束：用 13mm 套筒、接杆、L 形扳手拆卸起动电动机电源线，拔下插头 。

(23) 拆卸发动机稳定架 (用 13mm 套筒拆卸固定架螺栓 2 只)。

(24) 拆卸排挡联动杆螺栓 2 只，拔下联动杆 。

(25) 拆卸左右前刹车分泵固定架螺栓各 2 只，取下前刹车分泵用扎带 (或铁丝把刹车分泵总成固定于某处) 。

(26) 拆卸排气管接口套 (含 3 只螺栓)，用 17mm 套筒拆卸 2 只螺母。

(27) 拆卸离合器总泵油管接头 。

(28) 把工作台放在发动机的正下方。

(29) 慢慢下降车身，使发动机油底壳轻轻附在工作台上，用木板垫在发动机悬架下部 。

(30) 用 17mm、19mm 套筒，扭力扳手，拆卸发动机悬架于车身的 4 只固定螺栓。拆卸 M/T 支架螺栓 1 只。

(31) 慢慢升起车身，使发动机于车身完全分离。

项目总结

发动机经大修装复后必须进行磨合，通过磨合提高零件摩擦表面的质量、耐磨性、疲劳强度和抗腐蚀性，使零件摩擦表面做好承受负荷的准备，及时发现与消除修理和装配中的一些缺陷，最终达到延长发动机使用寿命的目的。

练习题

一、填空题

1. 发动机的装配是在发动机各零部件检修好后，把在____________、____________和____________，按一定的顺序和装配成完整发动机总成的工作过程。

2. 在发动机装配时，对有相对运动的零件，如____________和____________等，应在其摩擦副工作面上涂上一层干净的机油，以防冷磨后初期加剧零件的磨损。

3. 发动机冷磨初期初始转速一般为____________，然后以____________的级差逐级增加转速，冷磨合终了的转速一般为____________。

4. 有负荷磨合分为____________和____________两种。

5. 大修后的发动机经____________和____________后，进行发动机的验收。

二、简答题

1. 发动机磨合的目的是什么?

2. 有负荷热磨合有哪些注意事项?

附 录

大众	宝马	奔驰	奥迪	保时捷	兰博基尼	丰田	玛莎拉蒂	英菲尼迪	本田	比亚迪	中国一汽
法拉利	福特	路虎	悍马	劳斯莱斯	凯迪拉克	NISSAN	别克	马自达	雷克萨斯	宾利	沃尔沃
科尼塞克	雪铁龙	奇瑞	斯巴鲁	帝豪	捷豹	迈巴赫	欧宝	Jeep	帕加尼	吉利	英伦
阿斯顿马丁	讴歌	长城	林肯	三菱	长安	众泰	夏利	东风	标致	雪佛兰	克莱斯勒
奔腾	道奇	全球鹰	泰卡特	阿尔宾娜	特斯拉	卡尔森	巴博斯	西亚特	荣威	雷诺	莲花
西尔贝	特拉贝特	布加迪	华普	菲亚特	铃木	名爵	现代	斯柯达	鲁夫	瑞麒	威兹曼
阿尔法罗密...	起亚	世爵	水星	上海汽车	海马	纳智捷	蓝旗亚	帕诺兹	霍顿	莫斯勒	北京汽车
斯堪尼亚	野马	猎豹	宝腾	宾尼法利纳	阿林内拉	迪亚托	江淮	金龙	达西亚	宝骏	比扎瑞尼
阿斯卡利	雷诺三星	绅宝	沃克斯豪尔	文图瑞	罗孚	阿巴斯	威麟	大宇	迈凯轮	特威尔	Elfin
摩根	日野	中兴	依维柯	中华	庞蒂亚克	法波德	双龙	土星	博通	金杯	神龙
陆风	五十铃	大通	天马	德.托马索	大发	华泰	双环	乔西亚	美鹿	哈飞	皇冠
力帆	江铃	奥兹莫比尔	普利茅斯	利兰	黄海						

开瑞 福田 北京轻型汽... 精灵 福迪 莫斯科人牌

威旺 吉奥 DS 五菱 Mini 启辰

中欧 太脱拉 塔塔 卡玛斯 兹尔 阿米卡尔

阿维托托尔 达奇拉 阿瑞尔 尤兹 帕拉戴 红旗

克尔维特 北汽制造 王子 达特桑 普茨迈斯特 川崎

切克 德拉哈耶 凯特汉姆 斯图兹 阿吉尔 霍希

爱斯乐 特尔科 比格兰 麦思齐美特 福特雷鸟 伊索

法斯特 扎格托 法希维加 斯托瑞罗 阿罗 西斯帕罗苏...

威莱特 罗森加特 尤尼克 毕加索 丰和 住友

依兹 依多尼斯 西马克 因特美卡尼... 正德尔 普罗通

达科斯 大宇伊斯帕... 凯旋 罗奈恩底番 小松 格哥摩

埃姆菲 比亚乔 航天圆通 捷克阿维亚 安奎拉 美尼尔

安莎尔多 西斯塔尼亚 莫斯 奥韦兰德

边赤 光冈 Gumpert Joss 休列兹 庆铃

波罗乃兹 海格 江南 拉达 拉贡达 塞恩

达夫 长丰 戈兹 英致 伊卡鲁斯 东南

小奇迹汽车 汇众 理念 尼奥普兰 新凯 大迪

布罗克韦 斯坦古尼 波吉奥 潘哈德勒瓦... 比特尔 恒天

伊达格 拉兹 东急 奥兹莫比尔... 大宇客车 通用 凤凰

尼斯 阿特斯 韦兰特 近畿 耶尔奇 阿维茨

穆茨 索埃勒 西玛莎 摩来提 思齐来瑞 霍米尔

鹰牌 亚细亚 罗纳塔 伊诺森蒂 吉安尼尼 烈贵

欧姆 斗山 美加 福特君主 奥斯汀-希利 戴尔马特

晓星 霍切奇斯 维格奈 贝利埃 恩苏 塔伯特

爱斯德拉 马瑞斯 村田 日产柴 西采塔 默克

参 考 文 献

[1] 杨波 . 汽车发动机构造与维修 [M]. 北京：北京理工大学出版社，2014.

[2] 陈家瑞 . 汽车构造：上册 [M]. 北京：机械工业出版社，2004.

[3] 北京现汽车有限公司 . 现代悦动维修手册：上册 [M]. 北京：化学工业出版社，2012.

[4] 李军 . 汽车发动机构造与维修 [M]. 重庆：重庆大学出版社，2006.

[5] 谈黎虹 . 汽车发动机构造与维修 [M]. 杭州：浙江大学出版社，2007.

[6] 郭新华 . 汽车构造 [M]. 北京：高等教育出版，2004.